Militärische Abwehrbefugnisse bei Angriffen auf Handelsschiffe

Europäische Hochschulschriften

Publications Universitaires Européennes
European University Studies

Reihe II

Rechtswissenschaft

Série II Series II
Droit
Law

Bd./Vol. 1425

PETER LANG
Frankfurt am Main · Berlin · Bern · New York · Paris · Wien

Clemens Lerche

Militärische Abwehrbefugnisse bei Angriffen auf Handelsschiffe

PETER LANG
Frankfurt am Main · Berlin · Bern · New York · Paris · Wien

Die Deutsche Bibliothek- CIP-Einheitsaufnahme

Lerche, Clemens:

Militärische Abwehrbefugnisse bei Angriffen auf Handelsschiffe / Clemens Lerche. - Frankfurt am Main ; Berlin ; Bern ; New York ; Paris ; Wien : Lang, 1993
(Europäische Hochschulschriften : Reihe 2, Rechtswissenschaft ; Bd. 1425)
Zugl.: Heidelberg, Univ., Diss., 1992
ISBN 3-631-45534-8

NE: Europäische Hochschulschriften / 02

D 16
ISSN 0531-7312
ISBN 3-631-45534-8

Inhaltsverzeichnis

Abkürzungsverzeichnis

a.A.	anderer Ansicht
a.a.O.	am angeführten Ort
a.E.	am Ende
Abs.	Absatz
Add.	Addendum
AdG	Archiv der Gegenwart
AFDI	Annuaire français de droit international
AJIL	American Journal of International Law
Anm.	Anmerkung
Art.	Artikel
Aufl.	Auflage
AVR	Archiv des Völkerrechts
Bd.	Band
BT-Drs.	Drucksachen des Bundestages
BT-PlPr.	Plenarprotokolle der Sitzungen des Bundestages
BYIL	The British Year Book of International Law
bzw.	beziehungsweise
col.	collection
CSSR	Tschechoslowakische Sozialistische Republik
Dept. State Bull.	Department of State Bulletin
Doc.	Document
EA	Europa-Archiv
ed.	editor
EG	Europäische Gemeinschaft
EPIL	Encyclopedia of Public International Law
FAZ	Frankfurter Allgemeine Zeitung
GAOR	General Assembly Official Records
GG	Grundgesetz
ggf.	gegebenenfalls
GYIL	German Yearbook of International Law
H.C. Deb.	The Parliamentary Debates. Official Reports. House of Commons
Hrsg.	Herausgeber
ICJ	International Court of Justice
ICLQ	International and Comparative Law Quarterly
IGH	Internationaler Gerichtshof
ILA	International Law Association
ILC	International Law Commission
ILM	International Legal Materials
JIR	Jahrbuch des Internationalen Rechts
JZ	Juristenzeitung
Keesing's	Keesing's Contemporary Archives
LNTS	Société des Nations - Recueil des Traités - League of Nations - Treaty Series
m.w.N.	mit weiteren Nachweisen
Mich. L.R.	Michigan Law Review
NATO	North Atlantic Treaty Organization
no.	number
NZZ	Neue Zürcher Zeitung
OAS	Organization of American States
ÖZöR	Österreichische Zeitschrift für öffentliches Recht
para.	paragraph

RdC	Recueil des Cours de l'Académie de droit international
Rdnr.	Randnummer
RGBl.	Reichsgesetzblatt
RGDIP	Révue Générale de Droit International Public
Riv.	Rivista
SCOR	Security Council Official Records
SdN	Société des Nations
ser.	series
SZ	Süddeutsche Zeitung
u.a.	unter anderem
UdSSR	Union der Sozialistischen Sowjetrepubliken
UN(O)	United Nations (Organization)
UNCIO	United Nations Conference on International Organization
UNTS	United Nations Treaty Series
US(A)	United States (of America)
U.S. For. Rel.	Foreign Relations of the United States, Diplomatic Papers
vgl.	vergleiche
VJIL	Virginia Journal of International Law
VN	Vereinte Nationen
Vol.	Volume
WÜRV	Wiener Übereinkommen über das Recht der Verträge
WEU	Westeuropäische Union
YBILC	Yearbook of the International Law Commission
YBUN	Yearbook of the United Nations
ZaöRV	Zeitschrift für ausländisches öffentliches Recht und Völkerrecht
Ziff.	Ziffer

Einleitung

Der Golfkrieg zwischen Irak und Iran, in dessen Verlauf zahlreiche Handelsschiffe neutraler Staaten angegriffen und versenkt wurden, rückte die Frage, welche militärischen Abwehrbefugnisse bei Angriffen auf neutrale Handelsschiffe auf Hoher See gegeben sind, in den Blickpunkt des Interesses. Gleichwohl ist diese Problematik nicht neu. In der Staatenpraxis findet sich eine ganze Reihe von Fällen, in denen auch außerhalb direkter kriegerischer Verwicklungen Handelsschiffe von Streitkräften eines anderen Staates auf Hoher See angegriffen wurden. Das vielleicht bekannteste Beispiel - jedenfalls aus neuerer Zeit - ist der Mayaguez-Zwischenfall, doch verdienen eine Vielzahl anderer Vorkommnisse ebenfalls eine nähere Betrachtung.

Die Arbeit konzentriert sich auf die Verteidigungsmöglichkeiten des Flaggenstaates und zur Hilfestellung bereiter Drittstaaten gegen rechtswidrige Angriffe durch Organe eines fremden Staates. Nicht Gegenstand dieser Arbeit sollen die nach dem Kriegsvölkerrecht zu beurteilenden Maßnahmen solcher Staaten sein, die sich untereinander offiziell im Kriegszustand bzw. im Zustand des "bewaffneten Konflikts" im Sinne des gemeinsamen Art. 2 der Genfer Abkommen vom 12. August 1949 befinden. Auch auf die Problematik der "bewaffneten Handelsschiffe"[1], d.h. deren Status und die ihnen selbst zustehenden Abwehrrechte gegen Übergriffe kriegsführender Parteien, soll in diesem Rahmen nicht eingegangen werden.

Die rechtlichen Schwierigkeiten bei der Behandlung der hier untersuchten Sachverhalte resultieren aus dem nach einer verbreiteten Meinung in der VN-Charta angelegten Spannungsfeld zwischen dem umfassenden Gewaltverbotsprinzip nach Art. 2 Ziff. 4 VN-Charta und dem Selbstverteidigungsrecht gemäß Art. 51 VN-Charta. Folgt man der herrschenden Meinung, stellen nicht nur die rechtswidrigen Übergriffe auf fremde Handels-

[1] Siehe zu bewaffneten Handelsschiffen etwa O'Connell/Shearer, The International Law of the Sea, 1984, 1108 f.; Beckert/Breuer, Öffentliches Seerecht, 1991, Rdnr. 1022 ff.

schiffe, sondern auch die militärischen Abwehrmaßnahmen des Flaggenstaates tatbestandsmäßig einen Verstoß gegen das Gewaltverbotsprinzip nach Art. 2 Ziff. 4 VN-Charta dar. Das soll zumindest dann gelten, wenn diese Abwehrmaßnahmen nicht auf das Abdrängen des angreifenden fremden Kriegsschiffs mittels Dazwischenfahrens durch ein eigenes Kriegsschiff beschränkt bleiben, sondern wenn zum Schutze des eigenen Handelsschiffs direkt das Feuer auf das angreifende fremde Kriegsschiff eröffnet wird. Derartige gewaltsame Gegenmaßnahmen bedürfen nach der herrschenden Auffassung einer speziellen Rechtfertigung für die mit ihnen verbundene Verletzung des Gewaltverbotsprinzips.

Als mögliche Rechtfertigung kommt das in Art. 51 VN-Charta ausdrücklich zugestandene Recht auf individuelle und kollektive Selbstverteidigung in Betracht. Diese Vorschrift setzt allerdings einen "bewaffneten Angriff" voraus. Der IGH äußerte erst kürzlich in der Nicaragua-Entscheidung die Auffassung, der Begriff des "bewaffneten Angriffs" in Art. 51 VN-Charta sei enger als derjenige der "Gewaltanwendung in den internationalen Beziehungen der Staaten" gemäß Art. 2 Ziff. 4 VN-Charta. Folgt man dieser Ansicht, kann nicht gegenüber jeder Form rechtswidriger Anwendung von Waffengewalt das Selbstverteidigungsrecht gemäß Art. 51 VN-Charta und damit ein militärisches Abwehrrecht auf der Grundlage der VN-Charta geltend gemacht werden. In dem daraus möglicherweise abzuleitenden "Verteidigungsdefizit" gegenüber rechtswidrigen Gewaltanwendungen unterhalb der Schwelle des bewaffneten Angriffs liegt das oben angesprochene Spannungsfeld zwischen Art. 2 Ziff. 4 und Art. 51 VN-Charta.

Es fragt sich daher, ob der rechtswidrige Angriff auf ein Handelsschiff auf Hoher See einen Fall des "bewaffneten Angriffs" gemäß Art. 51 VN-Charta darstellt. Während unzweifelhaft ist, daß der Angriff auf ein Kriegsschiff als "bewaffneter Angriff" gemäß Art. 51 VN-Charta anzusehen ist und daher dem verletzten Staat das Selbstverteidigungsrecht gemäß Art. 51 VN-Charta offensteht, könnte dies bei einem Übergriff auf ein Handelsschiff auf Hoher See infolge der minderschweren Natur dieser Gewaltanwendung zweifelhaft sein.

Sofern man zu dem Ergebnis kommt, der Übergriff gegen ein fremdes Handelsschiff auf Hoher See[2] erreiche nicht in jedem Fall die für einen "bewaffneten Angriff" zu fordernde Schwere der Gewaltanwendung, stellt sich die anschließende Frage, ob möglicherweise auch außerhalb der VN-Charta ein Recht auf gewaltsame Selbstverteidigungsmaßnahmen existiert. Zu denken wäre zum einen an die analoge Anwendung der Rechtsregeln über die Bekämpfung der Piraterie und zum anderen an die Existenz eines gewohnheitsrechtlichen Selbstverteidigungs- oder Selbsthilferechts, das auch die Abwehr minderschwerer Gewaltanwendungen einschließt. Insbesondere die Bezeichnung des Selbstverteidigungsrechts in Art. 51 VN-Charta als "naturgegebenes Recht" ("inherent right") könnte die Tür für die Fortgeltung eines umfassenderen völkergewohnheitsrechtlichen Abwehrrechts neben dem in der VN-Charta normierten Selbstverteidigungsrecht geöffnet haben.

Im ersten Kapitel soll die Staatenpraxis daraufhin untersucht werden, ob die jeweiligen Staaten gegenüber Angriffen auf ihre Handelsschiffe auf Hoher See militärische Abwehrmaßnahmen ergriffen und welche rechtliche Begründung sie dafür ggf. angeführt haben. Auf dieser Grundlage soll im zweiten Kapitel erörtert werden, ob Art. 51 VN-Charta als Rechtsgrundlage für militärische Abwehrmaßnahmen in Frage kommt, d.h., ob bzw. unter welchen Voraussetzungen ein Angriff auf ein Handelsschiff auf Hoher See einen Fall des "bewaffneten Angriffs" im Sinne dieser Vorschrift darstellt. Das dritte Kapitel wird auf die Problematik von Rechtfertigungsgründen für entspre-

[2] Gegenüber einem in den Hoheitsgewässern des Flaggenstaates verübten Angriff bestünde jedenfalls, auch wenn die Schwelle des Art. 51 VN-Charta noch nicht erreicht sein sollte, wie bei allen Fällen der sog. "small border incidents" eine (gewaltsame) Abwehrbefugnis des Territorialstaates aus Polizeirecht. Solche rein polizeirechtlichen Abwehrmaßnahmen, die auf das Gebiet des betroffenen Staates beschränkt bleiben, stellen nach ganz h.M. keine Gewaltanwendungen in den internationalen Beziehungen der Staaten dar und unterfallen daher nicht dem Gewaltverbotsprinzip nach Art. 2 Ziff. 4 VN-Charta. Vgl. etwa Brownlie, International Law and the Use of Force by States, 1963, 264; Jiménez de Aréchaga, Derecho Constitucional de las Naciones Unidas, (Comentario teórico-práctico de la Carta), Escuela de Funcionarios Internacionales, 1958, 400 f. Siehe dazu im übrigen unter Anm. 59 im 2. Kapitel.

chende militärische Gegenmaßnahmen außerhalb der VN-Charta eingehen.

1. Kapitel: Die Staatenpraxis seit 1945

In diesem Kapitel soll untersucht werden, wie die jeweiligen Staaten seit der Geltung des umfassenden Gewaltverbotsprinzips gemäß Art. 2 Ziff. 4 VN-Charta auf Angriffe auf Handelsschiffe reagiert haben. Im Zentrum des Interesses steht die Frage, ob sich die Staaten trotz des Gewaltverbotsprinzips als berechtigt ansahen, Angriffe auf Handelsschiffe unter ihrer Flagge mit Waffengewalt abzuwehren, und welche Rechtsgrundlage für ein solches militärisches Vorgehen sie ggf. angeführt haben. Zu klären wird weiter sein, wie weit ein etwa angenommenes gewaltsames Abwehrrecht nach Auffassung der betroffenen Staaten reichen sollte, d.h. insbesondere, ob es sich auf das Abdrängen des angreifenden Kriegsschiffes mittels Dazwischenfahrens oder der Eröffnung von Sperrfeuer durch ein eigenes Kriegsschiff beschränken oder ob es dem verteidigenden Flaggenstaat im Rahmen des Verhältnismäßigkeitsgrundsatzes umfassende Handlungsfreiheit einräumen sollte. Darüber hinaus fragt es sich, ob Marineeinheiten eines Staates ermächtigt sind, im Falle eines Hilfeersuchens auch einem angegriffenen Handelsschiff unter fremder Flagge Beistand zu leisten.

Außer Betracht bleiben Übergriffe, die privaten Personen zuzurechnen sind, sowie Angriffe auf Handelsschiffe im Verhältnis kriegsführender Staaten untereinander. Auch Gewaltmaßnahmen gegenüber Handelsschiffen, die sich als zulässige Ausübung von Hoheitsrechten darstellen (namentlich die Wahrnehmung polizeilicher Befugnisse innerhalb der eigenen Territorialgewässer oder der ausschließlichen Wirtschaftszone) oder auf sonstige Weise gerechtfertigt sind, sollen im folgenden unerörtert bleiben.

In zahlreichen Situationen war allerdings die Rechtmäßigkeit der Übergriffe zwischen den beteiligten Staaten umstritten. So etwa, wenn unterschiedliche Auffassungen über die Abgrenzung zwischen den Territorialgewässern eines Staates (bzw. - im sog. Kabeljaukrieg - der ausschließlichen Fischereizone) und der Hohen See bestanden. In diesen Fällen nahm der angreifende Staat regelmäßig für sich in Anspruch, lediglich seine

Souveränitätsrechte innerhalb der eigenen Hoheitsgewässer durchzusetzen, während der Flaggenstaat des Handelsschiffs von einem rechtswidrigen Übergriff auf Hoher See sprach. Unterschiedliche Standpunkte über die Rechtmäßigkeit einer gegen ein Handelsschiff gerichteten Maßnahme wurden insbesondere auch dann vorgebracht, wenn in einem militärischen Konflikt Handelsschiffe neutraler Staaten in Mitleidenschaft gezogen wurden. Im Rahmen der vorliegenden Untersuchung kann jedoch in derartigen Streitfällen die Frage der Rechtmäßigkeit der Übergriffe dahingestellt bleiben. Es soll vielmehr ausschließlich analysiert werden, wie der betroffene Flaggenstaat (bzw. ein sonstiger interessierter Staat) den Angriff auf das Handelsschiff, den er als rechtswidrig ansah und der nach seiner Meinung auf Hoher See stattgefunden hatte, rechtlich qualifiziert und welche Gegenmaßnahmen er ggf. in Betracht gezogen oder durchgeführt hat. Es darf daher im folgenden unterstellt werden, daß der Übergriff, wie vom Flaggenstaat behauptet, tatsächlich auf Hoher See oder in internationalen Wasserstraßen stattgefunden hat und auch nicht durch kriegsvölkerrechtliche Regeln gedeckt war.

A. Der Konflikt in der Straße von Formosa

Während des chinesischen Bürgerkrieges wurden von 1949 bis 1955 in der Straße von Formosa wiederholt Handelsschiffe anderer Staaten in Mitleidenschaft gezogen[1]. Die nationalchinesische Regierung, die für sich die Befugnis in Anspruch nahm, in sämtlichen chinesischen Hoheitsgewässern polizeirechtliche Maßnahmen gegen den Handel mit der anderen Bürgerkriegspartei zu ergreifen, gab am 21. Juni 1949 die Blockade der von den kommunistischen Streitkräften kontrollierten Häfen und Küstenstriche bekannt[2]. Die in diesem Zusammenhang eingelegten Proteste richteten sich, auch wenn nicht alle Staaten die Unterbindung der Waffenzufuhr innerhalb der chinesischen Hoheitsgewäs-

[1] Siehe allgemein zum Konflikt in der Straße von Formosa Beckert/Breuer, Öffentliches Seerecht, 1991, Rdnr. 1126 ff.
[2] AdG vom 21. Juni 1949, 1981.

ser grundsätzlich akzeptiert hatten[3], primär gegen gewaltsame Vorgehensweisen außerhalb der chinesischen Hoheitsgewässer. Demgemäß sollen hier nur diejenigen Zwischenfälle betrachtet werden, die sich auf Hoher See ereignet haben. Besondere Erwähnung verdienen die nachstehenden Ereignisse[4]:

- Am 2. Oktober 1949 wurden die amerikanischen Handelsschiffe "Flying Clipper" und "Flying Independance" beschossen und aufgebracht. Nach mehreren Protesten wurden sie eine Woche später wieder freigegeben[5].
- Am 9. Januar 1950 wurde der amerikanische Frachter "Flying Arrow" von einem nationalchinesichen Kanonenboot durch 30 bis 40 Salven in Brand geschossen. In einer Protestnote forderte die amerikanische Regierung die "raschestmöglichen Versicherungen der chinesischen Regierung, daß es keine Wiederholung dieser rechtswidrigen Angriffe auf Schiffe unter amerikanischer Flagge geben werde"[6].
- Das deutsche Schiff "Mai Rickmers" wurde am 26. April 1951 aufgebracht und nach Formosa geleitet. Nach der entschädigungslosen Einziehung seiner Ware konnte das Schiff nach sieben Wochen seine Fahrt wieder aufnehmen. Die Bundesregierung gab hierzu folgende Stellungnahme ab[7]:

> Die Bundesregierung bedauert, daß eine deutsche Reederei ihre Schiffe für derartige Transporte zur Verfügung gestellt hat und sieht sich nicht in der Lage, für das Schiff und seine Ladung zu intervenieren.

---

[3] So hieß es in der Verlautbarung des britischen Außenministeriums vom November 1954, daß auch die Aktionen gegen britische Schiffe innerhalb der chinesischen Hoheitsgewässer rechtswidrig gewesen seien (Erklärung des Joint Under-Secretary of State for Foreign Affairs, R. H. Turton, Written Answers, 533 H.C. Deb. [5th ser.] col. 87 [Nov. 22, 1954]). Gleichwohl beschränkte sich die noch unten näher auszuführende Ankündigung, britischen Schiffen Schutz zu gewähren, auf das Gebiet der Hohen See.

Vgl. auch das Schreiben des sowjetischen Delegationsleiters vom 18. 10. 1954 an den Generalsekretär der Vereinten Nationen, UN Doc. A/2741/Add.1.

[4] Siehe die überblicksmäßige Zusammenstellung bei Ottmüller, Die Anwendung von Seekriegsrecht in militärischen Konflikten seit 1945, 1978, 63 ff.

[5] Ottmüller, a.a.O., 64.

[6] Press release, February 27, 1950; XXII Dept. State Bull., No. 558, March 13, 1950, 406.

[7] AdG vom 27. April 1951, 2918.

- Nach Angaben der polnischen Regierung wurde am 4. Oktober 1953 das polnische Handelsschiff "Praca" von einem nationalchinesischen Kanonenboot aufgebracht. Polen machte die Vereinigten Staaten für diesen Vorgang verantwortlich. In einer Note vom 12. Oktober 1953 an die amerikanische Botschaft in Warschau heißt es[8]:

> The above fact of stopping and seizing the Polish vessel constitutes a flagrant violation of the freedom of navigation. It also constitutes an act of capture of the vessel and violation of the right of the flag.

- In vergleichbarer Weise schob die Sowjetunion der USA die Verantwortung dafür zu, daß der sowjetische Tanker "Taupse" am 23. Juni 1954 aufgebracht worden war. In einer Protestnote an die amerikanische Regierung vom 24. Juni 1954[9] forderte die Regierung der UdSSR die Freigabe des Schiffes und der Ladung, die Bestrafung der Schuldigen und die Ergreifung von Maßnahmen, die eine Wiederholung unmöglich machten. Die Note schloß mit folgender Bemerkung:

> The Soviet Government considers it essential to state that it cannot overlook such impermissible acts and will be forced to take appropriate measures to guarantee the safety of navigation of Soviet merchant vessels in this region.

- Am 21. Juni 1955 wurden die britischen Schiffe "Inchjura" und "Helikon" mit Kurs auf Foochow, das unter kommunistischer Kontrolle stand, von einem nationalchinesischen Kriegsschiff angehalten und davor gewarnt, in Foochow einzulaufen. Als die "Helikon" tags darauf gleichwohl versuchte, dieses Ziel zu erreichen, wurde sie von nationalchinesischen Marinestreitkräften beschossen und anschließend nach White Dog Island eskortiert, wo sie sieben Stunden lang festgehalten wurde[10]. Großbritannien protestierte gegen dieses Vorgehen. Als Joint Under-Secretary of State for Foreign Affairs Turton im Unterhaus befragt wurde, ob dieser Protest bedeute, daß die Regierung beabsichtige, allen britischen Handelsschiffen, die Häfen

[8] Wiedergegeben in Whiteman, Digest of International Law, Vol. IV, 1965, 538.
[9] Siehe Whiteman, a.a.O., 537 f.
[10] Whiteman, a.a.O., 541 f.

im kommunistischen China ansteuern, Schutz zu gewähren, antwortete er:

> That is so. Her Majesty's ships in the Far East have instructions to afford protection to British ships on their lawful occasions on the high seas.

- Nur ein Fall ist bekannt, in dem sich der Flaggenstaat mit Waffengewalt zur Wehr gesetzt hat[11]: Am 23. Juni 1950 griffen drei Flugzeuge den britischen Schlepper "Frosty Muller" an, der dem auf eine Mine gelaufenen britischen Dampfer "Andrew" Hilfe leistete. Die herbeigeeilte britische Fregatte "Hart" zwang mittels der Eröffnung von Sperrfeuer die Flugzeuge zum Abdrehen.

Nicht zu klären ist, ob sich diese Begebenheit innerhalb oder außerhalb der chinesischen Hoheitsgewässer ereignet hat. Sollte sie sich innerhalb der Territorialgewässer zugetragen haben, läßt sich ihr gleichwohl entnehmen, daß nach britischer Rechtsauffassung diese Form der militärischen Verteidigung auf Hoher See erst recht zulässig sein muß. Im übrigen aber läßt sich weder hieraus noch aus den Ankündigungen der UdSSR und Großbritanniens, mittels "geeigneter Maßnahmen" die Sicherheit der eigenen Handelsschiffe zu garantieren, bzw. ihnen auf Hoher See "Schutz zu gewähren", ersehen, wie weit das von diesen Staaten behauptete militärische Abwehrrecht reicht. Insbesondere ist unklar, ob es sich darauf beschränkt, Handelsschiffe zu eskortieren und im Falle eines Angriffs diesen im Wege des Dazwischenfahrens und Abdrängens des angreifenden Schiffes bzw. durch die Eröffnung von Sperrfeuer abzuwehren und nur dann das Feuer direkt auf den Angreifer zu eröffnen, wenn die Attacke auch nach dem Dazwischenfahren fortgeführt wird. Die gewählten Formulierungen schließen andererseits nicht aus, daß nach Ansicht der UdSSR und Großbritanniens auch das sofortige Beschießen des angreifenden Schiffes ohne den Versuch des vorherigen Dazwischenfahrens und Abdrängens zulässig sein könnte.

Es fällt auf, daß sich kein Staat auf Art. 51 VN-Charta berief. Die Sowjetunion, Polen und die Tschechoslowakei qualifizierten die Übergriffe auf Handelsschiffe ausdrücklich als "Piratenakte". So sprach die UdSSR in ihrer Begründung zum An-

---

11 Ottmüller, a.a.O., 67.

trag vom 30. September 1954, in die neunte Generalversammlung der Vereinten Nationen einen zusätzlichen Tagesordnungspunkt mit dem Titel "Violation of the Freedom of Navigation in the Area of the China Seas" aufzunehmen, nicht von "armed attacks" i. S. von Art. 51 VN-Charta, sondern von "cases of piratical attack" und von "piratical acts"[12]. In dem am 13. Dezember 1954 von ihr vorgelegten Resolutionsentwurf wurden die von den "auf der Insel Taiwan stationierten und von den amerikanischen Behörden kontrollierten Kriegsschiffen" verübten Angriffe auf Handelsschiffe auf Hoher See als "piratical raids" und als "gross violation of the universally recognized principle of freedom of navigation on the high seas" bezeichnet[13].

Bereits zuvor hatte die Sowjetunion am 9. Dezember 1954 im Ad Hoc Political Committee einen Resolutionsentwurf mit dem Titel "Acts of Aggression Against the People's Republic of China and Responsibility of the United States Navy for those Acts" eingebracht[14]. In diesem Entwurf wurde eine klare Unterscheidung zwischen den als "Aggressionsakte" charakterisierten Angriffen auf Städte und Küstengebiete einerseits und den als "Piratenangriffe" titulierten Übergriffen auf Handelsschiffe auf Hoher See andererseits vorgenommen:

> The General Assembly, (...)
>
> Noting with concern that in the area of the island of Taiwan and the China seas acts of aggression in the form of unprovoked armed attacks on the towns and coastal areas of China (...) are being committed by armed forces under the control of the United States,
>
> Noting also that piratical attacks on the high seas on the merchant vessels of various countries, the seizure of such vessels and the brutal maltreatment of their crews, are being carried out by the armed forces based in the abovementioned area,
>
> Condemns these acts of aggression (...) and

---

12 UN Doc. A/2741.

13 UN Doc. A/AC.76/L.24. In der Folge verzichtete der sowjetische Delegierte allerdings auf eine Abstimmung über den Entwurf, siehe den Bericht des Ad Hoc Political Committee, UN Doc. A/2882.

14 UN Doc. A/AC.76/L.23.

> Recommends that the Government of the United States of America, which is responsible for the situation which has arisen in that area, should take the necessary steps to put an end to the said acts of aggression and to the piratical attacks on the merchant vessels of various countries. [Letzte Hervorhebung hinzugefügt]

In der Debatte innerhalb des Ad Hoc Political Committee schlossen sich die Vertreter Polens und der Tschechoslowakei der sowjetischen Sprachregelung an und bezeichneten die Angriffe auf Handelsschiffe als "piratical acts"[15]. Der Resolutionsentwurf wurde mit 39 zu 5 Stimmen bei 7 Enthaltungen abgelehnt[16].

Die Volksrepublik Polen richtete unter Bezugnahme auf die Resolution 821 (IX) der VN-Generalversammlung vom 17. Dezember 1954, in der die Mitgliedstaaten aufgefordert worden waren, der International Law Commission ihre Rechtssicht zum Prinzip der Schiffahrtsfreiheit auf der Hohen See mitzuteilen, ein Memorandum an die ILC, in dem die Übergriffe nationalchinesischer Streitkräfte auf neutrale Handelsschiffe verurteilt und als Akte der Seeräuberei qualifiziert wurden[17]. In einem formellen Beschluß stellte die ILC fest, sie besitze nicht die Kompetenz, sich mit der im Memorandum der polnischen Regierung zum Ausdruck gekommenen Beschwerde gegen die nationalchinesische Regierung zu befassen[18].

Aus diesen Vorgängen läßt sich entnehmen, daß nach der Sicht der Sowjetunion und anderer sozialistischer Staaten ein militärisches Abwehrrecht gegenüber Angriffen auf Handelsschiffe auf Hoher See grundsätzlich existiert. Diese Verteidigungsbefugnis resultiert nach jener Auffassung jedoch nicht aus Art. 51 VN-Charta, sondern aus den Regeln über die Bekämpfung der Piraterie. Die übrigen Staaten hielten sich in ihrer Rechtsmeinung bedeckt.

Dieser Schlußfolgerung steht die Tatsache nicht entgegen, daß Taiwan von der UdSSR und ihren Verbündeten niemals als

15 Vgl. YBUN 1954, 45 f.
16 UN Doc. A/2871.
17 UN Doc. A/CN.4/L.53.
18 YBILC 1955, vol. I, 39.

Staat anerkannt war. Die im oben zitierten Resolutionsentwurf der Sowjetunion im Ad Hoc Political Commitee im Zusammenhang mit Angriffen nationalchinesischer Soldaten auf Städte und Küstengebiete auf dem chinesischen Festland verwendeten Begriffe "bewaffnete Angriffe" und "Aggressionsakte" sprechen gegen die Einschätzung, die UdSSR hätte diese Soldaten lediglich als privat agierende Freibeuter angesehen. Im übrigen erhob die Sowjetunion, wie die weitere Betrachtung der Staatenpraxis noch zeigen wird, den Vorwurf der Piraterie auch gegenüber den Vereinigten Staaten im Zusammenhang mit der Blockade Kubas. Schließlich setzte sich die UdSSR, wie im 3. Kapitel näher ausgeführt werden wird[19], im Rechtsausschuß der VN-Generalversammlung bei der Beratung des Entwurfs für das Genfer Übereinkommen über die Hohe See dafür ein, den Tatbestand der Piraterie nicht auf private Aktionen zu beschränken, sondern auch rechtswidrige Übergriffe von seiten staatlicher Organe auf fremde Handelsschiffe auf Hoher See darunter zu fassen. Daraus folgt, daß die Nennung des Pirateriebegriffs hier nicht auf die Besonderheiten Taiwans zurückzuführen, sondern Ausdruck einer allgemeinen Rechtsüberzeugung in der oben bezeichneten Art gewesen ist.

B. Der Palästina-Konflikt

1. Der Golf von Akaba und die Straße von Tiran

Die Öffnung des von Ägypten für israelische Schiffe sowie für Schiffe mit Bestimmungsort Elat gesperrten Golfes von Akaba und der Straße von Tiran war während des Suez-Konfliktes von 1956[20] ein erklärtes israelisches Kriegsziel. Israel zog sich in der Folge erst dann aus Scharm el Scheik zurück, als die Meerenge von Streitkräften der Vereinten Nationen besetzt worden war. Das ägyptische Verlangen nach Abzug der VN-Truppen

---

19 Siehe 3. Kapitel A. 2. a).

20 Siehe zum Suez-Konflikt näher Wagner, Der arabisch-israelische Konflikt im Völkerrecht, 1971, 389 ff., m.w.N.; Hartwig, Der israelisch-ägyptische Streit um den Golf von Akaba, AVR 9 (1961 - 62), 27 ff.; Beckert/Breuer, a.a.O., Rdnr. 1144 ff.

und die erneute Sperrung der Straße von Tiran stellte schließlich den Auslöser des Sechstagekrieges im Jahre 1967 dar.

Die Staatengemeinschaft betrachtete den Golf von Akaba und die Straße von Tiran ganz überwiegend als internationale Wasserstraßen. Im Anschluß an die Auseinandersetzung von 1956 wurde die Frage nach der effektiven Durchsetzung des Rechts auf friedliche Durchfahrt intensiv erörtert.

Der amerikanische Secretary of State Dulles nahm hierzu in einem am 11. Februar 1957 dem israelischen Botschafter in Washington überreichten Aide-mémoire folgendermaßen Stellung[21]:

> In the absence of some overriding decision to the contrary, as by the International Court of Justice, the United States, on behalf of vessels of United States registry, is prepared to exercise the right of free and innocent passage and to join with others to secure general recognition of this right.

Dieselbe Formulierung gebrauchte Präsident Eisenhower in einer Rundfunk- und Fernsehansprache vom 20. Februar 1957[22].

Die israelische Position zur Durchsetzung des Rechts auf innocent passage legte Außenministerin Meir auf der 11. VN-Vollversammlung dar[23]:

> Such freedom of navigation is a vital national interest for Israel, but it is also of importance and legitimate concern to the maritime Powers and to many States whose economies depend upon trade and navigation between the Red Sea and the Mediterranean Sea. (...)
>
> Israel is resolved on behalf of vessels of Israel registry to exercise the right of free and innocent passage and is prepared to join with others to secure universal respect of this right. Israel will protect ships of its own flag exercising the right of free and innocent passage on the high seas and in international waters.

---

[21] XXXVI Dept. State Bull., No. 924, 11. März 1957, 392 f.
[22] A.a.O., 387, 389.
[23] UN Doc. A/PV.666, vom 1. März 1957, 1275 f.

> Interference, by armed force, with ships of Israel flag exercising free and innocent passage in the Gulf of Aqaba and through the Straits of Tiran, will be regarded by Israel as an attack entitling it to exercise its inherent right of self-defence under Article 51 of the United Nations Charter and to take all such measures as are necessary to ensure the free and innocent passage of its ships in the Gulf and in the Straits.
>
> We make this announcement in accordance with the accepted principles of international law under which all States have an inherent right to use their forces to protect their ships and their rights against interference by armed force.

Ebendort erklärte der Ständige Vertreter Frankreichs bei den Vereinten Nationen[24]:

> The French Government, certainly, intends to exercise its right of free navigation effectively in the Gulf of Aqaba and through the Straits of Tiran. It considers that any obstruction of its freedom of passage would be contrary to international law and would, accordingly, entail a possible resort to the measures authorized by Article 51 of the United Nations Charter.

Ebenfalls auf der 11. Vollversammlung der Vereinten Nationen erklärte der britische Außenminister Noble[25]:

> It is the view of Her Majesty's Government in the United Kingdom that the Straits of Tiran must be regarded as an international waterway, through which the vessels of all nations have a right of passage. Her Majesty's Government will assert this right on behalf of all British shipping, and they are prepared to join with others to secure general recognition of this right.

Der Delegierte Neuseelands gab zu verstehen, daß er den Standpunkt Großbritanniens und der USA teile[26]:

---

[24] A.a.O., 1280.
[25] UN Doc. A/PV.667, vom 4. März 1957, 1284.
[26] A.a.O., 1292.

> We believe that the declarations made by the United States, the United Kingdom and other leading maritime Powers of their readiness to assert this right on behalf of their shipping and to join with others to secure a general recognition of this right, point to a solution in respect of the Gulf of Aqaba which should satisfy Israel's legitimate interests.

Obwohl sich nur Frankreich und Israel ausdrücklich auf Art. 51 VN-Charta beriefen, legen die zitierten Äußerungen jedenfalls die Vermutung nahe, daß sich alle hier genannten westlichen Staaten darin einig waren, daß ihnen bei Angriffen auf ihre Handelsschiffe ein militärisches Abwehrrecht zustand. Mit Ausnahme Frankreichs, das sich zu dieser Frage nicht äußerte, bekundeten sie darüber hinaus ihre Bereitschaft, die allgemeine Beachtung des Rechts auf freie Schiffahrt gemeinsam mit anderen Staaten zu gewährleisten. Ob darunter auch militärische Maßnahmen zu verstehen sein sollten, geht aus den Äußerungen nicht unmittelbar hervor; die Sachverhaltsumstände deuten jedoch in diese Richtung.

2. Der Suez-Kanal

Im Rahmen des Palästina-Konflikts wurde die Freiheit der internationalen Schiffahrt nicht nur im Golf von Akaba und der Straße von Tiran beeinträchtigt, sondern auch im Suez-Kanal, den Ägypten seit 1949 für israelische Schiffe gesperrt hielt[27]. Ferner nahm Ägyten im Suez-Kanal gegenüber Schiffen anderer Staaten ein Prisenrecht in Anspruch. Ohne Erfolg verlangte der VN-Sicherheitsrat in der Resolution S/2194 vom 1. September 1951 die Einstellung der Beschränkungen der internationalen Schiffahrt[28]. Zahlreiche Staaten protestierten gegen jenes Vorgehen[29]. Der Chief of Staff of the Truth Supervision Organisation, General Riley, nannte in einem Telegramm an den VN-Gene-

---

[27] Wagner, a.a.O., 380 ff.; Ottmüller, a.a.O., 50 ff.; Gross, Passage through the Suez Canal of Israel-bound Cargo and Israel Ships, AJIL 51 (1957), 530 ff.
[28] UN Doc. S/2322.
[29] Vgl. die Ausführungen des ägyptischen Delegierten vor dem Sicherheitsrat, UN Doc. SCOR 23, 553. Sitzung, Ziff. 98.

ralsekretär die ägyptischen Maßnahmen eine "aggressive action"[30]. Die Frage nach möglichen militärischen Abwehrbefugnisse seitens der betroffenen Flaggenstaaten wurde jedoch im Zusammenhang mit dem Suez-Kanal, soweit ersichtlich, nicht erörtert.

Zur Rolle von Drittstaaten erklärten Frankreich und Ekuador in den Beratungen im VN-Sicherheitsrat über die Resolution vom 1. September 1951, daß die Transitfreiheit durch internationale Wasserstraßen alle Staaten angehe. Ein Staat, der die Beachtung des Prinzips der freien Durchfahrt durch den Suez-Kanal verlange, handele nicht nur für sich selbst, sondern auch für alle anderen Staaten[31].

Großbritannien und Frankreich rechtfertigten ihre Intervention in Ägypten im Jahre 1956 u.a. mit dem Schutz der freien Schiffahrt im Suez-Kanal. Das Recht der freien Durchfahrt durch den Suez-Kanal sei für alle Staaten von vitaler Bedeutung; Großbritannien und Frankreich hätten daher im Interesse der gesamten Staatengemeinschaft gehandelt[32]. (Darüber hinaus wiesen sie auf die Gefährdung ihrer Staatsangehörigen in der Region hin[33].) Art. 51 VN-Charta wurde nicht genannt.

---

[30] UN Doc. S/2194.

[31] Siehe YBUN 1951, 297 f.

[32] Vgl. die Stellungnahme Frankreichs im VN-Sicherheitsrat, SCOR, 11th Year, 751st meeting, para. 61:

> Les Gouvernements français et britannique ont donc estimé qu'une menace sérieuse pesait sur le canal de Suez (...). Or, la libre navigation à travers le canal de Suez est une question vitale pour la plupart des pays du monde. Les Gouvernements français et britannique ont jugé qu'il était de leur devoir de prendre toutes les mesures nécessaires (...) pour garantir et préserver, contre toute atteinte, la liberté de navigation à travers le canal.

Der britische Vertreter führte im Sicherheitsrat aus, SCOR, 11th Year, 751st meeting, para. 47:

> We have a right to defend these vital interests, and we believe, moreover, that in so doing we are also defending the interests of all nations, and they are many, whose economies depend on this great international right of way. But although we have acted to protect our vital interests and those of other nations in this international waterway, our other purpose, as I have made abundantly clear, has been, and remains, to prevent an armed clash between Israel and Egypt leading to a general conflagration.

[33] SCOR, 11th Year, 749th meeting, para. 141.

Stattdessen machten die beiden Staaten geltend, durch ihre Aktion werde die territoriale Integrität und Souveränität Ägyptens nicht beeinträchtigt[34]. Damit sollte offenbar ausgedrückt werden, ihr Vorgehen verstieße nicht gegen das Gewaltverbotsprinzip.

C. Der Algerienkrieg

Während des Algerienkrieges führte die französische Marine in großer Zahl Schiffskontrollen durch, die seit 1957 wiederholt auch außerhalb der Küstengewässer stattfanden[35]. Am stärksten betroffen waren Schiffe unter deutscher Flagge. Ein Sprecher des Auswärtigen Amtes erklärte am 9. Dezember 1960, die Aufbringung von zwölf Schiffen in internationalen Gewässern sei "eindeutig als eine Verletzung des Völkerrechts anzusehen"[36]. In einer förmlichen Protestnote an die französische Regierung als Reaktion auf das Anhalten des Frachters "Paul Rickmers" am 20. Dezember 1960 bezeichnete die Bundesregierung die Maßnahmen der französischen Seesteitkräfte als eine Beeinträchtigung des Ansehens der deutschen Flagge und eine schwere Schädigung der Rechte und Interessen der deutschen Reeder. Darüber hinaus wurden Schadensersatzansprüche geltend gemacht[37].

Militärische Gegenmaßnahmen, etwa in Form der Gewährung von Geleitschutz, sind nach offizieller Darstellung niemals erwogen worden. So nannte ein Sprecher des Bundesverteidigungsministeriums im Dezember 1960, als sich die Fälle des Aufbringens deutscher Schiffe gehäuft hatten, Berichte "völlig abwegig", wonach man in maßgeblichen Kreisen erörtere, Schiffe der Bundesmarine in das Mittelmeer zu entsenden[38].

Auch die anderen betroffenen Staaten ergriffen keine gewaltsamen Abwehrmaßnahmen, sondern beschränkten sich auf das

---

[34] GAOR, 1st Emergency Special Session, Plenary Meetings, 561st meeting, para. 102.
[35] Eine ausführliche Darstellung der Ereignisse findet sich bei Ottmüller, a.a.O., 133 ff., m.w.N.
[36] AdG vom 9. 12. 1960, 8808.
[37] AdG vom 22. 12. 1960, 8832 f.
[38] Hamburger Abendblatt vom 19. 12. 1960, 14. Siehe auch Ottmüller, a.a.O., 138.

Einlegen von Protesten[39]. Zum Teil forderten sie darüber hinaus Schadensersatz oder die Rückgabe der beschlagnahmten Waffen[40]. Insgesamt ist bei diesem Konfliktgeschehen die eher zurückhaltende Reaktion der Staatengemeinschaft auffällig.

D. Die Kuba-Krise

Der amerikanische Präsident Kennedy verhängte mit Wirkung vom 24. Oktober 1962 eine "Quarantäne" in Form einer Sperre für alle offensiven militärischen Ausrüstungen, die auf dem Seewege nach Kuba gebracht werden sollten[41]. In der Folgezeit wurden fremde (insbesondere sowjetische) Handelsschiffe innerhalb eines festgelegten "Sperr-Ringes" von amerikanischen Marineeinheiten angehalten und durchsucht. Die "Quarantäne" endete am 21. November 1962.

Kuba bezeichnete die "Quarantäne"-Maßnahmen als "Kriegshandlung", "Seeblockade" und "aggressive Aktionen"[42] sowie als "einseitige Kriegsmaßnahme"[43]. Die Sowjetunion sprach von einer "faktischen Blockade der kubanischen Küsten"[44] und griff im übrigen eine bereits im Zusammenhang mit dem Konflikt in der Straße von Formosa verwendete Formulierung auf, indem sie wiederholt das Vorgehen der amerikanischen Marine gegen die fremden Handelsschiffe als "Akte der Piraterie" charakterisierte[45]. Die chinesische Regierung gebrauchte, den Begriff der Pirate-

---

[39] Jugoslawien beispielsweise sprach in seiner Protestnote von einer "flagranten Verletzung der Freiheit der Hohen See", vgl. Whiteman, a.a.O., 513, m.w.N. Eine ähnliche Formulierung gebrauchte die CSSR, vgl. Ottmüller, ebenda, m.w.N.

[40] So die Haltung Polens bzw. Jugoslawiens, siehe Ottmüller, ebenda, m.w.N.

[41] Siehe zur Kuba-Krise AdG vom 28. Oktober 1962, 10193 ff.; Keesing's, November 3 - 10, 19057 ff.; EA 17 (1962) II/III, D 561 ff.; Steinicke, Quellenindex zur Cubakrise 1962, 1969; Beckert/Breuer, a.a.O., Rdnr. 1155 ff.

[42] In einem Brief des kubanischen Delegierten an den Präsidenten des VN-Sicherheitsrates, UN Doc. S/5183.

[43] So der kubanische Delegierte vor dem VN-Sicherheitsrat, SCOR 17, 1022. Sitzung, 17 ff.

[44] Erklärung der Regierung der UdSSR zur Kuba-Frage vom 23. Oktober 1962, wiedergegeben in: EA, a.a.O., D 572 ff. (575).

[45] Ebenda sowie in einem Schreiben Chruschtschows an VN-Generalsekretär U Thant vom 25. 10. 1962, UN Doc. SG/1357.

rie gänzlich verwischend, die Wendung "piratical U.S. war blockade"[46].

E. Der "Kabeljaukrieg" zwischen Island und Großbritannien resp. der Bundesrepublik Deutschland

Zwischen Island und Großbritannien sowie in eingeschränkterem Maße auch zwischen Island und der Bundesrepublik spielte sich in insgesamt drei Phasen eine als "Kabeljaukrieg" bezeichnete Auseinandersetzung über Fischereirechte ab, in deren Verlauf es zu zahlreichen Fällen von Gewaltanwendung gegen britische und deutsche Fischereiboote in den von Island beanspruchten Gewässern kam[47]. Die erste Phase des Konflikts begann am 1. September 1958 mit der von Island einseitig proklamierten Erweiterung der Territorialgewässer von vier auf zwölf Seemeilen. Die Streitigkeit wurde zunächst durch Übereinkommen Islands mit Großbritannien im Februar 1961[48] bzw. mit der Bundesrepublik im Juli 1961[49] beigelegt, die im Grundsatz die Anerkennung der isländischen 12-Meilen-Zone beinhalteten. Am 1. September 1972 richtete Island eine ausschließliche Fischereizone in einem Umkreis von zwölf bis 50 Seemeilen ein. Beendet wurde die darauf folgende zweite Phase der Auseinandersetzung im Verhältnis zu Großbritannien mit dem Interimsabkommen vom 13. November 1973[50]. Am 25. Juli 1974 gab der IGH einer von Großbritannien und der Bundesrepublik eingereichten Klage gegen die einseitige Ausdehnung der Fischereigewässer durch Island statt[51]. Gleichwohl dehnte Island, das die Zuständigkeit

---

[46] Chou En-lai auf einer Begrüßungsrede für eine nordkoreanische Delegation am 4. November 1962 in Peking, siehe Keesing's, November 17 - 24, 1962, 19093.

[47] Siehe hierzu beispielsweise die Darstellungen in Jónsson, Friends in Conflict - The Anglo-Icelandic Cod Wars and the Law of the Sea, 1982, 69 ff.; v. Glahn, Law Among Nations, 5. Aufl. 1986, 399 ff.; RGDIP 62 (1958), 699 - 713; 63 (1959), 120 - 121; 535 - 539; 64 (1960), 530 - 531; 66 (1962), 199; 634 - 635; 67 (1963), 180; 634; 68 (1964), 530 - 531; 76 (1972), 890 - 899; 77 (1973), 281 - 291; 867 - 880; 1225 - 1231; 79 (1975), 771; 1175 - 1178; 80 (1976), 298 - 307; 611 - 614; 944 - 946.

[48] AdG vom 27. Februar 1961, 8947.

[49] Siehe hierzu näher Jónsson, a.a.O., 108.

[50] Wiedergabe des Textes in: 12 ILM (1973), 1313 - 1318.

[51] Fisheries Jurisdiction Case, Merits, ICJ Reports 1974.

des IGH stets abgelehnt hatte, mit Wirkung vom 15. Oktober 1975 die ausschließliche Fischereizone auf 200 Seemeilen aus. Dies führte zur dritten Phase des Konflikts. Am 28. November 1975 vereinbarten Island und die Bundesrepublik eine Kompromißlösung[52]. Endgültig geschlichtet wurde der "Kabeljaukrieg" durch das Übereinkommen zwischen Island und Großbritannien vom 1. Juni 1976[53].

Island versuchte, die geltend gemachten Hoheitsansprüche mittels des Einsatzes von Küstenwachbooten durchzusetzen. Deren hauptsächliche Taktik bestand darin, einem eingedrungenen fremden Fischereischiff, das nicht freiwillig umkehrte, mittels einer speziellen Vorrichtung das Fangnetz während des Fahrens zu durchtrennen[54]. In Ausnahmefällen wurden auch Warnschüsse und ganz vereinzelt gezielte Schüsse auf einen Fischdampfer abgegeben[55].

1. Die Reaktion Großbritanniens

Als Reaktion auf den Einsatz von isländischen Küstenschutzbooten entsandte Großbritannien in allen drei Phasen des Konflikts Marineeinheiten in die umstrittenen Gewässer zum Schutz der britischen Fischereischiffe, zu Beginn der zweiten Periode zunächst auch unbewaffnete zivile Schleppkähne, später ausschließlich Fregatten. Diese versuchten, zur Abwehr der Übergriffe zwischen die Fischerboote und die attackierenden isländischen Küstenwachboote zu fahren. Dabei kam es zu zahlreichen

---

[52] AdG vom 1. Dezember 1975, 19868.

[53] Der Text und die diesbezüglichen Dokumente sind wiedergegeben in: 15 ILM (1976), 878 - 889, der Text des Abkommens allein auch in RGDIP 80 (1976), 993 f.

[54] Auf dieses Vorgehen hatten sich die isländischen Küstenwachboote insbesondere mit Beginn der zweiten Phase der Auseinandersetzung verlegt, vgl. Jónsson, a.a.O., 135 f.

[55] In diesem Zusammenhang sind etwa die Schüsse auf den britischen Fischdampfer "Primella" und den deutschen Frischfischfänger "Arcturus" zu nennen. Beide Vorfälle sollen unten noch näher beschrieben werden.

Gelegentlich ereigneten sich auch Zusammenstöße zwischen isländischen Kanonenbooten und britischen Fischdampfern, vgl. beispielsweise die Ausführungen in RGDIP, a.a.O., 302, oder in Jónsson, a.a.O., 137.

Kollisionen[56], an denen sich beide Seiten gegenseitig die Schuld gaben[57].

In einer Regierungserklärung vom 21. Mai 1973 sagte der britische Außenminister vor dem Unterhaus, daß die Fischerboote ohne Schutz nicht mehr in Sicherheit arbeiten könnten. Daher sei am 19. Mai die Royal Navy angewiesen worden, die "notwendigen Schritte" zu unternehmen; die Royal Navy sei selbstverständlich nach dem Völkerrecht berechtigt, frei auf Hoher See zu operieren[58].

Aufschlüsse über die Instruktionen der britischen Marine könnten sich folgender Erklärung des britischen Commodore Kattlewell entnehmen lassen: Der Kommandant der Fregatte "Brighton" gab an, daß das isländische Kanonenboot "Thor" ihn über Funk gewarnt hätte, es würde das Feuer eröffnen, falls er sich ihm weiter nähern würde. Darauf habe er erwidert, daß er in diesem Fall autorisiert sei, auf gleiche Weise zu antworten[59].

Diese Stellungnahme könnte ein Indiz dafür sein, daß die Royal Navy die Anweisung hatte, ausschließlich für den Fall Schußwaffen einzusetzen, daß zuvor Kriegsschiffe unmittelbar angegriffen worden wären. Gewaltsame Übergriffe gegen Fischereischiffe allein reichten hierfür nicht aus. In die andere Richtung weist allerdings ein Vorfall, der sich am 12. Mai 1976 ereignete: Das isländische Küstenwachboot "Aegir" gab drei Kanonenschüsse auf den 35 Meilen vor der Küste ohne Schutzbegleitung operierenden britischen Fischdampfer "Primella" ab. Ein auftauchendes britisches Kampfflugzeug machte dem Übergriff ein Ende, indem es drohte, auf das Küstenwachboot zu schießen, falls dieses erneut das Feuer auf den Fischdampfer eröffnete[60].

Trotz dieses letztgenannten Zwischenfalls läßt sich bei den von Großbritannien ergriffenen, im wesentlichen auf bloßes

---

[56] Eine Auflistung sämtlicher bekannt gewordener Kollisionsfälle findet sich bei Jónsson, a.a.O., 220 f.

[57] Bezüglich der gegenseitigen Vorwürfe über die Verantwortung für eine erfolgte Kollision siehe exemplarisch die in RGDIP, a.a.O., 303 f., dargestellten Schilderungen.

[58] AdG vom 5.1.1974, 18424.

[59] RGDIP, a.a.O., 303.

[60] RGDIP, a.a.O., 944.

Dazwischenfahren beschränkten militärischen Gegenmaßnahmen im Ganzen eine zurückhaltende Tendenz beobachten. Das korrespondiert mit dem offiziellen britischen Sprachgebrauch. So verwendete die britische Regierung, soweit ersichtlich, gegenüber dem isländischen Vorgehen niemals die Begriffe "bewaffneter Angriff" oder "Aggression". Am deutlichsten tritt die britische Rechtsansicht in der Antragsschrift vor dem IGH zutage: Die Übergriffe isländischer Küstenwachboote werden dort als "unlawful interference by force or the threat of force with British fishing vessels in the said area of the high seas" bezeichnet[61].

Die Art der militärischen Abwehrmaßnahmen sowie die von der britischen Regierung vor dem IGH vorgenommene rechtliche Qualifizierung geben einen Hinweis auf eine mögliche Differenzierung von seiten Großbritanniens zwischen einem (hier nicht vorliegenden) "bewaffneten Angriff" nach Art. 51 VN-Charta und einer (hier einschlägigen) andersartigen rechtswidrigen Gewaltanwendung unterhalb der Schwelle des Art. 51 VN-Charta. Als Rechtsfolge blieben auch in diesem Zusammenhang militärische Abwehrmaßnahmen zulässig, die jedoch in restriktiverer Weise zu handhaben wären.

Allerdings ist zu bedenken, daß sowohl die zurückhaltenden militärischen Gegenmaßnahmen als auch die gemäßigten offiziellen Stellungnahmen Großbritanniens vor dem Hintergrund der gemeinsamen Einbindung mit Island in die NATO sowie die westliche Wertegemeinschaft und den daraus folgenden politischen Beweggründen zu sehen sind. Der Ausdruck "interference by force" muß daher nicht zwangsläufig als Gegensatz zu "bewaffnetem Angriff" gesehen werden. Auch die bereits zitierte Äußerung des britischen Außenministers[62], daß die Royal Navy nach dem Völkerrecht berechtigt sei, frei auf Hoher See zu operieren, läßt einen weiten Interpretationsspielraum offen. Gleichwohl wird dem objektiven, von britischer Seite gezeigten Gesamtverhalten

---

[61] ICJ Reports 1974, a.a.O., 7. Gerade den Antragsteil, dem die zitierte Formulierung entnommen ist, verfolgte Großbritannien allerdings im weiteren Verfahren vor dem IGH angesichts des zwischenzeitlich mit Island abgeschlossenen Interimsabkommens nicht weiter. Eine Änderung der britischen Rechtsauffassung läßt sich daraus aber nicht ableiten.

[62] Vgl. Fußnote 55.

eine gewisse indizielle Vermutungswirkung in der Art beizumessen sein, daß Großbritannien die Übergriffe durch isländische Küstenwachboote auf die britischen Fischdampfer wohl als rechtswidrige Gewaltanwendung, nicht aber als einen "bewaffneten Angriff" gemäß Art. 51 VN-Charta angesehen und dennoch bestimmte militärische Abwehrmaßnahmen für zulässig erachtet hat.

2. Die Haltung der Bundesrepublik

Die Bundesregierung beließ es bei förmlichen Protesten und Retorsionen[63]. Der schwerste Zwischenfall[64] zwischen einem bundesdeutschen Fischereiboot und isländischen Marineeinheiten ereignete sich am 24. November 1974[65]. Das Patrouillenboot "Aegir" stoppte den Frischfischfänger "Arcturus", der sich außerhalb der 12-Meilen-Zone, jedoch innerhalb der 50-Meilen-Zone befand, indem es zunächst ohne Vorwarnung drei Schüsse vor den Bug, und als diese nichts fruchteten, vier scharfe Schüsse auf das Boot selbst abgab. Dabei wurde ein Seemann verletzt. Anschließend wurde die "Arcturus" durch ein Prisenkommando geentert und in den Hafen Hameiay verbracht.

Das Auswärtige Amt bezeichnete den Vorfall als einen "Akt moderner Seeräuberei". Es verlangte die sofortige Freigabe von Schiff und Besatzung und behielt sich Schadensersatzforderungen vor.

Auch die Bundesregierung vermied Begriffe wie "bewaffneter Angriff" oder "Aggression". Ob sie das Bestehen einer Selbstverteidigungslage nach Art. 51 VN-Charta objektiv für gegeben hielt (und nur aus außenpolitischen Gründen nicht geltend machte) läßt sich nicht mit Sicherheit feststellen. Ihr Gesamtverhalten spricht jedoch eher dagegen. Im übrigen ist der Ausdruck "Akt moderner Seeräuberei" hier erkennbar untechnisch gemeint. Dennoch könnte er einen gewissen Anhaltspunkt für die

---

[63] So wurde im Anschluß an den unten sogleich aufzuzeigenden Zwischenfall vom 24. November 1974 ein Anlandungsverbot für isländischen Fisch verfügt.

[64] Siehe zu anderen Übergriffen auf deutsche Fischereischiffe etwa Jónsson, a.a.O., 153.

[65] AdG vom 25. November 1974, 19073; RGDIP 79 (1975), 771.

Vermutung geben, daß die Bundesregierung, auch wenn sie diese niemals ernsthaft erwogen hat, bewaffnete Abwehrmaßnahmen als prinzipiell zulässig angesehen hat.

F. Der Mayaguez-Zwischenfall

Am 12. Mai 1975 stoppte ein kambodschanisches Patrouillenboot das US-Handelsschiff "Mayaguez" in Gewässern, die Kambodscha entgegen der amerikanischen Rechtsauffassung für sich beanspruchte, und brachte die Besatzung in die Hafenstadt Sihanoukville. Am 15. Mai 1975 unternahmen die USA eine umfangreiche Militäraktion zur Befreiung der Besatzung. Sie wurde beendet, nachdem die Regierung der Vereinigten Staaten Kenntnis erhielt, daß die Besatzungsmitglieder bereits freigelassen worden waren[66].

In einer Presseveröffentlichung des Weißen Hauses vom 12. Mai 1975 wurde das kambodschanische Vorgehen als "Akt der Piraterie" bezeichnet[67]:

> We have been informed that a Cambodian navel vessel has seized an American merchent ship on the high seas and forced it to the port of Kompong Som. The President has met with the NSC. He considers this seizure an act of piracy. He has instructed the State Department to demand the immediate release of the ship. Failure to do so would have the most serious consequences.

In späteren Stellungnahmen wurde der Vorwurf der Piraterie, soweit erkennbar, nicht wiederholt. Die Vereinigten Staaten begründeten in der Folge ihren militärischen Einsatz stattdessen mit dem Selbstverteidigungsrecht gemäß Art. 51 VN-Charta. So überbrachte der Ständige Vertreter der USA bei den Verein-

---

66 AdG vom 26. September 1975, 19741; Keesing's, July 21 - 27, 1975, 27239; McDowell, Contemporary Practice of the United States Relating to International Law, AJIL 69 (1975), 875 ff. Vgl. auch Beyerlin, Mayaguez Incident, in: Bernhardt (Hrsg.), EPIL, Lieferung 3, 1982, 253 ff.; Paust, The Seizure and Recovery of the Mayaguez, The Yale Law Journal, Vol. 85 (1975 - 1976), 774 ff.

67 DXXII Dept. State Bull. no. 719 (1975), nachgedruckt in AJIL, a.a.O., 876.

ten Nationen, Scali, dem Generalsekretär der Vereinten Nationen am 14. Mai 1975 folgende Note[68]:

> The United States Government wishes to draw urgently to your attention the threat to international peace which has been posed by the illegal and unprovoked seizure by Cambodian authorities of the U.S. merchant vessel, Mayaguez, in international waters. (...)
>
> In the absence of a positive response to our appeals through diplomatic channnels for early action by the Cambodian authorities, my Government reserves the right to take such measures as may be necessary to protect the lives of American citizens and property, including appropriate measures of self-defense under Article 51 of the United Nations Charter.

Ebenso berief sich der Ständige Vertreter der USA bei den Vereinten Nationen in einem Brief vom selben Tag an den Präsidenten des VN-Sicherheitsrates auf Art. 51 VN-Charta[69]. In den beiden Stellungnahmen wurde der Übergriff "a clear-cut illegal use of force" genannt. Dies reichte offenbar nach amerikanischer Sicht zur Annahme des Selbstverteidigungsrechts nach Art. 51 VN-Charta aus.

G. Der Tankerkrieg im Persischen Golf

Am dringlichsten stellte sich die Frage nach der Zulässigkeit militärischer Abwehrmaßnahmen gegen Angriffe auf neutrale Handelsschiffe während des irakisch-iranischen Krieges[70] im Persischen Golf, in dessen Verlauf über 500 Schiffe neutraler Staaten beschädigt oder zerstört wurden. Dabei kamen etwa 500 Seeleute ums Leben[71]. Angesichts der Bedrohung einer der zentralen

---

[68] DXXII Dept. State Bull. no. 720 (1975), nachgedruckt in AJIL, a.a.O., 877.

[69] UN Doc. S/11689, vom 15. Mai 1975.

[70] Siehe zur Bezeichnung der Auseinandersetzung zwischen Irak und Iran als Krieg Gray, The British Position in Regard to the Golf Conflict, ICLQ 37 (1988), 420 ff. (421 ff.). Vgl. allgemein zum Kriegsbegriff etwa Kunz, Kriegsbegriff, in: Strupp/Schlochauer, Wörterbuch des Völkerrechts, Bd. 2, 1961, 329 ff.

[71] Der Schiffahrts-Informationsdienst des Londoner Versicherers Lloyd's bezifferte die angegriffen Schiffe neutraler Staaten

Ölversorgungswege[72] wurde diesen Vorgängen höchste internationale Aufmerksamkeit zuteil. Neben der Verteidigung von Schiffen der eigenen Flagge rückte in diesem Konflikt erstmals auch die Sicherung der allgemeinen Schiffahrtsfreiheit in den Blickpunkt des Interesses. Vor diesem Hintergrund ist die von den USA unter bestimmten Voraussetzungen in Aussicht gestellte militärische Hilfeleistung für angegriffene Handelsschiffe dritter Staaten zu sehen.

1. Der Verlauf des Konfliktes

Die kriegerischen Auseinandersetzungen begannen im September 1980 mit dem Einmarsch irakischer Truppen in den Iran[73]. Am 9.

---

mit 546, siehe SZ vom 20. 7. 1988, 2. Für diese "Zwischenfälle auf See" werden der Irak und der Iran zu etwa gleichen Teilen verantwortlich gemacht, vgl. SZ vom 25. 7. 1988, 21.

[72] Näheres zur Bedeutung des Persischen Golfes als zentraler Ölversorgungsweg für die Weltwirtschaft findet sich in: P. Balta (sous la dir.), Institut Français de Polémologie. Centre d'Etudes de l'Orient Contemporain, Le conflit Irak-Iran, 1979 - 1989, in: Notes et Etudes documentaires, n° 4889, La Documentation française, 1989 [im folgenden: La Documentation française], 97 ff.; House of Commons, Session 1987-88, Foreign Affairs Committee, Second Report, Current UK Policy Towards the Iran/Iraq Conflict, Volume II, Minutes of Evidence with Appendices [im folgenden: Second Report, Volume II], 29 ff.

[73] Angaben über den Tankerkrieg im Persischen Golf finden sich insb. in: La Documentation française, a.a.O., 58 - 89 und 102 - 116; Keesing's, Vol. 30 (1984), 32689, 33057 ff.; Vol. 31 (1985), 33560; Vol. 32 (1986), 34514; Vol. 33 (1987), 35158 ff., 35597 ff.; Vol. 34 (1988), 36167 ff. Vgl. ferner die Sachverhaltsschilderungen in AdG vom 22. August 1987, 31353 ff.; vom 2. Oktober 1987, 31476 ff.; vom 22. Januar 1988, 31835 f.; vom 18. April 1988, 32121 f.; vom 19. April 1988, 32123 f.; sowie vom 18. Juli 1988, 32370.

Vgl. ferner die Zusammenstellung von Dokumenten in EA Bd. 43 (1988), D. 541 ff., sowie die eingehende Darstellung in House of Commons, Session 1987-88, Foreign Affairs Committee, Second Report, Current UK Policy Towards The Iran/iraq Conflict, Report, together with the Proceedings of the Committee [im folgenden: Second Report], insb. S. xxiv ff. Eine kurze Chronologie des Tankerkrieges ist auch in der Erklärung des US Under-Secretary for Political Affairs Michael Armacost vor dem Foreign Relations Committee des amerikanischen Senats vom 16. Juni 1987, veröffentlicht in: (1987) XXVI ILM, 1429, enthalten. Vgl. daneben auch den Überblick in der SZ vom 19. 7. 1988, 7.

Siehe darüber hinaus die Darstellungen in Lagoni, Gewaltverbot, Seekriegsrecht und Schiffahrtsfreiheit im Golfkrieg, in: Fürst/Herzog/Umbach (Hrsg.), Festschrift für Wolfgang

August 1982 richtete der Irak eine Militärische Ausschlußzone innerhalb des Persischen Golfes ein. In dieser Zone wurden sodann in großer Zahl Schiffe aus Drittstaaten angegriffen. Der Iran erklärte daraufhin eine eigene Kriegszone. Bis 1984 respektierte der Iran grundsätzlich das Recht der unbehinderten Schiffahrt außerhalb der festgelegten Kriegszone. Im Jahre 1984 intensivierte der Irak die Blockade der wichtigsten iranischen Ölterminals, wobei die Angriffe allerdings - zumindest im Regelfall - nur innerhalb jener Militärischen Ausschlußzone erfolgten. Als Gegenmaßnahme verstärkte auch der Iran die Angriffe auf Schiffe neutraler Staaten, verübte diese jedoch großenteils innerhalb der Territorialgewässer von Drittstaaten bzw. in internationalen Gewässern außerhalb der erklärten Kriegszone[74]. Der Tankerkrieg verschärfte sich in der Folge noch weiter.

Die USA, Frankreich, Großbritannien, Italien und die UdSSR entsandten, teilweise bereits seit 1980, Marineeinheiten zum Schutz ihrer Handelsschiffe in den Golf. Am 10. März 1987 nahm Kuwait ein Angebot der Regierung der Vereinigten Staaten an, kuwaitische Tanker umzuflaggen und auf diese Weise dem Schutz der US-Marine zu unterstellen. Die Sowjetunion kündigte am 14. April 1987 an, drei ihrer Tanker an Kuwait auszuleihen, um die

---

Zeidler, 1987, Bd. 2, 1833 ff.; Peace, Major Maritime Events in the Persian Gulf War, in: American Society of International Law, Proceedings of the 82nd Annual Meeting, Washington, D.C., April 20 - 23, 1988, 146 ff.; Russo, Neutrality at Sea in Transition: State Practice in the Gulf War as Emerging International Customary Law, Ocean Development and International Law, Vol. 19 (1988), 381 ff.; O'Ballance, The Gulf War, 1988; Davidson, United States Protection of Reflagged Kuwaiti Vessels in the Gulf War: The Legal Implications, International Journal of Estuarine and Coastal Law, 4 (1989), 173 ff.; Chubin, The Iran-Iraq War: The Last Phase, Third World Quarterly, 11 (1989), 1 ff.; Leckow, The Iran-Iraq Conflict in the Gulf: The Law of War Zones, ICLQ 37 (1988), 629 ff. (638 ff.); Oudot de Dainville, Analyse de la guerre du Golfe, défense nationale, 44 (1988), 53 ff.; Gray, a.a.O., 420 ff.; Ronzitti, L'Italia, il Golfo Persico e il diritto marittimo di guerra, Riv. di Diritto internazionale, 71 (1988), 123 ff.; Giegerich, The German Contribution to the Protection of Shipping in the Persian Gulf: Staying out for Political or Constitutional Reasons?, ZaöRV, Bd. 49 (1989), 1 ff. (32); Beckert/Breuer, a.a.O., Rdnr. 1228 ff.

[74] Vgl. etwa Rousseau, Chronique des faits internationaux, RGDIP 88 (1984), 955.

Mögleichkeit zu eröffnen, diese durch sowjetische Kriegsschiffe eskortieren zu lassen. Im August 1987 wurden drei kuwaitische Tanker unter die britische Flagge umgeflaggt. Als Reaktion auf vorangegangene Angriffe auf umgeflaggte kuwaitische Tanker zerstörten Kriegsschiffe der Vereinigten Staaten am 19. Oktober 1987 eine iranische Bohrinsel. Der Präsident der Vereinigten Staaten ordnete am 29. April 1988 an, die amerikanische Marine werde fortan unter bestimmten Voraussetzungen auch Handelsschiffe neutraler Staaten schützen.

Seit Mitte 1987 tauchten wiederholt Treibminen auf Hoher See bzw. in internationalen Wasserstraßen auf, die allem Anschein nach vom Iran ausgelegt worden waren und erhebliche Schäden verursachten. Neben den bereits oben genannten Staaten entsandten auch Belgien und die Niederlande Minensuchboote in den Golf. Am 21. September 1987 brachten Hubschrauber der US-Marine das iranische Landungsschiff "Iran Adjr" beim Minenlegen in internationalen Gewässern auf und versenkten es[75]. Nachdem am 14. April 1988 die amerikanische Fregatte "Samuel B. Roberts" in internationalen Gewässern auf eine Mine aufgelaufen war, zerstörten US-Kriegsschiffe am 18. April 1988 zwei Bohrinseln vor der iranischen Küste, die von iranischen "Revolutionsgarden" bemannt und offenbar als Radar- und Horchposten benutzt worden waren.

Die Marineeinheiten der jeweiligen Staaten operierten grundsätzlich voneinander unabhängig[76]. Lediglich die nieder-

---

[75] Abraham Sofaer, Legal Adviser des State Department, gab gegenüber dem Christian Science Monitor folgende Sachverhaltsdarstellung (zitiert nach Meron, Remarks, in: American Society of International Law, Proceedings of the 82nd Annual Meeting, Washington, D.C., April 20 - 23, 1988, 164):

On September 21 a U.S. army helicopter caught the *Iran Ajr* laying mines at night and in channels regularly used by U.S. ships. The U.S. helicopter strafed the *Ajr* until it ceased minelaying. When the helicopter returned 40 minutes later and found that the *Ajr* had recommenced laying mines, the helicopter attacked and incapacitated the ship.

Anschließend gingen U.S. Marineinfanteristen an Bord, erbeuteten die noch verbliebenen Minen und nahmen die iranischen Seeleute gefangen. Später wurde das Schiff versenkt. Vgl. Peace, a.a.O., 151 f.

[76] Die USA hatten sich vergeblich bemüht, fünf europäische Verbündete für eine gemeinsame Minenräumaktion im Golf zu gewinnen. Vgl. La Documentation française, a.a.O., 105 f.

ländischen und belgischen Minensuchboote gingen nach einem koordinierten Plan vor[77]. Im übrigen beschränkte sich die Zusammenarbeit der westlichen Flotten auf den Austausch von Informationen[78].

Der Sicherheitsrat der Vereinten Nationen verabschiedete am 20. Juli 1987 einstimmig auf der Grundlage des VII. Kapitels der VN-Charta Resolution 598 (1987), die vom Irak und Iran die sofortige Feuereinstellung verlangte. Während der Irak sogleich seine Bereitschaft bekundete, der Resolution Folge zu leisten, akzeptierte sie der Iran erst am 18. Juli 1988. Daraufhin wurden die Kämpfe eingestellt.

2. Stellungnahmen internationaler Organisationen

Von seiten mehrerer internationaler Organisationen wurden zu den Angriffen auf neutrale Handelsschiffe im Persischen Golf Resolutionen erlassen bzw. Erklärungen abgegeben. Vielfach wurde auf die Bedeutung der Sicherung der allgemeinen Schifffahrtsfreiheit hingewiesen. In manchen Erklärungen findet sich auch eine rechtliche Qualifizierung der Übergriffe.

a) Vereinte Nationen

In Resolution 540 (1983) rief der VN-Sicherheitsrat erstmals dazu auf, das Recht auf freie Schiffahrt zu respektieren. Vergleichbare Aufforderungen (bzw. Äußerungen des Bedauerns über Angriffe auf die freie Schiffahrt) wurden in den Sicherheitsratsresolutionen 582 (1986), 588 (1986) und 598 (1987) sowie in der Erklärung des Präsidenten des Sicherheitsrates im Namen der Ratsmitglieder vom 22. Dezember 1986[79] wiederholt. Ausschließlich mit der Thematik der Angriffe auf Handelsschiffe neutraler Staaten befaßte sich Resolution 552 vom 1. Juni 1984. Sie war von den Mitgliedstaaten des Golf-Kooperations-

[77] FAZ vom 19. 4. 1988, 6. Vgl. auch La Documentation française, a.a.O., 106.
[78] Siehe dazu insbesondere Ronzitti, a.a.O., 125. Die Verteidigungsminister der NATO beschlossen allerdings am 27. April 1988, die Koordinierung der im Golf stationierten Flotten zu verbessern, vgl. La Documentation française, a.a.O., 112.
[79] UN Doc. S/18538.

rates eingebracht worden und betraf primär die Angriffe auf Handelsschiffe auf dem Weg zu und kommend von Häfen in Kuwait und Saudi-Arabien. Daneben wurden alle Staaten zur Respektierung des Rechts auf Schiffahrtsfreiheit aufgerufen[80]. Eine rechtliche Bewertung von Angriffen auf Handelsschiffe wurde in keiner der Resolutionen vorgenommen.

b) Westeuropäische Union

Die Niederlande hatten im Rahmen der WEU ohne Erfolg vorgeschlagen, ein einheitliches Geschwader in den Persischen Golf zu entsenden. Infolge der Ablehnung des Vorschlags operierten lediglich die niederländischen und belgischen Minensuchboote nach einem koordinierten Plan im Persischen Golf. Im übrigen

---

[80] Die Resolution hat folgenden Wortlaut:

The Security Council, (...)

Deeply concerned over the recent attacks on commercial ships en route to and from the ports of Kuwait and Saudi Arabia,

Convinced that these attacks constitute a threat to the safety and stability of the area and have serious implications for international peace and security,

1. Calls upon all States to respect, in accordance with international law, the right of free navigation;

2. Reaffirms the right of free navigation in international waters and sea lanes for shipping en route to and from all ports and installations of the littoral States that are not parties to the hostilities;

3. Calls upon all States to respect the territorial integrity of the States that are not parties to the hostilities and to exercise the utmost restraint and to refrain from any act which may lead to a further escalation and widening of the conflict;

4. Condemns the recent attacks on commercial ships en route to and from the ports of Kuwait and Saudi Arabia;

5. Demands that such attacks should cease forthwith and that there should be no interference with ships on route to and from States that are not parties to the hostilities;

6. Decides, in the event of non-compliance with the present resolution, to meet again to consider effective measures that are commensurate with the gravity of the situation in order to ensure the freedom of navigation in the area; (...)

beschränkte sich die Zusammenarbeit der WEU-Mitgliedstaaten im Golf auf den Austausch von Informationen[81].

Ein Kommuniqué einer Expertenrunde der WEU verlautbarte am 20. August 1987, die vitalen Interessen Europas erforderten die dauerhafte Garantie der Schiffahrtsfreiheit im Golf[82]. Der WEU-Ministerrat verabschiedete am 19. April 1988 eine Resolution, in der aus Anlaß des erneuten Anwachsens der Feindseligkeiten im Persischen Golf auf die Notwendigkeit der Respektierung der Prinzipien der freien Schifffahrt hingewiesen wurde. Die Außen- und Verteidigungsminister der Mitgliedstaaten begrüßten darin die Anwesenheit von Minensuchschiffen einiger WEU-Länder in der Region als einen Beitrag zur Aufrechterhaltung der freien Schiffahrt. Sie riefen zu einer sofortigen Beendigung der Verminung sowie anderer gegen die Schiffahrt in internationalen Gewässern gerichteter Aktivitäten auf. Diese könnten "Selbstverteidigungsmaßnahmen" auslösen. Mit dieser Passage kamen die übrigen sechs WEU-Mitgliedstaaten den Wünschen Großbritanniens entgegen, das die Aufnahme des Rechts auf Selbstverteidigung in die Entschließung verlangt hatte[83].

Während des erstens Teils ihrer 34. Sitzungsperiode vom 6. bis zum 9. Juni 1988 in Paris nahm die Versammlung der WEU mehrere Empfehlungen an, die u.a. die militärische Präsenz am Persischen Golf betrafen. In der Empfehlung Nr. 456 über die Marineluftstreitkräfte wurde ausdrücklich festgestellt, daß den WEU-Mitgliedstaaten das Recht zustünde, in Konflikten wie dem Golfkrieg gegebenenfalls auch Gewalt anzuwenden[84]:

> Die Versammlung (...)
>
> (X) sieht ein, daß ein Seekrieg oder Feindseligkeiten außerhalb des NATO-Bereichs, wie der Krieg zwischen dem Iran und dem Irak, rasch in einen größeren Konflikt ausufern könnten, es sei denn, sie würden durch äußeren politischen Druck <u>und gegebenenfalls Gewaltanwendung</u> in Schach gehalten, und ist sich darüber klar, daß das westliche Bündnis deshalb Trümpfe wie die Marineluftstreitkräfte erhalten muß, die sowohl außer-

[81] FAZ vom 19. 4. 1988, 6, vgl. auch SZ vom 20. 4. 1988, 10.
[82] Vgl. La Documentation française, a.a.O., 106.
[83] FAZ vom 20. 4. 1988, 2; AdG vom 19. April 1988, 32123.
[84] EA 43 (1988), D 409 f.

> halb als auch innerhalb des NATO-Bereichs in einem begrenzten Konflikt oder aber auch in einem totalen Krieg eingesetzt werden können; (...) [Hervorhebung hinzugefügt]

Die Empfehlung Nr. 457 über die Organisation der europäischen Sicherheit sprach sich für die Beibehaltung einer koordinierten Seepräsenz der Mitgliedstaaten am Golf aus, "solange die Freiheit der Schiffahrt dort nicht gewährleistet" sei[85].

c) Europäische Gemeinschaft

In einer Gemeinsamen Erklärung an die "internationale Staatengemeinschaft" appellierte die EG und die im Golf-Kooperationsrat zusammengeschlossenen Staaten, das Recht auf freie Schiffahrt in den internationalen Gewässern des Persischen Golfes aufrechtzuerhalten[86].

d) Golf-Kooperationsrat, Liga der arabischen Staaten

Der Ministerrat des Golf-Kooperationsrates[87] verabschiedete auf seiner 4. Sondersitzung am 17. Mai 1984 eine Erklärung, in der die Angriffe auf neutrale Handelsschiffe auf dem Weg zu bzw. kommend von Häfen der Mitgliedstaaten des Kooperationsrates als Aggressionen bezeichnet wurden[88]. Aus den näheren Umständen wird deutlich, daß sich die Erklärung sowohl auf Angriffe innerhalb der Hoheitsgewässer dieser Staaten als auch auf solche auf Hoher See bzw. in internationalen Wasserstraßen außerhalb der erklärten Kriegszone bezog[89]. Eine ganz ähnliche Erklärung

---

[85] A.a.O., D 411 f.

[86] FAZ vom 16. 6. 1988, 6.

[87] Siehe zum Golf-Kooperationsrat und seiner Haltung im Tankerkrieg Peterson, The Gulf Cooperation Council - Search for Unity in a Dynamic Region, Boulder 1988; Ramazani, The Gulf Cooperation Council - Record and Analysis, Charlottesville 1988. Vgl. auch allgemein zum Golf-Kooperationsrat Kechichian, The Gulf Cooperation Council: search for security, Third World Quarterly 7 (1985), 853 ff.

[88] Die Erklärung ist wiedergegeben in Ramazani, a.a.O., 72.

[89] Vgl. nur beispielsweise die darauf bezogenen Ausführungen des britischen Vertreters im VN-Sicherheitsrat vom 1. 6. 1984 anläßlich der Debatte über den von den Mitgliedstaaten des

verabschiedete der Ministerrat der Liga der arabischen Staaten am 19. Mai 1984[90]. Die Mitgliedstaaten des Golf-Kooperationsrats[91] beantragten ferner im Hinblick auf diese Vorkommnisse eine Sondersitzung des VN-Sicherheitsrats und brachten den Entwurf zu der bereits dargestellten Sicherheitsratsresolution 552 (1984) ein[92].

Der Generalsekretär der Liga der arabischen Staaten, Klibi, äußerte auf einer Debatte im VN-Sicherheitsrat am 25. Mai 1984 im Hinblick auf iranische Angriffe auf kuwaitische und saudi-arabische Tanker, die jüngste Eskalation tendiere dazu, dem Konflikt durch die Blockade der Häfen von Staaten, die nicht Konfliktparteien sind, eine neue Dimension hinzuzufügen; nach dem Völkerrecht würde dies als casus belli betrachtet[93]. Darüber hinaus wies der Generalsekretär der Liga der arabischen Staaten auf die schwerwiegenden internationalen Konsequenzen einer fortdauernden Gefährdung der Schiffahrt in der Straße von Hormuz hin. Weiter zunehmende "Aggressionsakte gegen die Schiffahrt" könnten zu einer ausländischen Intervention führen[94].

Golf-Kooperationsrats eingebrachten Resolutionsentwurf, UN Doc. S/PV.2546, 31 f.

[90] Siehe die eingehende Bezugnahme hierauf in den Darlegungen des Generalsekretärs der Liga der arabischen Staaten in einer Debatte im VN-Sicherheitsrat am 25. 5. 1984, UN Doc. S/PV.2541, 38 f.

[91] Diese sind Bahrein, Kuweit, Oman, Quatar, Saudi-Arabien und die Vereinigten Arabischen Emirate.

[92] Vgl. dazu den Brief der Mitgliedstaaten des Golf-Kooperationsrats an den Präsidenten des VN-Sicherheitsrats vom 21. Mai 1984, UN Doc. S/16574:

> Upon instructions from our Governments, we have the honnor to request an urgent meeting of the Security Council to consider the Iranian aggressions on the freedom of navigation to and from the ports of our countries. Such aggressions constitute a threat to the stability and security of the area and have serious implications to international peace and security.

[93] UN Doc. S/PV.2541, 2543.

[94] A.a.O., 37 ff:

> Perhaps the greatest threat posed by this new development (...) resides in the halting of navigation in the Strait of Hormuz, something which not only would make it difficult to meet the world's oil needs but might also curb the economic activities of certain countries, paralyse the economies of others and lead to a considerable increase in the price of oil, thereby

Der Generalsekretär des Golf-Kooperationsrates, Bisharah, erklärte am 8. Juli 1984, Angriffe auf Handelsschiffe im Golf würden in Zukunft als "Kriegshandlungen" angesehen[95]. In der Abschlußerklärung vom 5. November 1986 zu seiner 7. Regelmäßigen Sitzung drückte der Oberste Rat des Golf-Kooperationsrates seine Bereitschaft aus, im Hinblick auf die Angriffe auf Handelsschiffe im Golf die legitimen Interessen der Mitgliedstaaten zu wahren und die Schiffahrtsfreiheit auf dem Weg von und zu Häfen der Mitgliedstaaten zu schützen[96].

3. Reaktionen dritter Staaten

Angesichts der massiven Übergriffe auf die neutrale Schiffahrt überrascht die Deutlichkeit nicht, mit der die betroffenen Staaten ihre Ansichten über die Rechtsnatur der Angriffe auf ihre Handelsschiffe und die ihnen zustehenden Abwehr- und Reaktionsmöglichkeiten formulierten. Dies gilt um so mehr, je intensiver sich die Staaten militärisch in der Golfregion engagierten.

a) Vereinigte Staaten von Amerika

Die Vereinigten Staaten stellten mit ungefähr 40 Kriegsschiffen, darunter einem Flugzeug- und einem Hubschrauberträger, die größte Marineeinheit der nicht kriegsführenden Staaten am Golf[97]. Bei zahlreichen Gelegenheiten machte die Regierung der USA deutlich, daß sie einen gewaltsamen Übergriff auf ein Handelsschiff unter ihrer Flagge als "bewaffneten Angriff" i.S. von Art. 51 VN-Charta ansähe und dagegen Selbstverteidigungsmaßnahmen ergriffe. Verteidigungsminister Weinberger gab - zu

---

dealing a severe blow to the world economy that could not be withstood by many countries. (...)

(...) if acts of aggression against navigation were to increase, maritime traffic in the Gulf would be disturbed to such an extent that the situation could lead to foreign intervention (...).

[95] Ramazani, a.a.O., 219.

[96] Der Wortlaut der Abschlußerklärung ist wiedergegeben in Peterson, a.a.O., 300 ff. (301).

[97] Vgl. Rousseau, Chronique des faits internationaux, RGDIP 92 (1988), 142.

einem Zeitpunkt, als sich der Schutzauftrag der amerikanischen Marine noch nicht auf Handelsschiffe befreundeter neutraler Staaten erstreckte - vor dem Kongreß folgende Erläuterung zu den Einsatzrichtlinien (rules of engagement - ROE[98]) der amerikanischen Flotteneinheit am Golf ab[99]:

> U.S. forces in the Persian Gulf will respond as follows:
>
> - Self-defense: U.S. ships or aircraft are authorized to defend themselves against an air or surface threat whenever hostile intent[100] or a hostile act[101] occurs.
>
> - U.S.-flagged commercial vessels: U.S. ships or aircraft may defend U.S.-flagged commercial vessels against air or surface threats whenever hostile intent or a hostile act occurs.
>
> The ROE provide authority to the on-scene commander to declare a threat hostile and engage that threat (i.e., a force demonstrating hostile intent or committing a hostile act) with all forces available to him in self-defense of his unit and U.S.-flagged vessels. (...)

---

98 Ein Abdruck der während des Vietnamkrieges geltenden amerikanischen Einsatzrichtlinien findet sich in Syracuse Journal of International Law and Commerce 14 (1988), 795 ff. Siehe ferner allgemein zu den Regelungsgegenständen und der Bedeutung von Einsatzrichtlinien Shearer, Rules of Engagement and the Implementation of the Law of Naval Warfare, Syracuse Journal of International Law and Commerce 14 (1988), 767 ff.

99 Caspar W. Weinberger, Secretary of Defense, A Report to the Congress on Security Arrangements in the Persian Gulf, wiedergegeben in: ILM 26 (1987), 1434 ff. (1454).

100 Die Einsatzrichtlinien (ebenda) umschreiben "hostile intent" folgendermaßen:

> The threat of imminent use of force against friendly forces, for instance, any aircraft or surface ship that maneuvers into a position where it could fire a missile, drop a bomb, or use gunfire on a ship is demonstrating evidence of hostile intent. Also, a radar lock-on to a ship from any weapons system fire control radar that can guide missiles or gunfire is demonstrating hostile intent. (...)

101 "Hostile act" wird in den Einsatzrichtlinien (ebenda) auf folgende Weise definiert:

> A hostile act occurs whenever an aircraft, ship, or land-based weapon system actually launches a missile, shoots a gun, or drops a bomb toward a ship.

Auch die Verminung internationaler Gewässer (außerhalb erklärter Kriegszonen) sahen die USA als "bewaffneten Angriff" i. S. von Art. 51 VN-Charta an[102]. Weiter machten sie deutlich, daß sie bereit wären, militärische Gegenmaßnahmen auch nach Beendigung der unmittelbaren Angriffshandlung zu ergreifen. So schrieb etwa der Ständige Vertreter der USA bei den Vereinten Nationen in einem Brief an den Präsidenten des Sicherheitsrates im Anschluß an die Zerstörung einer iranischen Ölförderplattform am 19. Oktober 1987, die, wie bereits ausgeführt, als Vergeltung für vorausgegangene Angriffe auf umgeflaggte kuwaitische Tanker erfolgt war[103]:

> In accordance with Art. 51 of the Charter of the United Nations, I wish, on behalf of my government, to report that U.S. forces have exercised the inherent right of self-defense under international law by taking defensive action in response to attacks by the Islamic Republic of Iran against U.S. vessels in the Persian Gulf.

---

[102] Vgl. beispielsweise eine Meldung der Nachrichtenagentur Reuter vom August 1987, wonach die amerikanischen und britischen Kriegsschiffe im Golf die Anweisung hätten, Boote, die Minen in internationalen Gewässern legten, sofort zu versenken, da dies ein kriegerischer Akt wäre, AdG vom 22. August 1987, 31366.

Abraham Sofaer, Legal Adviser des State Department, gab folgende rechtliche Begründung für das Vorgehen des Hubschraubers der U.S. Marine gegen das beim Minenlegen in internationalen Wasserstraßen angetroffene iranische Schiff *Iran Ajr* (zitiert nach Meron, ebenda):

> Where, as here, a government engages in a manifestly illegal use of armed force, international law entitles the victim to act in self-defense. The response must be necessary and proportionate. The United States' action plainly comported with these requirements. The United States acted to stop the unlwaful act itself, and an imminent threat to U.S. shipping was thereby avoided. The U.S. immediately reported its action to the Security Council pursuant to Article 51 of the U.N. Charter (...).

In einem Interview sagte Verteidigungsminister Weinberger, die *Iran Ajr* "was engaged in a hostile act [d.h. nicht nur hostile intent] putting these mines in international waters very near our anchorages near Bahrain". Die Vereinigten Staaten hätten diesem Vorgehen in Übereinstimmung mit dem Völkerrecht ein Ende bereitet (zitiert nach Meron, ebenda).

[103] DXXXVII Dept. State Bull., no. 2129, December 1987, 74.

> At approximately 11:00 p.m. Eastern Daylight Time on October 16, 1987, a Silkworm missile fired by Iranian forces from Iran-occupied Iraqi territory struck the *Sea Isle City*, a U.S.-flag vessel, in the territorial waters of Kuwait. This is the latest in a series of such missile attacks against U.S.-flag and other nonbelligerent vessels in Kuwaiti waters in pursuit of peaceful commerce. These actions are, moreover, only the latest in a series of unlawful armed attacks by Iranian forces against the United States, including laying mines in international waters for the purpose of sinking and damaging U.S.-flag ships, and firing on U.S. aircraft without provocation. (...)

Auch Präsident Reagan bezeichnete in einer Erklärung vom selben sowie in einem Brief an den Kongreß vom folgenden Tag die Sprengung der Ölförderplattform als eine zulässige Ausübung des Selbstverteidigungsrechts nach Art. 51 VN-Charta[104]. Gleichzeitig wies er als weitere Motivation für den militärischen Gegenschlag auf die Verletzung der Rechte anderer neutraler Staaten hin[105]:

> It is a prudent yet restrained response to this unlawful use of force against the United States <u>and to numerous violations of the rights of other nonbelligerents</u>. It is a lawful exercise of the right of self-defense enshrined in Article 51 of the UN Charter (...). [Hervorhebung hinzugefügt]

Im Zusammenhang mit der Verhängung eines Handelsembargos gegen den Iran am 26. Oktober 1987 benannte die Regierung der Vereinigten Staaten ausdrücklich die Sicherung der freien Schifffahrt als einen zusätzlichen Beweggrund[106]. In diesem Sinne

[104] A.a.O., 74 f. In ähnlichem Sinne äußerte auch der Sprecher des Weißen Hauses, Fitzwater, nach der Zerstörung zweier weiterer Ölbohrinseln des Iran am 18. April 1988, daß die USA "ihre Schiffe und ihre Interessen gegen unprovozierte Angriffe verteidigen" würden; es habe sich um einen legitimen Akt der Selbstverteidigung nach Art. 51 VN-Charta gehandelt, vgl. AdG vom 18. April 1988, 32121; FAZ vom 19. April 1988, 1.

[105] So ausdrücklich in der eben genannten Erklärung vom 19. Oktober 1987, a.a.O., 74.

[106] Siehe White House Fact Sheet, October 26, 1987, nachgedruckt in: Dept. State Bull., a.a.O., 75 f. (75):

hatte Reagans Sondergesandter Murphy bereits am 11. Mai 1987 vor der Presse in Bagdad erklärt, die USA hielten an der Freiheit der Schiffahrt auf dem internationalen Wasserweg durch die Straße von Hormuz fest[107]. Auch nach dem Abschuß einer iranischen Verkehrsmaschine durch amerikanische Marinestreitkräfte am 3. Juli 1988 im Persischen Golf in der Annahme, es handele sich um ein angreifendes Kampfflugzeug[108], verteidigte Vizepräsident Bush vor dem Sicherheitsrat der Vereinten Nationen die Präsenz der US-Kriegsschiffe im Golf. In einer Debatte am 14. Juli 1988 sagte er, der Persische Golf sei eine Region von lebenswichtiger Bedeutung für die USA und die Weltwirtschaft. Es existiere ein vitales Bedürfnis, den freien Fluß des Öls und den neutralen Handel zu schützen. Die iranische Regierung habe die Aggressionsakte gegen die neutrale Schiffahrt im Persischen Golf einzustellen[109]. Am 20. Juli führte der Vizepräsident der Vereinigten Staaten vor dem Sicherheitsrat aus[110]:

> Working with our allies, we will remain steadfast in our efforts to end the Gulf war while protecting our vital interests in the region. In this regard we firmly call on all States to respect to the fullest extent the right under international law of free navigation in international waters in the Gulf. The prin-

---

> In response to continued Iranian support of acts of terrorism and its unprovoked attacks on U.S. forces and U.S.-flagged ships, <u>as well as neutral shipping in the gulf generally</u>, the President is invoking the authority granted him under Section 505 of the International Security and Cooperation Development Act to ban all imports from Iran. [Hervorhebung hinzugefügt]

Die Problematik, inwieweit die Verletzung zwingender bzw. erga omnes wirkender Völkerrechtsregeln Drittstaaten ein eigenes Repressalienrecht zu verleihen vermag, kann allerdings im Rahmen dieser Arbeit nicht untersucht werden. Siehe hierzu etwa Frowein, Die Verpflichtungen erga omnes im Völkerrecht und ihre Durchsetzung, in: Bernhardt (Hrsg.), Völkerrecht als Rechtsordnung - internationale Gerichtsbarkeit - Menschenrechte: Festschrift für Hermann Mosler, 1983, 241 ff., m.w.N.

[107] AdG vom 22. August 1987, 31355.

[108] FAZ vom 5. 7. 1988, 3. Vgl. dazu auch Lerche, Völkerrechtliche Praxis der Bundesrepublik Deutschland im Jahre 1988, ZaöRV 50 (1990), 379.

[109] UN Doc. S/PV.2818, 51.

[110] UN Doc. S/PV.2821, 13.

> ciple of freedom of navigation is important to all the nations of the world. Indeed, it was precisely to ensure the right of the United States and other neutral shipping to such free navigation in accordance with international law that the United States and five allied countries expanded the naval presence in the Gulf.

Besondere Bedeutung hatte der Gesichtspunkt der Sicherung der allgemeinen Schiffahrtsfreiheit bereits zuvor mit der Anordnung Präsident Reagans vom 29. April 1988 erlangt, unter bestimmten Voraussetzungen auch Handelsschiffe anderer neutraler Staaten zu schützen. Der amerikanische Verteidigungsminister Carlucci gab dazu folgende Erklärung ab[111]:

> The president has decided to provide assistance under certain circumstances to ships in distress in the Persian Gulf and Strait of Hormuz in keeping with longstanding, time honored Navy and maritime tradition. Such aid will be provided to friendly, innocent neutral vessels flying a non-belligerent flag, outside declared war/exclusion zones, that are not carrying contraband or resisting legitimate visit and search by a Persian Gulf belligerent. Following a request from the vessel under attack, assistance will be rendered by a U.S. warship or aircraft if this unit is in the vicinity and its mission permits rendering such assistance. (...)
>
> We are not the policemen of the Gulf, nor do we wish to be. For over 200 years U.S. policy has been to help protect freedom of navigation in international waters. This assistance is a logical and humanitarian outgrowth of recent events in the Gulf which further strengthens our adherence to this principle. We cannot stand by and watch innocent people be killed or maimed by malicious, lawless actions when we have the means to assist, and perhaps prevent them. (...)

Auffällig ist, neben dem Hinweis auf den Schutz der allgemeinen Schiffahrtsfreiheit, auch die Berufung auf das Rechtsin-

[111] U.S. Policy Information and Texts, No. 83, May 2, 1988, 36.

stitut der Hilfestellung für Schiffe in Not. In einem Fernsehinterview am 4. Mai 1988 unterstrich der amerikanische Verteidigungsminister diesen Gesichtspunkt[112]:

> Let me just correct that, because we are not supporting or protecting, as you said, neutral ships. What we have agreed is to go to the aid of ships that are in distress if they request it, if we are in the vicinity, and if they are non-belligerent shipping (...). This is a time-honored tradition of the sea. It's not just protecting neutral shipping.

In einer der Debatten im VN-Sicherheitsrat aus Anlaß des irrtümlichen Abschusses einer iranischen Verkehrsmaschine am 3. Juli 1988 nannte Vizepräsident Bush die Schutzgewährung der USA für Handelsschiffe befreundeter neutraler Staaten eine "Unterstützung bei der Selbstverteidigung" jener Staaten[113].

Zu einer militärischen Beistandsleistung durch die USA zugunsten eines Schiffes unter fremder Flagge kam es jedoch nur in einem Fall: Am 2. Juli 1988 leistete ein amerikanisches Kriegsschiff einem Hilfeersuchen von seiten eines dänischen Supertankers, der von iranischen Kanonenbooten beschossen wurde, in der Weise Folge, daß es Warnschüsse abgab[114]. Immerhin läßt sich daraus entnehmen, daß die in Aussicht gestellte Schutzgewährung nicht nur in bloßem Dazwischenfahren und Abdrängen des Angreifers, sondern, falls erforderlich, in einem unmittelbaren Eingreifen in das Kampfgeschehen bestehen sollte.

Ohne Erfolg hatten die USA die Bildung einer internationalen Minenräumeinheit vorgeschlagen[115]. Den sowjetischen Vorschlag einer (umfassenden) internationalen Schutzflotte im Golf unter Führung der Vereinten Nationen bezeichnete Verteidigungsminister Carlucci dagegen als vage und mangelhaft definiert; die USA seien jedoch bereit, konstruktive Vorschläge in dieser Richtung zu prüfen[116].

---

[112] U.S. Policy Information and Texts, No. 86, May 5, 1988, 24.
[113] UN Doc. S/PV.2821, 13.
[114] Siehe US Ship Chases a Gunboat Raiding Danish Ship in Gulf, New York Times vom 3. Juli 1988, 9.
[115] Vgl. Rousseau, Chronique des faits internationaux, RGDIP 92 (1988), 144.
[116] AdG vom 22. Januar 1988, 31835.

b) Westeuropäische Staaten

(1) Frankreich

Frankreich unterhielt im Golf eine militärische Präsenz von bis zu 14 Kriegsschiffen einschließlich eines Flugzeugträgers und zweier Fregatten, ferner zusätzlich zwei Minenräumboote sowie Versorgungsschiffe[117]. Frankreich widersetzte sich bereits dem Anhalten und Durchsuchen seiner Handelsschiffe[118]. Das Secrétariat d'Etat à la mer definierte in einem an die Reeder gerichteten avis général vom 17. Juli 1987 die Haltung der französischen Kriegsschiffe nicht als Eskortierung, sondern als schlichte Begleitung[119]. Wie Lagoni unter Berufung auf Schiffahrtskreise berichtet, beschränkten sich die französischen Kriegsschiffe darauf, sich zwischen iranische Marineeinheiten und französische Handelsschiffe zu schieben[120].

Der Umfang des Schutzauftrages zugunsten ziviler Schiffe neutraler Staaten läßt sich aus zwei Stellungnahmen entnehmen, die der Oberkommandierende der französischen Marine im Indischen Ozean, Admiral Labouerie, und der Kommandant der Korvette *Dupleix* anläßlich eines Zwischenfalls in der Straße von Hormuz am 20. Januar 1988 vor der Presse abgaben. Admiral Labouerie erklärte, gemäß den geltenden Einsatzrichtlinien würden französische Marineeinheiten im Golf auf iranische Kanonenboote schießen, falls diese sich weigerten, einen Angriff auf neutrale Handelsschiffe abzubrechen, wenn französische Kriegsschiffe zu Hilfe kämen. Der Admiral beschrieb die französische Haltung als "de facto-Intervention", um die iranischen Angriffe im Namen der humanitären Hilfeleistung zu stoppen. Es gäbe einige Konsequenzen aus dem iranisch-irakischen Krieg, die Frankreich auf See nicht hinnehmen würde[121].

Der Kommandant der Korvette *Dupleix* teilte zu dem Zwischenfall am 20. Januar 1988 mit: Als man einen Hilferuf eines

---

117 Rousseau, Chronique des faits internationaux, RGDIP 92 (1988), 142.
118 New York Times vom 13. Januar 1986, A6.
119 Rousseau, Chronique des faits internationaux, RGDIP 92 (1988), 143.
120 Lagoni, a.a.O., 1864, Anm. 144.
121 International Herald Tribune, 21 January 1988, 1 und 6.

liberianischen Tankers empfangen habe, sei man diesem zu Hilfe geeilt. Man habe gesehen, wie iranische Kanonenboote den brennenden liberianischen Tanker beschossen hätten. Das französische Kriegsschiff sei in der Folge so nah herangefahren, daß es in die Reichweite der iranischen Raketen gekommen sei. Daraufhin habe man die Kanonenboote aufgefordert, das Feuer einzustellen, andernfalls würde man selber schießen. Die Kanonenboote seien dem Verlangen nachgekommen und hätten sich entfernt[122].

Der Kommandant stellte klar, daß die Korvette, obwohl die Iraner nicht in ihre Richtung geschossen hätten, sich absichtlich in die Reichweite der Geschoße begeben habe, um das Verlangen nach Feuereinstellung zu rechtfertigen. Wenn man in die Geschützreichweite gelange, sei man auch bedroht[123].

In einer Stellungnahme zu der Sprengung zweier iranischer Ölplattformen im Persischen Golf am 18. April 1988 durch amerikanische Marineeinheiten erklärte das französische Außenministerium, feindselige Aktivitäten gegen die freie Handelsschiffahrt zögen notwendigerweise Strafaktionen nach sich, die mit dem internationalen Recht und der VN-Charta in Übereinstimmung stünden[124].

Zum Vorschlag der Entsendung einer multinationalen Geleitschutzflotte in den Golf sagte Verteidigungsminister Raimond im Sommer 1987, dieser Gedanke sei äußerst gefährlich, da hierdurch eine Kettenreaktion entstünde, die das Gebiet zu einem Kampfplatz für außereuropäische Mächte machen könnte[125].

(2) Großbritannien

Seit 1980 operierte die aus bis zu vier Zerstörern und ein bis zwei Fregatten sowie Versorgungsschiffen bestehende britische "Armilla Patrol" in der Straße von Hormuz und dem südlichen Teil des Golfes[126]. Die britische Regierung beschrieb ihre Auf-

[122] International Herald Tribune, 21 January 1988, 6.
[123] Ebenda.
[124] AdG vom 18. April 1988, 32122.
[125] AdG vom 22. August 1987, 31359.
[126] Siehe zum Engagement Großbritanniens etwa Greenwood, Remarks, in: American Society of International Law, Proceedings

gabe mit den Worten "to offer reassurance and help British ships in an emergency"[127]. Die Beschränkung des Einsatzgebietes beruhte nicht auf rechtlichen, sondern allein auf logistischen Gründen[128]. Zusätzlich zur Armilla Patrol wurden im Sommer 1987 Minensuchboote in den Golf entsandt.

Großbritannien berief sich gegenüber Angriffen auf britische[129] Handelsschiffe sowie gegenüber der Verminung internationaler Gewässer[130] auf das Selbstverteidigungsrecht gemäß Art. 51 VN-Charta. So erklärte das Verteidigungsministerium, die britischen Kriegsschiffe wären "bereit, ihr naturgegebenes Recht auf Selbstverteidigung sowohl für sie selbst als auch für unter ihrem Schutz stehende Handelsschiffe auszuüben"[131]. Als weiteres Ziel ihrer Politik nannte die britische Regierung zudem die Sicherung der allgemeinen Schiffahrtsfreiheit[132] und versuchte im Zusammenhang mit den Minenräumaktivitäten, andere Regierungen davon zu überzeugen, ebenfalls eine "aktive Rolle bei der Verteidigung der Schiffahrtsfreiheit" zu spielen[133].

In der Diskussion im VN-Sicherheitsrat anläßlich des Abschusses eines iranischen Zivilflugzeuges durch US-Marineeinheiten führte der britische Vertreter erneut aus, daß Großbritannien gegenüber den wiederholten Angriffen auf zivile Schiffe unter seiner Flagge in internationalen Gewässern das Selbstverteidigungsrecht gemäß Art. 51 VN-Charta zustehe. Darüber hinaus unterstrich er die Bedeutung des Prinzips der Schiffahrtsfreiheit[134]:

---

of the 82nd Annual Meeting, Washington, D.C., April 20 - 23, 1988, 158 ff.

[127] Siehe beispielsweise H.C. Weekly Hansard, Vol. 118, cols. 483-486, 1 July 1987.

[128] Vgl. Gray, a.a.O., 423, Second Report, a.a.O., xxvii.

[129] Zu der Ausdehnung auf fremde Handelsschiffe, die einer mehrheitlich britischen Gesellschaft gehörten, siehe unten.

[130] Vgl. die bereits erwähnte Meldung der Nachrichtenagentur Reuter vom August 1987, wonach die amerikanischen und britischen Kriegsschiffe im Golf die Anweisung hätten, Boote, die Minen in internationalen Gewässern legten, sofort zu versenken, da dies einen kriegerischen Akt darstellte; siehe AdG vom 22. August 1987, 31366.

[131] Second Report, a.a.O., xxvi, m.w.N.

[132] Siehe etwa Foreign and Commonwealth Office, press release of 22 Sept. 1987.

[133] Memorandum by the Foreign and Commonwealth Office, nachgedruckt in: Second Report, Volume II, 4.

[134] UN Doc. S/PV.2819, 4.

> Despite resolution 598 (1987), fighting has continued between Iran and Iraq, with frequent attacks, contrary to international law, on merchant shipping in international waters. My country, like others represented around this table, has continued to exercise its right to protect its shipping in international waters against such attacks. The role of our own naval forces in the Gulf is strictly non-confrontational, and is confined wholly to protection. It is entirely appropriate for any such forces to exercise the right of self-defence confirmed by Article 51 of the Charter. In common with all Member States, our concern is to uphold international law and the principle of freedom of navigation.

Die Armilla Patrol hatte nach Angabe des Verteidigungsministeriums die Aufgabe, in einer "nicht provozierenden und de-eskalierenden" Weise vorzugehen[135]. Nach dieser Darstellung "begleitete" sie Schiffe eher, als daß sie diese eskortierte oder einen Konvoi bildete[136]. Kein Schiff, das sich in solcher Begleitung der Armilla Patrol befand, wurde jemals angegriffen.

Der militärische Schutzauftrag der Armilla Patrol erstreckte sich ausschließlich auf Handelsschiffe unter britischem Register (bzw. unter einem Register der dependent territories) sowie auf Schiffe unter fremder Flagge, die einer mehrheitlich britischen Gesellschaft gehörten[137]. Gemäß einem Memorandum des Foreign and Commonwealth Office führte "eine Vielzahl rechtlicher und praktischer Erwägungen" zu dieser Regelung[138]. Gegenüber sonstigen Schiffen neutraler Staaten waren die britischen Marineeinheiten nur zu "humanitärer Hilfe" angehalten[139]. Im Rahmen der Leistung "humanitärer Hilfe" hatte ein britisches Kriegsschiff nach den Worten des Minister of State allerdings auch bereit zu sein (sofern dies mit der eigenen Sicherheit vereinbar war), "to interpose itself between

---

135 Second Report, ebenda.
136 Ebenda.
137 A.a.O., xxvii.
138 Memorandum by the Foreign and Commonwealth Office, ebenda.
139 Eine Zusammenstellung der Fälle humanitärer Hilfestellung seitens der Armilla Patrol findet sich in: Second Report, Volume II, 119.

an attacking vessel and the vessel attacked - if that was the best way to render assistance"[140]. Ein direktes Zurückschlagen des Angriffs durch Eröffnung des Feuers von seiten des britischen Kriegsschiffs auf die das neutrale Handelsschiff attakkierenden Marinestreitkräfte einer der Kriegsparteien sollte jedoch, solange das britische Kriegsschiff nicht selbst beschossen wurde, nicht erfolgen, obwohl die britische Regierung zu erkennen gab, daß sie ein solches amerikanisches Vorgehen begrüßte[141].

Die beiden amerikanischen Vergeltungsschläge auf iranische Ölbohrinseln im Persischen Golf vom 19. Oktober 1987 und vom 18. April 1988 wurden von britischer Seite ausdrücklich gutgeheißen. Der britische Foreign Secretary, Sir Geoffrey Howe, antwortete am 20. Oktober 1987 in einem Interview mit der BBC auf die Frage, ob Iran ähnliche Vergeltungsschläge von seiten der Royal Navy erwarten sollte[142]:

> There is no question of retaliation. It was action taken in exercise of its [= der USA] right of self-defence.

Im zweiten Fall[143] sagte der im Foreign Office für den Mittleren Osten zuständige Staatsminister Mellor in einem Interview mit der BBC, man könne nicht hinnehmen, daß Teheran laufend internationale Gewässer vermine und die Installationen von Staaten angreife, die überhaupt nicht am iranisch-irakischen Krieg beteiligt seien. Da aber die iranische Regierung nicht bereit sei, auf friedliche Appelle zu hören, müsse man sie eben mit Waffengewalt belehren, daß sie sich dergleichen nicht ungestraft leisten könne. Gleichzeitig bezeichnete Mellor die Schaffung einer internationalen Einsatzflotte im Golf unter der Ägide der Vereinten Nationen als "völlig sinnlos", da eine

---

140 Second Report, xxxi.
141 A.a.O., xxxi f.
142 The Times, 21 Oct. 1987, 8.
143 Wie oben dargelegt, war beim zweiten Fall, anders als beim ersten, kein ziviles, sondern ein amerikanisches Kriegsschiff beschädigt worden, sodaß beide Sachverhalte im Rahmen dieser Untersuchung nicht direkt vergleichbar sind.

solche Flotte wegen der innerhalb der UNO bestehenden Meinungsverschiedenheiten gar nicht zum Einsatz kommen könnte[144].

(3) Italien

Die italienische Flotte bestand aus acht Schiffen, darunter drei Fregatten[145]. Ihr Auftrag beschränkte sich (neben der Minensuche) auf den Schutz von Frachtschiffen unter italienischer Flagge. Die Einsatzrichtlinien verwiesen auf das Rechtsinstitut des Konvois und in diesem Zusammenhang auf die Londoner Erklärung über das Seekriegsrecht vom 26. Februar 1909[146]. Sie sahen den Einsatz von Waffengewalt als zulässige Selbstverteidigungsmaßnahme im Falle feindlicher Handlungen ("atti ostili") und feindlichen Verhaltens ("comportamenti ostili") vor, wobei gegenüber (bloßem) feindlichen Verhalten zunächst auf mildere Mittel zurückgegriffen werden sollte. Eine nähere Definition der Begriffe "feindliche Handlungen" und "feindliches Verhalten" wurde nicht gegeben, doch sollten diese ohne dahingehende Unterscheidung angenommen werden, ob sich der Übergriff gegen ein ziviles oder ein militärisches Schiff unter italienischer Flagge richtete[147]. Die Kriegsschiffe hatten allerdings keine Erlaubnis, Waffengewalt gegen militärische Basen anzuwenden, von denen aus feindliche Handlungen gegen italienische Schiffe vorgenommen werden könnten (beispielsweise die Abschußbasen für die im Golfkrieg wiederholt eingesetzten Silkworm-Raketen)[148].

---

144 NZZ vom 20. April 1988, 2. Zuvor hatte Mellor vor dem Unterhaus eine Erklärung abgegeben, wonach Washington gemäß internationalem Recht durchaus zu jenem Schlag ermächtigt gewesen sei, nachdem zuvor ein amerikanisches Kriegsschiff auf eine von den Iranern gelegte Mine aufgelaufen sei, vgl. NZZ, ebenda.

145 Ronzitti, a.a.O., 124.

146 Déclaration relative au Droit de la Guerre Maritime, Martens Nouveau Recueil général de Traités, III 7, 1913, 39 - 72.

147 Ronzitti, a.a.O., 124 ff.

148 Siehe die Angaben von Verteidigungsminister Zanone vor der Vierten Ständigen Kommission, Camera dei Deputati, X legislatura, Bollettino delle Giunte e delle Commissioni Parlamentari, 24 settembre 1987 (edizione non definitiva), 5.

(4) Niederlande

Wie bereits oben ausgeführt, operierten niederländische und belgische Minensuchboote nach einem koordinierten Plan im Persischen Golf. In einer Debatte im VN-Sicherheitsrat anläßlich der Verabschiedung von Resolution 552 (1984) wies der niederländische Vertreter zunächst auf das "vitale Interesse" der gesamten Welt an der Sicherheit des Schiffsverkehrs im Persischen Golf hin[149]. Im Anschluß daran äußerte er sich zu den rechtlichen Aspekten der Angriffe auf die Schiffahrt im Golf. Ein kriegsführender Staat dürfe zwar Maßnahmen zur Beschränkung des Schiffsverkehrs mit den Häfen des Kriegsgegners ergreifen, die notwendigerweise auch die Rechte dritter Staaten berührten. Absichtliche und unterschiedslose Angriffe gegen die Handelsschiffahrt in allen Teilen des Golfes fielen jedoch außerhalb des Rahmens der zulässigen Gewaltanwendung. Der niederländische Delegierte fuhr fort[150]:

> For that matter, the Netherlands would consider any attack on an innocent vessel flying the Netherlands flag in whatever part of the Gulf as an unfriendly act and a serious violation of the right of free navigation and commerce in international waters.

Eine rechtliche Qualifizierung derartiger Angriffe etwa als Aggressionsakte oder Fälle eines bewaffneten Angriffs i.S. von Art. 51 VN-Charta wurde nicht vorgenommen.

(5) Bundesrepublik Deutschland

Die Bundesrepublik Deutschland enthielt sich eines militärischen Engagements in der Golfregion. Das Ersuchen der Regierung der Vereinigten Staaten, Minensuchboote der Bundesmarine für die Sicherung der freien Schiffahrt im Golf abzustellen[151], wurde von der Bundesregierung unter Hinweis auf die ihrer Ansicht nach bestehenden verfassungsrechtlichen Beschränkungen

---

149 UN Doc. S/PV.2546, 11 ff.
150 A.a.O., 13.
151 SZ vom 30. 7. 1987; NZZ vom 1. 8. 1987.

abschlägig beschieden[152]. Die Bundesregierung erklärte sich lediglich bereit, zur Entlastung der amerikanischen Streitkräfte Schiffe der Bundesmarine in das Mittelmeer zu entsenden[153].

Der Bundesminister der Verteidigung, Scholz, äußerte im August 1988 in einem Zeitungsinterview, daß im Hinblick auf den Persischen Golf der Verteidigungsfall gemäß Art. 115 a GG nicht gegeben sei. Ein Angriff auf ein deutsches Schiff irgendwo in der Welt ergebe noch nicht automatisch den Verteidigungsfall[154]:

Einsätze im Golf fallen nicht in den Ermächtigungsrahmen der UNO-Charta oder des NATO-Vertrages. Also gibt es dafür keine Rechtsgrundlage. Insofern gilt Art. 87a Abs. 2 GG, wonach hier nur nach nationalem Recht entschieden werden könnte. Nach nationalem Recht gilt aber nur der Verteidigungsfall. Dieser ist im Falle des Persischen Golfes nicht gegeben. (...)

Entscheidend ist, daß der Verteidigungsfall nach Art. 115a einen Angriff auf die Bundesrepublik Deutschland voraussetzt. Die entsprechenden Gremien, also Bundestag mit Zustimmung des Bundesrates, müssen den Verteidigungsfall feststellen. Ein Angriff auf ein deutsches Schiff irgendwo in der Welt ergibt noch nicht automatisch den Verteidigungsfall. Zweitens ist völlig ausgeschlossen, daß man den präsumtiven Verteidigungsfall beschließt, nur weil etwa ein deutsches Schiff im Golf angegriffen werden könnte.

Gleichwohl begrüßte die Bundesregierung die Präsenz von Kriegsschiffen anderer westlicher Staaten im Persischen Golf[155]. Sie bestätigte, daß sie die Einsätze im Rahmen der WEU

---

[152] Vgl. beispielsweise die Antworten des Parlamentarischen Staatssekretärs Würzbach auf Schriftliche Anfragen, BT-Drs.11/1184, 28; 11/1586, 25. Siehe dazu auch Hahn, Völkerrechtliche Praxis der Bundesrepublik Deutschland im Jahre 1987, ZaöRV 49 (1989), 520 ff. (617), m.w.N.

[153] SZ vom 9. 10. 1987, 1; vom 22. 1. 1988, 6; FAZ vom 9. 10. 1987, 1; Hahn, a.a.O., 618, m.w.N.; Lerche, a.a.O., 374.

[154] Interview in der SZ vom 25. 8. 1988, 8.

[155] In einer Antwort auf eine Kleine Anfrage, BT-Drs.11/2882, 4, führte die Bundesregierung aus, der Einsatz von Einheiten der fünf WEU-Mitglieder Großbritannien, Frankreich, Niederlande, Belgien und Italien habe zusammen mit den Seestreitkräften der USA zur Aufrechterhaltung der freien Schiffahrt beigetragen, nicht zuletzt auch durch Verhinderung einer Ausweitung von völkerrechtswidrigen Minenlegetätigkeiten in internationalen Gewässern.

befürwortet habe. Sie gab weiter ihre Unterstützung für die Haltung der USA und derjenigen WEU-Mitglieder kund, die erklärt hatten, daß sie ihre maritime Präsenz im Persischen Golf solange aufrechterhalten würden, bis der Waffenstillstand in Kraft gesetzt und die Gefährdung für die Handelsschiffahrt abgebaut worden sei[156]. Bundesverteidigungsminister Wörner sagte im Oktober 1987 vor dem Deutschen Bundestag, daß die Völkergemeinschaft und die Flaggenstaaten Verletzungen des Völkerrechts gegenüber der neutralen Schiffahrt nicht hinnehmen könnten[157]. In der Diskussion im VN-Sicherheitsrat über den versehentlichen Abschuß eines iranischen Verkehrsflugzeugs im Persischen Golf am 3. Juli 1988 durch ein Kriegsschiff der US-Marine unterstrich Botschafter Vergau im Namen der Bundesregierung - neben der Notwendigkeit einer gründlichen Untersuchung des Vorfalls und des Findens einer Lösung des irakisch-iranischen Krieges auf der Grundlage von Sicherheitsratsresolution 598 (1987) - die Bedeutung des Prinzips der freien Schiffahrt im Golf[158].

Gegen die Beschießung eines deutschen Frachters in der Straße von Hormus durch iranische Kampfboote am 12. Juni 1988 legte die Bundesregierung Protest ein und verlangte volle Aufklärung des Zwischenfalls, Schadensersatz sowie die Bestrafung der Schuldigen[159].

---

[156] Ebenda.

[157] Der Minister führte in der Ansprache vom 16. Oktober 1987 aus (BT-PlPr.11/34, 2304 f.):

> Verletzungen des Völkerrechts gegenüber der neutralen Schiffahrt dürfen von der Völkergemeinschaft und den Flaggenstaaten nicht hingenommen werden. Wir, die Deutschen, haben wie alle anderen Staaten (...) ein Interesse an der Aufrechterhaltung des Prinzips der Freiheit der Meere und der Freiheit der Schiffahrt. Dieses gilt es auch im Golf zu erhalten. (...)
>
> Für den Westen ist auch die ungehinderte Ölversorgung wichtig (...). Darum sage ich für die Bundesregierung: Wir wissen das maritime Engagement von sechs verbündeten Nationen (...) zum Schutz der freien Schiffahrt in der Golfregion zu würdigen. Ich danke ihnen für diesen Einsatz im Namen der Bundesregierung.

[158] UN Doc. S/PV.2819, 41 ff.

[159] FAZ vom 14. 6. 1988, 6.

c) Sowjetunion

In einer Diskussion im VN-Sicherheitsrat am 31. Oktober 1983 sprach sich der sowjetische Delegierte noch gegen jedes militärische Engagement dritter Staaten aus[160]. Die später gleichwohl entsandte Marineeinheit der UdSSR im Golf bzw. in nahen Gewässern umfaßte einen Lenkwaffenkreuzer, etwa neun Mehrzweckschiffe, darunter Minenräumer, und eine unbekannte Zahl von Versorgungsschiffen[161]. Ein Regierungssprecher erklärte am 21. April 1987, die sowjetischen Streitkräfte würden jeden Angriff auf die unter sowjetische Flagge gestellten Tanker "entschlossen beantworten"[162]. Trotzdem begnügte sich die UdSSR nach einem Angriff seitens iranischer Kanonenboote auf einen sowjetischen Frachter Anfang Mai 1987 mit der Einlegung scharfer Proteste[163]. Auch als kurze Zeit später ein sowjetisches Schiff auf eine von Iran gelegte Mine auflief, vermied die Sowjetunion schärfere Reaktionen. In der Folge wurden lediglich drei weitere Minenräumboote in den Golf entsandt[164]. Am 4. Juli 1987 richtete allerdings der sowjetische Botschafter in Amman an Teheran die Warnung, die UdSSR ergriffe "adäquate Maßnahmen", um seine Schiffe gegen jeden neuerlichen Angriff zu schützen[165]. Auffällig ist, daß in offiziellen Stellungnahmen die Angriffe auf neutrale Handelschiffe zwar (zumindest implizit) als rechtswidrig, andererseits aber auch niemals als

160 Vgl. UN Doc. S/PV.2493, 13:

> Any armed intervention in this area, no matter what the pretext - including that of ensuring freedom of navigation in the Persian Gulf - is absolutely inadmissible. It must be absolutely clear to everyone that such intervention could have extremely dangerous consequences for the fate of peace in this region and throughout the world.

161 SZ vom 11. Februar 1988, 7. Siehe zur Rolle der UdSSR im Golfkrieg auch Hubel, The Soviet Union and the Iran-Iraq war, in: Maull/Pick (ed.), The Gulf War - Regional and International Dimensions, 1989, 139 ff.; Litwak, The Soviet Union and the Iran-Iraq War, in: Karsh (ed.), The Iran-Iraq War - Impact and Implications, 1989, 200 ff.

162 Keesing's, Vol. 33 (1987), 35597.

163 Litwak, a.a.O., 209.

164 Ebenda.

165 La Documentation française, a.a.O., 104.

"bewaffnete Angriffe" i. S. des Art. 51 VN-Charta oder als "Aggressionsakte" bezeichnet wurden.

Trotz ihrer eigenen Militärpräsenz kritisierte die UdSSR das militärische Engagement der USA und ihrer Verbündeten im Golf[166] und setzte sich für den Rückzug aller Nicht-Anliegerstaaten aus dem Golf ein[167]. In einer Rede vor der VN-Generalversammlung am 23. September 1987 führte Außenminister Schewardnadse aus, die Sicherheit der Schiffahrt im Golf könne nur von der gesamten internationalen Gemeinschaft, in deren Namen die UNO auftrete, gewährleistet werden. Falls notwendig, werde man den Vereinten Nationen entsprechende ausreichende Kräfte zur Verfügung stellen. Im Dezember 1987 forderte die UdSSR die Aufstellung einer VN-Flottille, die die Marinepräsenzen aller Nicht-Golfanliegerstaaten ersetzen sollte. Diesen Vorschlag wiederholte die Sowjetunion in der Folge mehrfach[168].

Die durch die USA als Reaktion auf vorangegangene Angriffe auf umgeflaggte kuwaitische Tanker erfolgte Zerstörung der iranischen Ölförderplattform vom 19. Oktober 1987 bezeichnete die sowjetische Regierung als einen Bruch des Völkerrechts[169]. Den am 18. April 1988 von den USA erneut verübten Angriff auf zwei iranische Bohrinseln, diesmal als Antwort auf das Auflaufen einer amerikanischen Fregatte auf eine Mine, nannte der Botschafter der UdSSR in London einen gefährlichen Präzedenzfall[170].

d) Arabische Staaten

Kuwaitische und saudi-arabische Tanker waren wiederholt das Ziel von iranischen Angriffen im Golf und zwar sowohl auf Hoher See bzw. in internationalen Schiffahrtsstraßen außerhalb der von den Kriegsparteien erklärten militärischen Ausschluß-

[166] Siehe etwa die Äußerung des sowjetischen Vertreters im VN-Sicherheitsrat vom 20. Juli 1987 anläßlich der Verabschiedung der Resolution 598 (1987), S/PV.2750, 71.

[167] So die Forderung Moskaus vom 3. Juli 1987, vgl. La Documentation française, a.a.O., 104.

[168] Vgl. AdG vom 2. Oktober 1987, 31485. Siehe auch La Documentation française, a.a.O., 110.

[169] The Times vom 21. Oktober 1987, 8.

[170] AdG vom 18. April 1988, 32122.

zonen als auch in territorialen Gewässern Kuwaits und Saudi-Arabiens[171]. Während der Beratungen im VN-Sicherheitsrat anläßlich der Verabschiedung von Resolution 552 (1984) nahmen zahlreiche arabische Staaten zu diesen Übergriffen Stellung. Regelmäßig qualifizierten sie die Angriffe als Aggressionsakte. Dabei wurde nicht danach unterschieden, ob diese innerhalb der Hoheitsgewässer Kuwaits bzw. Saudi-Arabiens oder in internationalen Gewässern erfolgt waren. Viele arabische Staaten wiesen auch auf die internationale Bedeutung der Straße von Hormuz hin.

Der Außenminister Kuwaits bezeichnete im VN-Sicherheitsrat die Angriffe von seiten Irans auf kuwaitische Tanker mehrfach als Aggressionsakte[172]. In diesem Zusammenhang erwähnte er ausdrücklich das Prinzip der Schiffahrtsfreiheit auf Hoher See[173]. Daraus ergibt sich, daß nicht nur die Übergriffe in den eigenen Territorialgewässern, sondern auch diejenigen auf Hoher See nach kuwaitischer Rechtsauffassung Aggressionsakte darstellten. In einem Interview antwortete der kuwaitische Außenminister auf die Frage, was er tun würde, falls Iran fortführe, Tanker im Golf anzugreifen[174]:

> We will first exercise our right of self-defense. Furthermore, we must not forget the Gulf is international, and that is what it makes it a serious matter. If Iran tries to block the Strait of Hormuz, it would in fact be giving others the opportunity to intervene.

Zuvor hatte der kuwaitische Außenminister im selben Interview die Ansicht vertreten, Angriffe auf Öltanker in internationa-

---

[171] Siehe beispielsweise Ramazani, a.a.O., 218, sowie die Darstellung des kuwaitischen Außenministers in einer Debatte im VN-Sicherheitsrat am 25. 5. 1984, UN Doc. S/PV.2541, 4. Vgl. statt vieler auch die Ausführungen des britischen Vertreters vom 1. 6. 1984 vor dem VN-Sicherheitsrat, die klarstellten, daß die Angriffe sowohl in internationalen Gewässern als auch in den Hoheitsgewäässern der genannten Staaten stattgefunden haben, siehe UN Doc. S/PV.2546, 31 f.

[172] UN Doc. S/PV.2541, 5 ff.

[173] Vgl. a.a.O., 8:

> The attacks are in violation of existing international conventions according to which the high seas are open to all countries, and no country is allowed to put any part thereof under its sovereignty.

[174] Interview vom 15. 6. 1984, wiedergegeben in: Ramazani, a.a.O., 74 ff.

len oder territorialen Gewässern seien Angriffe auf die Souveränität von nicht am Konflikt beteiligten Staaten; ein Angriff auf Tanker käme Angriffen auf Anlagen zu Land gleich[175].

Der Delegierte Saudi-Arabiens qualifizierte vor dem VN-Sicherheitsrat die iranischen Angriffe gegen saudi-arabische und kuwaitische zivile Schiffe - sowohl in den Territorialgewässern Saudi-Arabiens als auch in den angrenzenden internationalen Wasserstraßen außerhalb der eingerichteten Kriegszone - ohne Unterschied als bewaffnete Aggression[176]. Dieser Auffassung schlossen sich die Vertreter Quatars[177], Jemens[178] und der Vereinigten Arabischen Emirate[179] an. Auch Jordanien nannte die Angriffe Irans auf kuwaitische und saudi-arabische Tanker innerhalb der jeweiligen Hoheitsgewässer sowie auf Handelsschiffe anderer Staaten auf Hoher See Aggressionsakte und sprach zugleich von dem Versuch, gegen die Anrainerstaaten des Persischen Golfs eine Wirtschaftsblockade zu verhängen[180]. Tunesien bezeichnete einen Angriff auf ein Handelsschiff eines dritten Staates, gleich ob innerhalb dessen Territorialgewässer oder auf Hoher See, als eine Verletzung der Souveränität des Flaggenstaates[181]. Der Vertreter Bahrains wies mit besonderem Nachdruck auf die Bedeutung der Prinzipien der Schiffahrtsfreiheit in internationalen Gewässern und des Durchfahrtsrechts durch internationale Wasserstraßen hin. Die bekannt gewordenen Angriffe Irans auf saudi-arabische und kuwaitische Tanker, die sich außerhalb der erklärten Kriegszone bewegt und von ihrem Recht auf Schiffahrtsfreiheit Gebrauch gemacht hätten, stellten klare Aggressionsakte und einen vorsätzlichen Angriff auf die Souveränität und Sicherheit zweier nicht am Krieg beteiligter Staaten dar[182]. Der Delegierte Marokkos zitierte bei dieser Gelegenheit Art. 1, 2 und 5 Ziff. 1 und 2 der Aggressionsdefinition der Vereinten Nationen[183]. Die

175 Ebenda.
176 UN Doc. S/PV.2541, 18 ff. (insb. S. 21).
177 UN Doc. S/PV.2541, 14 ff.
178 UN Doc. S/PV.2541, 26.
179 UN Doc. S/PV.2543, 28 ff.
180 UN Doc. S/PV.2542, 3 ff.
181 UN Doc. S/PV.2545, 22.
182 UN Doc. S/PV.2543, 4 ff.
183 UN Doc. A/RES/3314 (XXIX). Siehe zur Aggresionsdefinition im 2. Kapitel unter Abschnitt C.

iranischen Angriffe auf fremde Handelsschiffe, sowohl wenn sie in deren Territorialgewässern als auch wenn sie in internationalen Gewässern verübt worden seien, verletzten die genannten Bestimmungen der Aggressionsdefinition und stellten unerklärte Kriegsakte dar[184].

e) Andere Staaten

Von den übrigen Staaten kritisierten nicht wenige, insbesondere solche aus dem sozialistischen Lager, die Anwesenheit von Marineeinheiten dritter Staaten im Golf. Mitunter wurde auf die besondere Bedeutung des Sicherheitsrats hingewiesen, dem allein die Aufgabe zukomme, die Freiheit der Schiffahrt im Golf sicherzustellen[185].

In der Diskussion im VN-Sicherheitsrat anläßlich des irrtümlichen Abschusses einer iranischen Verkehrsmaschine durch amerikanische Marinestreitkräfte am 3. Juli 1988 im Persischen Golf[186] vertrat der chinesische Delegierte den Standpunkt, die Golf-Angelegenheiten sollten allein durch die Golf-Anliegerstaaten im Verhandlungswege bereinigt werden[187]. Der Vertreter Kubas nannte bei dieser Gelegenheit die militärische Präsenz der USA und anderer Staaten von außerhalb der Golfregion "ungerechtfertigt"[188]. Der Vertreter Syriens bezeichnete die Anwesenheit fremder Flotten als das "fundamentale Problem". Diese Flotten würden sich in die Schiffahrtsfreiheit einmischen und die Bewohner der Region in Furcht und Schrecken versetzen[189]. Der rumänische Delegierte sprach in diesem Zusammenhang von einer (unzulässigen) "bewaffneten Intervention"[190]. Die Tür-

[184] UN Doc. S/PV.2543, 9 ff.
[185] Bereits oben unter c) wurde die Haltung der UdSSR dargestellt, die sich trotz ihrer eigenen Marinepräsenz gegen das militärische Engagement der USA und ihrer Verbündeten im Golf aussprach. Sie befürwortete den Rückzug aller Nicht-Golfanliegerstaaten und im Gegenzug die Aufstellung einer VN-Flottille.
[186] Vgl. dazu Lerche, a.a.O., 379.
[187] UN Doc. S/PV.2819, 31. In diesem Sinne bereits auch die Stellungnahme Chinas im VN-Sicherheitsrat am 1. 6. 1984, UN Doc. S/PV.2546, 9 f.
[188] UN Doc. S/PV.2820, 27.
[189] UN Doc. S/PV.2820, 20 ff.
[190] UN Doc. S/PV.2820, 30.

kei[191], Indien[192] und Nicaragua[193] hatten sich bereits in der Sicherheitsratsdebatte vom 30. Mai bzw. 1. Juni 1984 gegen jede Intervention dritter Staaten zum Schutz der Schiffahrtsfreiheit gewandt. Nach Ansicht des Vertreters Nicaraguas sollte anstelle einer eigenmächtigen Intervention dritter Staaten der VN-Sicherheitsrat geeignete Maßnahmen zur Gewährleistung der Schiffahrtsfreiheit ergreifen. In der oben genannten Diskussion im VN-Sicherheitsrat im Juli 1988 bekräftigten Indien[194] und Nicaragua[195] ihre Auffassung. Der Delegierte Nicaraguas führte aus, nachdem er die primäre Verantwortung des VN-Sicherheitsrats zur Gewährleistung der Sicherheit des Zivilluft- und Schiffsverkehrs in der Golfregion unterstrichen hatte, die Anwesenheit ausländischer Marinestreitkräfte, die weit davon entfernt seien, den für die Weltwirtschaft essentiellen freien Schiffsverkehr zu gewährleisten, sei zu einem Element der Spannung geworden. Diese Art der fremden Marinepräsenz reflektiere auf unglückliche Weise den gefährlichen Trend, internationale Probleme auf unilaterale Weise zu lösen, wobei der juristische und institutionelle Rahmen der VN-Charta, insbesondere die Kompetenz des Sicherheitsrats im Falle einer Friedensbedrohung oder eines -bruchs, außer acht gelassen werde.

4. Bewertung der Staatenpraxis zum Golfkrieg

Wie die beschriebenen Reaktionen zeigen, war sich die Mehrheit der Staaten offenbar darüber einig, daß dem Flaggenstaat das Recht zustand, Angriffe auf seine Handelsschiffe im Persischen Golf mit Waffengewalt abzuwehren. Nicht immer wurde allerdings deutlich, ob sich die Abwehrbefugnis auf bloßes Dazwischenfahren und Abdrängen des angreifenden Kriegsschiffes durch eigene Marineeinheiten beschränken oder die Möglichkeit des direkten Zurückschießens ohne vorheriges Dazwischenfahren einschließen sollte. Häufig begnügten sich die Staaten, die Marineeinheiten in den Golf entsandt hatten, damit, einen (drohenden) Angriff

---

191 UN Doc. S/PV.2545, 17.
192 UN Doc. S/PV.2546, 37 f.
193 UN Doc. S/PV.2546, 51 ff.
194 UN Doc. S/PV.2819, 24 f.
195 UN Doc. S/PV.2820, 34 f.

auf ein Handelsschiff unter ihrer Flagge zu einem Ende zu bringen, indem sich eigene Marineeinheiten zwischen das fremde Kriegsschiff und das eigene Handelsschiff schoben[196]. Der Grund für die Zurückhaltung könnte einerseits in der politischen Erwägung liegen, den Konflikt nach Möglichkeit nicht weiter eskalieren zu lassen, andererseits aber auch in der Rechtsauffassung, daß ein Angriff auf ein Handelsschiff - im Gegensatz zu einem Angriff auf ein Kriegsschiff - keinen "bewaffneten Angriff" i.S. von Art. 51 VN-Charta darstelle und sich auch aus keiner anderen Rechtsgrundlage ein derart umfassendes Selbstverteidigungsrecht ergebe. Eine zum Zurückschießen berechtigende Selbstverteidigungslage sei erst gegeben, wenn der Angriff auf das Handelsschiff auch nach erfolgtem Dazwischenfahren eines eigenen Kriegsschiffs noch fortdauere, da sich in diesem Fall der Angriff nunmehr auch gegen das Kriegsschiff richte.

Die Option für ein unmittelbares Zurückschießen (ohne die Notwendigkeit eines vorherigen Dazwischenfahrens mit einem eigenen Kriegsschiff) haben sich jedenfalls diejenigen Staaten offengehalten, die sich ausdrücklich oder implizit bei Angriffen auf ihre Handelsschiffe auf das Selbstverteidigungsrecht nach Art. 51 VN-Charta berufen und damit den Angriff auf ein Handelsschiff dem Angriff auf ein Kriegsschiff rechtlich gleichgestellt haben. Neben der Frage, ob und wieviele Staaten (einschließlich derjenigen, die keine eigenen Marineeinheiten in den Golf entsandt hatten) auf Art. 51 VN-Charta hingewiesen haben, ist weiter zu untersuchen, ob sich in der dargestellten Staatenpraxis zum Golfkrieg Anhaltspunkte für die Annahme eines Selbstverteidigungsrechts, das die Befugnis zum unmittelbaren Zurückschießen einschließt, außerhalb von Art. 51 VN-Charta finden. Allerdings wird eine rechtliche Analyse der Äußerungen von Staatenvertretern dadurch erschwert, daß die Stellungnahmen - wie zumeist in solchen Fällen - in erster Linie als politische Äußerungen zu verstehen sind.

Ausdrücklich auf das Selbstverteidigungsrecht gemäß Art. 51 VN-Charta beriefen sich die USA und Großbritannien. In diese Richtung deutet, auch wenn Art. 51 VN-Charta nicht ge-

---

[196] Vgl. Lagoni, a.a.O., 1864.

nannt wird, die Interviewäußerung des kuwaitischen Außenministers, ein Angriff auf Öltanker sei gleichbedeutend mit einem Angriff auf Anlagen zu Land; man würde, falls der Iran die Angriffe auf Tanker fortsetze, vom Recht auf Selbstverteidigung Gebrauch machen. Das gleiche gilt für die Stellungnahme Marokkos im VN-Sicherheitsrat, wonach die iranischen Angriffe auf fremde Handelsschiffe unerklärte Kriegsakte darstellten, wie auch für die Erklärung des Generalsekretärs des Golf-Kooperationsrates vom 8. Juli 1984, derzufolge Angriffe auf Handelsschiffe im Golf in Zukunft als Kriegshandlungen angesehen würden.

Allgemein von "Selbstverteidigungsmaßnahmen" gegenüber Aktivitäten, die gegen die freie Schiffahrt im Golf gerichtet sind, sprach die Resolution des WEU-Ministerrats vom 19. April 1988. Dieser Begriff, der auf das Drängen Großbritanniens hin in den Resolutionstext aufgenommen wurde und offenbar das direkte Zurückschießen mit einschließen sollte, eröffnet bereits einen gewissen Interpretationsspielraum. Er schließt nicht aus, daß diese "Selbstverteidigungsmaßnahmen" auch außerhalb von Art. 51 VN-Charta ihre Rechtsgrundlage finden könnten.

Nicht frei von rechtlicher Unschärfe ist auch die wiederholte Verwendung des Begriffs "Aggressionsakte" durch mehrere arabische Staaten. Auf die im einzelnen umstrittene Frage der Beziehung zwischen "Aggression" und "bewaffnetem Angriff" i.S. von Art. 51 VN-Charta soll an anderer Stelle näher eingegangen werden[197].

Die französische Regierung sprach lediglich von einer "Begleitung" ihrer Handelsschiffe durch französische Kriegsschiffe. Auffällig ist daneben die tatsächlich und verbal zurückhaltende Reaktion der UdSSR bei Übergriffen auf Handelsschiffe unter ihrer Flagge. Auf der anderen Seite hat sie stets deutlich gemacht, daß sie gewillt sei, Angriffe auf ihre Handelsschiffe "entschlossen" zu beantworten. Worin diese "entschlossene Antwort" bestehen sollte, ob sie sich im Versuch des Dazwischenfahrens und Abdrängens des angreifenden Kriegsschiffs durch ein eigenes Kriegsschiff erschöpfen oder auch die Möglichkeit des direkten Zurückschießens ohne vorhe-

197 Im 2. Kapitel unter Abschnitt C. 2.

riges Dazwischenfahren einschließen sollte, läßt sich ebenso wie bei der französischen Marine nicht weiter aufklären.

Sehr ambivalent war die Haltung der Bundesrepublik Deutschland. Ihre Reaktion auf die Beschießung eines deutschen Frachters am 12. Juni 1988 war eher moderat. Deutliche Zurückhaltung läßt auch die Interviewäußerung von Bundesverteidigungsminister Scholz vom August 1988 erkennen, wonach ein Angriff auf ein deutsches Schiff irgendwo in der Welt noch nicht automatisch den Verteidigungsfall ergebe. Diese Bemerkung zeigt, daß jedenfalls ein singulärer Angriff auf ein Handelsschiff unter deutscher Flagge nach Auffassung des Bundesverteidigungsministers nicht schwerwiegend genug ist, um den Verteidigungsfall gemäß Art. 115 a GG auslösen zu können. Der Angriff auf ein Handelsschiff steht insofern einem Angriff auf das Bundesgebiet im Sinne von Art. 115 a Abs. 1 Satz 1 GG nicht gleich. In dieselbe Richtung weist die direkt anschließende Feststellung des Ministers, er sei "völlig ausgeschlossen", den präsumtiven Verteidigungsfall zu beschließen[198], "nur weil etwa ein deutsches Schiff im Golf angegriffen werden könnte".

Der Begriff "Angriff auf das Bundesgebiet" nach Art. 115 GG muß inhaltlich demjenigen des "bewaffneten Angriffs" gemäß Art. 51 VN-Charta nicht entsprechen. Gleichwohl legt der Gesamtzusammenhang der o.g. Ausführungen die Schlußfolgerung jedenfalls nahe, daß nach Ansicht der Bundesregierung ein isolierter Angriff auf ein fremdes Handelsschiff noch keinen Fall des "bewaffneten Angriffs" i.S. von Art. 51 VN-Charta darstellt. Dem steht die bei derselben Gelegenheit von Bundesverteidigungsminister Scholz gemachte Äußerung, Einsätze im Golf fielen nicht in den Ermächtigungsrahmen der VN-Charta, zumindest nicht entgegen, wenngleich einschränkend hinzuzufügen ist, daß in diesem Zusammenhang der Terminus "Ermächtigungsrahmen" möglicherweise ausschließlich auf Zwangsmaßnahmen des VN-Sicherheitsrates bezogen sein könnte.

---

198 Art. 115 a Abs. 1 Satz 1, 2. Alt. erlaubt die Feststellung des Verteidigungsfalls auch bei einem unmittelbar drohenden Angriff auf das Bundesgebiet.

Auf der anderen Seite begrüßte die Bundesregierung die militärische Präsenz anderer Staaten im Golf und trug die genannte Resolution der WEU mit, die den Begriff "Selbstverteidigungsmaßnahmen" verwendete. Die Stellungnahme von Bundesverteidigungsminister Wörner vor dem Deutschen Bundestag im Oktober 1987, wonach Verletzungen des Völkerrechts gegenüber der neutralen Schiffahrt von der Völkergemeinschaft nicht hingenommen werden dürften und die Bundesregierung den verbündeten Staaten für ihr maritimes Engagement danke, muß angesichts der Umstände als eine grundsätzliche Billigung der bis dahin ergriffenen militärischen Maßnahmen jener Staaten auch in rechtlicher Hinsicht verstanden werden. Die Stellungnahmen von seiten der Bundesregierung legen somit - bei aller gebotenen Zurückhaltung in der Schlußfolgerung - in ihrer Gesamtheit die Vermutung nahe, daß nach Auffassung der Bundesregierung Angriffe auf Handelsschiffe zwar nicht zwangsläufig einen Fall des Art. 51 VN-Charta darstellen, daß aber gleichwohl gegen diese ein militärisches Abwehrrecht des Flaggenstaates (das ein unmittelbares Zurückschießen ohne vorheriges Dazwischenfahren einschließt) gegeben sein müsse.

Vermieden bereits Frankreich, die UdSSR und die Bundesrepublik - soweit erkennbar - eine nähere rechtliche Qualifizierung der Übergriffe auf Handelsschiffe im Persischen Golf, ist doch besonders die Zurückhaltung der Niederlande hervozuheben. Im VN-Sicherheitsrat erklärten sie, einen Angriff auf eines ihrer Handelsschiffe im Golf als einen "unfreundlichen Akt" (sowie als eine schwere Verletzung des Rechts auf Schiffahrtsfreiheit) zu betrachten. Zu bedenken ist natürlich erstens, daß diese Äußerung zu Beginn des Tankerkrieges gefallen ist, als das spätere Ausmaß der Übergriffe auf die Handelsschiffahrt noch nicht erkennbar war, und zweitens, daß die Niederlande in der Folge auch die besagte Resolution des Ministerrats der WEU mittrugen. Gleichwohl dürfte gerade die Stellungnahme im Sicherheitsrat ein Indiz dafür sein, daß auch nach Auffassung der Niederlande ein Angriff auf ein Handelsschiff jedenfalls nicht automatisch einen Fall des Art. 51 VN-Charta bedeutet. Denn vom Sprachgebrauch her wäre es zumindest sehr ungewöhnlich, einen "bewaffneten Angriff" gemäß Art. 51 VN-

Charta als bloßen "unfreundlichen Akt" herunterzustufen. In diese Richtung weist schließlich auch die Tatsache, daß sich die Niederlande (ebenso wie Belgien) ausschließlich an der Minenräumung und nicht an der Gewährung von Geleitschutz oder anderen militärischen Aktionen beteiligt haben. Wenn auch damit in keiner Weise gesagt ist, daß die Niederlande (und ggf. Belgien) die weitergehenden militärischen Aktivitäten anderer Staaten im Golf als unzulässig angesehen hätten, läßt dieses Verhalten doch auf eine bewußte Zurückhaltung schließen.

In Anbetracht der Tatsache, daß sich der irakisch-iranische Krieg zu einem Seekrieg bisher ungekannten Ausmaßes entwickelt hat, überrascht es nicht, daß mehrere Staaten - zumindest konkludent - auf das seekriegsrechtliche Institut des Konvois[199] zurückgegriffen und entsprechende Verbände gebildet haben[200]. Allerdings beriefen sich nur die UdSSR und Italien ausdrücklich auf dieses Rechtsinstitut, Italien damit zusammenhängend auch auf die Londoner Erklärung über das Seekriegsrecht vom 26. Februar 1909[201]. Die Einsatzrichtlinien der italienischen Marine sahen den Gebrauch von Waffengewalt als Selbstverteidigungsmaßnahme vor. Es wurde nicht danach unterschieden, ob sich der Angriff bzw. die Angriffsdrohung gegen ein ziviles oder militärisches Schiff unter italienischer Flagge gerichtet hatten. An den Angriff auf ein Handelsschiff waren insoweit dieselben Rechtsfolgen geknüpft, wie an einen Angriff auf ein Kriegsschiff. Allerdings waren die Abwehrbefugnisse in der Weise beschränkt, daß die italienschen Kriegsschiffe keine militärischen Basen im Iran angreifen durften, auch wenn von diesen für die Handelsschiffe Gefahren ausgingen. Das deutet auf einen eng formulierten Verteidigungsauftrag hin.

Besonders weit divergierten die Ansichten der Staaten über die Zulässigkeit des Schutzes von Handelschiffen anderer neu-

---

[199] Vgl. allgemein zum Konvoi Stödter, Convoy, in: Bernhardt (ed.), EPIL, Instalment 3, 1982, 128 ff.

[200] Siehe grundsätzlich zur Fortgeltung der völkerrechtlichen Regeln über die Kriegsführung auch nach Einführung des Gewaltverbotsprinzips etwa Lagoni, a.a.O., 1846, m.w.N.

[201] Siehe Anmerkung 143. Gemäß Art. 61 Satz 1 der Londoner Erklärung sind neutrale Schiffe unter dem Geleit ihrer Kriegsflagge von der Durchsuchung befreit.

traler Staaten durch die in den Golf entsandten Marineeinheiten. Von den USA, Frankreich und Großbritannien ist bekannt, daß ihre Kriegsschiffe - wiewohl nur in Einzelfällen - auch neutralen Handelsschiffen zu Hilfe kamen, wobei nur die USA die entsprechende Erweiterung des Aufgabenbereiches ihrer Marine offiziell bekanntgegeben haben. Die USA begründeten diesen Schritt zunächst ausdrücklich mit dem Rechtsinstitut der Hilfeleistung für Schiffe in Not und wiesen die Vorstellung zurück, es handele sich dabei um eine allgemeine Schutzgewährung oder Unterstützung für neutrale Schiffe. Diese Argumentation ist jedoch schon deshalb nicht tragfähig, da mit der völkerrechtlich anerkannten Hilfeleistungspflicht für in Seenot geratene Schiffe nicht die Befugnis zum Einsatz von Waffengewalt verbunden ist[202]. In einer späteren Rede vor dem VN-Sicherheitsrat sprach Vizepräsident Bush allerdings von einer "Unterstützung bei der Selbstverteidigung" und bezog sich damit implizit auf das Recht auf kollektive Selbstverteidigung nach Art. 51 VN-Charta zugunsten des Flaggenstaates des angegriffenen Handelsschiffes. Konsequenterweise sahen die USA auch keine Notwendigkeit, vor der Feuereröffnung durch eigene Marinestreitkräfte auf ein fremdes Kriegsschiff, das im Begriff war, ein neutrales Handelsschiff eines anderen Staates anzugreifen, erst durch Dazwischenfahren o.ä. eine <u>eigene</u> Selbstverteidigungslage zu schaffen.

Der dargestellte Wechsel in der Begründung wird weniger überraschend, wenn man die wiederholten Hinweise der amerikanischen Regierung auf das Prinzip der Schiffahrtsfreiheit in internationalen Gewässern betrachtet. Unter anderem war die Sicherung der freien Schiffahrt bereits als einer der Beweggründe für die Verhängung eines Handelsembargos gegen den Iran benannt worden. Auch in der Erklärung des amerikanischen Verteidigungsministers zur Erweiterung des Schutzauftrages der amerikanischen Marine zugunsten von Handelsschiffen neutraler

[202] Vgl. Art. 12 des Genfer Übereinkommens über die Hohe See (UNTS Vol. 450, 82) sowie Art. 98 der VN-Seerechtskonvention von 1982 (UN Doc. A/CONF.62/122 with Corr.; nachgedruckt in ILM vol. XXI, 1982, 1261). Siehe dazu auch de Zayas, Ships in Distress, in: Bernhardt (Hrsg.), EPIL, Instalment 11, 1989, 287 ff.

Staaten wird der Schutz der Schiffahrtsfreiheit in internationalen Gewässern erwähnt. Aus diesen Äußerungen wird man nicht den Schluß ziehen können, die abstrakte Sicherung der Schiffahrtsfreiheit genügte den USA bereits zur Rechtfertigung für die Anwendung von Gewalt. Zusammen mit der scharfen Verurteilung der rechtswidrigen Minenlegetätigkeit und der Betonung der besonderen Bedeutung der Straße von Hormuz für die Ölversorgung und die internationale Weltwirtschaft unterstreichen sie aber die außerordentliche Schwere und Häufigkeit der Übergriffe. Daraus könnte gefolgert werden, daß die Lage im Persischen Golf möglicherwiese nicht ohne weiteres mit isolierten, singulären Angriffen auf Handelsschiffe vergleichbar ist, daß sie somit unter Umständen aus der besonderen Schwere heraus ihr eigenes Gepräge und ihre eigene rechtliche Beurteilung erfahren könnte.

Im Gegensatz zu den USA hatten die französischen und britischen Marinestreitkräfte, wie aus den wenigen Situationen hervorgeht, in denen dies relevant wurde, erst dann die Erlaubnis zum Zurückschießen auf ein Kriegsschiff, das ein Handelsschiff eines anderen neutralen Staates attackierte, wenn das eigene Kriegsschiff durch Dazwischenfahren (Großbritannien) bzw. durch das Gelangen in die Feuerreichweite des fremden Kriegsschiffs (Frankreich) für den Fall der Fortsetzung des Angriffs eine eigene Selbstverteidigungslage geschaffen hatte. Ihren - eingeschränkten - Schutzauftrag zugunsten von Schiffen sonstiger neutraler Staaten begründeten Frankreich und Großbritannien mit "humanitärer Hilfeleistung". Hinweise auf die Ausübung des kollektiven Selbstverteidigungsrechts gemäß Art. 51 VN-Charta finden sich nicht, obwohl Großbritannien gegenüber Angriffen auf eigene Handelsschiffe stets das individuelle Selbstverteidigungsrecht nach Art. 51 VN-Charta geltend gemacht hatte.

Angesichts der Tatsache, daß ein Memorandum des Foreign and Commonwealth Office für diese Beschränkung neben politischen explizit auch juristische Gründe geltend machte (ohne diese freilich näher zu präzisieren), erscheint die britische Zurückhaltung hinsichtlich der Annahme des Vorliegens eines Falles der kollektiven Selbstverteidigung nicht konsequent. Es hat den Eindruck, als ginge Großbritannien bei Übergriffen auf Handelschiffe von einem "unvollkommenen" Selbstverteidigungsrecht aus, das zwar die umfassende Verteidigung eigener Handelsschiffe (durch direktes Zurückschießen des eigenen Kriegsschiffs ohne vorheriges Dazwischenfahren) ermöglicht, nicht aber die ebenso weitgehende Verteidigung von Schiffen anderer neutraler Staaten, auch wenn deren Kapitäne (als insoweit mit staatlicher Hoheitsgewalt betraute Personen) ausdrücklich um Hilfe ersuchen.

Die Kritik insbesondere der sozialistischen Staaten am Einsatz fremder Streitkräfte am Golf und der von verschiedener Seite, etwa von der Sowjetunion, geäußerte Vorschlag, die Schiffahrtsfreiheit durch Truppen der Vereinten Nationen zu sichern, weisen auf grundsätzliche und wohl nicht nur politische Vorbehalte vieler Staaten gerade auch an der von den USA in Aussicht gestellten umfangreichen Schutzgewährung zugunsten von Handelsschiffen dritter Staaten hin. Die Meinung der Staaten ist in dieser Frage daher gespalten.

In noch verstärktem Maße dürfte dies für die Beurteilung der zweimal von den USA durchgeführten Sprengungen iranischer Ölförderplattformen gelten. Die UdSSR etwa bezeichnete dies als einen Bruch des Völkerrechts. Das amerikanische Vorgehen könnte nur bei Bestehen einer noch gegenwärtigen Selbstverteidigungslage rechtmäßig sein. Bemerkenswert ist, daß Präsident Reagan in seiner Erklärung vom 19. Oktober 1987 als Begründung für den Vergeltungsschlag neben der vorangegangenen rechtswidrigen Gewaltanwendung gegenüber den USA auch "zahlreiche Rechtsverletzungen anderer nicht kriegsführender Staaten" nannte. Mit diesem Hinweis sollte offenbar erneut die besondere Situation im Golf unterstrichen werden, in dem die Übergriffe nicht länger tragbare Ausmaße angenommen hätten. Diese Erklärung des amerikanischen Präsidenten gibt Raum für die Vermutung, daß sich nach amerikanischer Auffassung das Vorliegen des (noch gegenwärtigen) Verteidigungsfalles, der zu einem entsprechenden Gegenschlag berechtigte, nicht allein aus einem singulären Angriff auf ein amerikanisches Handelsschiff ergab, sondern aus der Gesamtsituation, die eine eigene rechtliche Beurteilung erforderte.

Auch im übrigen dürften die wiederholten Bezugnahmen von seiten anderer Staaten auf die Wichtigkeit der Aufrechterhaltung des Prinzips der freien Schiffahrt, auf die Gefahren durch die rechtswidrige Verminung internationaler Gewässer, auf die Bedeutung des Persischen Golfs als einer der zentralen Erdölversorgungswege sowie auf die drohende Blockade kuwaitischer und saudi-arabischer Häfen als Hinweise auf die singuläre Situation im Persischen Golf zu verstehen sein. Bei einer vergleichenden Betrachtung der Staatenpraxis darf diese besondere Lage hinsichtlich der Anzahl der Übergriffe und der Schwere der Folgen nicht außer acht gelassen werden. Es ist nicht auszuschließen und wird näher zu untersuchen sein, ob die rechtliche Qualität von Angriffen auf Handelsschiffen unter so bewandten Umständen anders zu beurteilen ist als bei singulären Zwischenfällen. Eine solche differenzierende rechtliche Sichtweise kommt etwa in den Äußerungen des Generalsekretärs des Golf-Kooperationsrates im Juli 1984, d.h. noch in der Anfangsphase des Tankerkrieges, zum Ausdruck, als er ausführte, Angriffe auf Handelsschiffe im Golf würden "in Zukunft" als Kriegshandlungen angesehen. Das deutet - bei aller gebotenen Zurückhaltung in der Auslegung politischer Äußerungen - darauf hin, daß die rechtliche Qualität für sich betrachtet minderschwerer Übergriffe bei wiederholter Begehung in einen "bewaffneten Angriff" im Sinne von Art. 51 VN-Charta umschlagen könnte.

H. Die Annektierung Kuwaits durch den Irak

Am 2. August 1990 besetzten irakische Truppen Kuwait. Der VN-Sicherheitsrat erließ am 6. August 1990 eine verbindliche Embargo-Resolution[203]. Die Vereinigten Staaten, unterstützt von Großbritannien und Australien, versuchten in der Folge, das Embargo durch ihre Marinestreitkräfte durchzusetzen, indem verdächtige Schiffe unterschiedlicher Nationalität mit Kurs auf Häfen in Kuwait oder Jordanien angehalten und durchsucht

---

[203] Resolution 661 (1990).

sowie im Weigerungsfalle auch beschossen wurden[204]. Manche Staaten äußerten Bedenken, ob dieses Vorgehen durch die genannte Resolution gedeckt sei[205]. In Resolution 665 vom 24. August 1990 wurde daraufhin den Staaten der Einsatz von Waffengewalt zur Durchsetzung des Embargos (unabhängig von Art. 51 VN-Charta) jedenfalls implizit gestattet[206].

Irak, Jordanien und der Sudan kritisierten in Briefen an den VN-Generalsekretär bzw. den Sicherheitsrat verschiedene gewaltsame, die direkte Feuereröffnung auf irakische Frachter einschließende Maßnahmen der USA, die vor dem 24. August 1990, d.h. vor der Verabschiedung von Resolution 665 (1990), durchgeführt worden waren[207]. Die sudanesische Regierung protestierte ferner in einem Schreiben vom 20. Dezember 1990 an den VN-Generalsekretär gegen die wenige Tage zuvor erfolgte Aufbringung eines sudanesischen Frachtschiffes durch U.S. Kriegsschiffe[208]. Anfang Januar 1991 wandte sich darüber hinaus der irakische Außenminister in einem Brief an den VN-Generalsekre-

---

[204] Vgl. NZZ vom 16. 8. 1990, 1; SZ vom 20. 8. 1990, 1; Beckert/Breuer, a.a.O., Rdnr. 1262 g, 1262 h.

[205] Siehe zur französischen Position Le Monde vom 15. 8. 1990, 4. Die USA, die von der rechtmäßigen Regierung Kuwaits formell um diese Maßnahmen gebeten worden waren, stützten ihr Vorgehen auf Art. 51 VN-Charta, siehe International Herald Tribune vom 13. 8. 1990, 1 und 5.

[206] In Resolution 665 (1990) des VN-Sicherheitsrats heißt es:

> The Security Council (...)
>
> 1. Calls upon those Member States co-operating with the Government of Kuwait which are deploying maritime forces to the area to use such measures commensurate to the specific circumstances as may be necessary under the authority of the Security Council to halt all inward and outward maritime shipping in order to inspect and verify their cargoes and destinations and to ensure strict implementation of the provisions related to such shipping laid down in resolution 661 (1990).

Der ursprüngliche Resolutionsentwurf hatte ausdrücklich die Erlaubnis für eine "minimale Gewaltanwendung" ("minimum use of force") enthalten. Diese Formulierung wurde auf Betreiben Chinas gestrichen, das sich gegen jede Gewaltanwendung aussprach. Aus den Stellungnahmen der Staatenvertreter bei der Abstimmung ergibt sich jedoch, daß unter den meisten Staaten Einigkeit darüber bestand, daß die Resolution trotz der Streichung jener Passage begrenzte Gewaltmaßnahmen zur Durchsetzung des Embargos unabhängig von Art. 51 VN-Charta ermögliche. Vgl. United Nations Press Release SC/5207.

[207] Vgl. etwa United Nations Database, August 21, 1990, DH/708.

[208] UN Doc. S/22029.

tär gegen die Enterung eines mit Nahrungsmitteln beladenen irakischen Frachters durch Hubschraubereinheiten der USA, Großbritanniens und Australiens[209].

Der Ständige Vertreter Iraks bei den Vereinten Nationen bezeichnete die amerikanischen Maßnahmen bei verschiedenen Gelegenheiten als "Aggressionsakte"[210]. Iraks Außenminister Asis sprach von "Akten der Piraterie" und "bewaffneten Aggressionen"[211]. Die Regierungen Jordaniens und des Sudan brachten zum Ausdruck, daß sie das Vorgehen der amerikanischen Marine als rechtswidrig ansähen, sie enthielten sich jedoch einer näheren rechtlichen Qualifizierung[212].

I. Sonstige Zwischenfälle

- Am 31. Dezember 1958 griff ein guatemaltesisches Flugzeug ein mexikanisches Fischerboot an. Als Folge brach Mexiko die diplomatischen Beziehungen mit Guatemala ab. In einer Erklärung vom 23. Januar 1959 führte der mexikanische Präsident aus, daß die Anwendung von Gewalt zur Zurückschlagung von Gewalt von Art. 51 der VN-Charta gedeckt wäre[213].

- Am 22. Juni 1959 wurde das amerikanische Handelsschiff "Florida State" nördlich der Küste der Dominikanischen Republik von einem dominikanischen Patrouillenboot zum Anhalten gezwungen. Infolge der besonderen Situation, in der sich die Dominikanische Republik zum damaligen Zeitpunkt wegen des vorangegangenen wiederholten Eindringens bewaffneter revolutionärer Gruppen befand, verzichteten die USA auf das Einlegen

[209] United Nations Database, January 3, 1991, SPN. Siehe zu den Hintergründen auch SZ vom 29./30. 12. 1990, 2.

[210] So insbesondere im Zusammenhang mit der Beschießung eines irakischen Tankers am 17. August und der Bedrohung eines weiteren Tankers am 18. und 19. August 1990. Siehe United Nations Database, August 21, 1990, DH/708.

[211] International Herald Tribune vom 13. 8. 1990, 1; SZ vom 20. 8. 1990, 1.

[212] Die Ständigen Vertreter Jordaniens und des Sudan machten geltend, amerikanische Kriegsschiffe hätten am 18. August 1990 ein sudanesisches Handelsschiff auf dem Weg zum Hafen von Akaba in Jordanien in rechtswidriger Weise zum Umkehren gezwungen. Vgl. United Nations Database, August 21, 1990, DH/708; August 22, 1990, DH/709; SZ vom 21. 8. 1990, 7.

[213] The Times vom 26. 1. 1959 (zitiert nach Brownlie, International Law and the Use of Force by States, 1963, 305, Anm. 3).

eines formellen Protestes und beließen es bei einem Aide mémoire, in dem sie ihre "ernsthafte Besorgnis" zum Ausdruck brachten[214].

- In der Nacht vom 8. auf den 9. August 1960 schoß nördlich der Insel Kuriate ein Schiff der tunesischen Küstenwache auf einen italienischen Fischkutter, nachdem sich der Kapitän geweigert hatte anzuhalten[215]. Der Fischkutter wurde anschließend nach Sousse geleitet. Zwei Personen erlagen ihren dabei erlittenen Verletzungen. Bereits in den Jahren zuvor war es vereinzelt in dem von Tunesien beanspruchten Teil des Mittelmeeres zu Übergriffen auf italienische Fischereiboote gekommen[216].

Die italienische Regierung protestierte scharf und verlangte von den tunesischen Behörden die Einleitung einer Untersuchung über den Vorfall. Gleichzeitig wies sie die italienischen Schiffe an, die nordafrikanischen Fischereigewässer zu meiden.

- Am 29. Mai 1961 brachte ein dänisches Fischereischutzboot den schottischen Trawler "Red Crusader" angeblich beim Fischen in Dänemark zustehenden Fischereigewässern auf. Als sich der Trawler der Verhaftung durch Flucht entzog, gab das dänische Fischereischutzboot während der Nacheile auf Hoher See insgesamt drei Schüsse auf diesen ab. Eine britische Fregatte und ein britisches Fischereischutzboot kamen dem Trawler zu Hilfe und eskortierten ihn ohne weitere Zwischenfälle in den Hafen von Aberdeen[217]. Beide Staaten einigten sich auf die Einrichtung einer Untersuchungskommission zur Klärung des Vorfalls. Die Untersuchungskomission stellte u.a. fest, daß von seiten der Royal Navy jede Anstrengung unternommen worden sei, Gewaltmaßnahmen zwischen dem dänischen Fischereischutzboot und der "Red Crusader" zu verhindern. Dieses Vorgehen sei einwandfrei gewesen[218].

---

[214] Whiteman, a.a.O., 514 f.
[215] A.a.O., 809.
[216] Siehe die Nachweise ebenda.
[217] Keesing's, June 17 - 24, 1961, 18162 A.
[218] The Red Crusader, Commission of Enquiry (Denmark-United Kingdom), March 23, 1962, International Law Reports 35 (1967), 485 ff. (500). Siehe dazu auch Polakiewicz, Red Crusader Incident, in: Bernhardt (ed.), EPIL, Instalment 11 (1989), 271.

- Im Dezember 1971 während des dritten indisch-pakistanischen Krieges[219] versenkte Indien, das eine Seeblockade gegen Pakistan errichtet hatte, auf Hoher See ein spanisches Schiff. Die spanische Regierung machte Schadensersatzansprüche geltend, die von Indien aber nicht erfüllt wurden[220]. Weiterhin wurde bei diesem Konflikt anläßlich eines indischen Vorstoßes auf Karachi das liberianische Schiff "Venus Challenger" 26 1/2 Meilen vor der Küste durch Raketengeschosse versenkt. Diplomatischen Reaktionen erfolgten in diesem Fall nicht[221].

- Am 11. September 1973, am Tag des Umsturzes in Chile, wurde das kubanische Handelsschiff "Playa Larga", das gerade den Hafen von Valparaíso verlassen hatte und sich inzwischen auf Hoher See befand, von der chilenischen Luftwaffe und Marine beschossen, wobei das Schiff erheblich beschädigt und mehrere Seeleute verletzt worden sein sollen. Während die chilenische Regierung von einer rechtswidrigen Hafenausfahrt der "Playa Larga", die einen Teil der von Chile bereits bezahlten Ladung noch bei sich führte, sowie von einer anschließenden zulässigen Nacheile sprach, nannte Kuba den Übergriff eine "schwere Verletzung der anerkannten internationalen Seefahrtsregeln[222]" und eine "Aggression"[223]. In der Debatte im Sicherheitsrat bezeichnete Kuba die verantwortlichen Personen in Chile auch wiederholt als "Piraten"[224].

- Am 30. Januar 1990 traf ein Küstenwachboot der US-Marine, das zur Bekämpfung des Drogenschmuggels eingesetzt war, in internationalen Gewässern im Golf von Mexiko das unter panamesischer Flagge fahrende Frachtschiff "Hermann" an. Der

---

[219] Siehe dazu näher Beckert/Breuer, a.a.O., Rdnr. 1205 ff.
[220] Vgl. O'Connell/Shearer, The International Law of the Sea, 1984, 1099.
[221] Scheuner, in: Ipsen/Necker (Hrsg.), Recht über See, Festschrift für Rolf Stödter, 287 ff. (304), m.w.N.
[222] Brief des kubanischen Vertreters vom 12. September 1973 an den Präsidenten des Sicherheitsrates, UN Doc. S/10993 (veröffentlicht in: Security Council, Official Records, 28th year, 1973, Suppl. for July - Sept., 30 f.).
[223] Brief des kubanischen Vertreters vom 13. September 1973 an den Präsidenten des Sicherheitsrates, UN Doc. S/10995 (veröffentlicht in: a.a.O., 31 f.).
[224] Security Council, Official Records, 28th year, 1973, 1741. Sitzung am 17. September 1973, UN/Doc. S/PV.1741, 3, sowie 1742. Sitzung am 18. September 1973, UN/Doc. S/PV.1742, 20.

Kommandant des Küstenwachbootes bat den Kapitän des Frachtschiffes um die Erlaubnis, das Schiff durchsuchen zu dürfen. Nachdem der Kapitän die Erlaubnis verweigert hatte, ersuchte die Regierung der Vereinigten Staaten von Amerika die Regierung Panamas um die Einwilligung, das Schiff durchsuchen zu dürfen. Die Einwilligung wurde erteilt und der Kapitän der "Hermann" hierüber in Kenntnis gesetzt. Kurze Zeit später informierte die kubanische Regierung die Regierung der Vereinigten Staaten, daß Kapitän und Besatzung des Schiffes kubanische Staatsangehörige seien. Kuba stimme einer Durchsuchung des Schiffes nur am Zielhafen in Mexiko durch mexikanische Behörden zu. Der Kapitän sei angewiesen worden, den Aufforderungen des amerikanischen Küstenwachbootes in keinem Fall Folge zu leisten. Nach längeren vergeblichen Bemühungen, das Frachtschiff auf gewaltlose Weise zum Anhalten zu bewegen, feuerte das US-Küstenwachboot mit kleinkalibrigen Geschoßen gezielt auf das panamesische Frachtschiff, um dieses manövrierunfähig zu machen. Dennoch gelang diesem die Flucht in die mexikanischen Territorialgewässer, wo es alsbald von mexikanischen Marineeinheiten in Empfang genommen und zum nächstgelegenen Hafen zum Zwecke der Durchsuchung geleitet wurde[225].

Kuba vertrat den Standpunkt, daß das Vorgehen des US-Küstenwachbootes rechtswidrig gewesen sei und verlangte die Einberufung des VN-Sicherheitsrats. In einem Brief vom 2. Februar 1990 an die Vereinten Nationen, gerichtet an den Präsidenten des Sicherheitsrats, bezeichnete der Ständige Vertreter Kubas bei den Vereinten Nationen das genannte Vorgehen als einen "Akt der Piraterie"[226]. In der anschließenden Debatte im Sicherheitsrat am 9. Februar 1990 äußerte der kubanische Vertreter, die Regierung der Vereinigten Staaten habe "die Verbrechen der Piraterie und des Staatsterrorismus" begangen[227].

---

[225] Siehe dazu näher den Brief des Acting Permanent Representative of the United States of America to the United Nations vom 3. Februar 1990 an die Vereinten Nationen, gerichtet an den Generalsekretär, UN Doc. S/21122.
[226] UN Doc. S/21120.
[227] UN Doc. S/PV.2907, 16. Die Debatte im Sicherheitsrat wurde schließlich ohne Antrag zur Sache vorläufig beendet.

J. Schlußbetrachtung zur Staatenpraxis

Die Staatenpraxis seit 1945 zeigt äußerst unterschiedliche Reaktionen der Flaggenstaaten bei Angriffen auf ihre Handelsschiffe. Die ergriffenen Maßnahmen reichten von umfangreichen militärischen Operationen bis hin zu einfachen diplomatischen Protesten, in manchen Fällen nicht einmal dies. Generell läßt sich feststellen, daß die betroffenen Staaten zu einer je nach Schwere und sonstigen Umständen differenzierten Vorgehensweise neigten. Bei kleineren, isolierten Zwischenfällen wurden militärische Gegenmaßnahmen kaum jemals ergriffen. Anders dagegen, wenn wie im Extremfall des irakisch-iranischen Krieges die Häufigkeit der Übergriffe und die Schwere der Auswirkungen erheblich waren oder wenn aus sonstigen Gründen, wie z.B. beim Mayaguez-Zwischenfall infolge der räumlichen und zeitlichen Nähe zu direkten kriegerischen Auseinandersetzungen, die Situation für den Flaggenstaat als besonders ernst erscheinen mußte. Bei solch schwerwiegenden Zwischenfällen läßt sich die Tendenz erkennen, daß die Flaggenstaaten nicht gewillt waren, gegenüber Angriffen auf ihre Handelsschiffe auf umfassende militärische Reaktionsmöglichkeiten zu verzichten. Dagegen wurde bei der Frage der Schutzgewährung zugunsten Schiffe dritter Staaten zumeist eher Zurückhaltung geübt.

Sehr vielfältig waren auch die von den jeweiligen Staaten vorgenommenen rechtlichen Beurteilungen der (unterstellt) rechtswidrigen Übergriffe auf neutrale Handelsschiffe bzw. die Begründungen der Flaggenstaaten für etwaige militärische Gegenmaßnahmen. Bei der Betrachtung solcher Äußerungen ist freilich stets deren oftmals politischer Charakter im Auge zu behalten. Die Bandbreite der rechtlichen Qualifizierungen der Übergriffe reichte von "bewaffnetem Angriff" i.S. von Art. 51 VN-Charta bzw. "Kriegshandlungen" bis hin zu einem schlichten "unfreundlichen Akt" (wie im Falle der Niederlande in der Anfangsphase des Tankerkrieges im Persischen Golf). Auch hier zeigt sich die soeben angesprochene Differenzierung je nach Schwere des Vorfalls. Kriegsvölkerrechtliche Institute wie das des Konvois spielten dagegen in der rechtlichen Argumentation nur eine verhältnismäßig geringe Rolle. Überraschenderweise findet sich bis auf die jüngste Zeit immer wieder der Begriff der "Piraterie", somit die rechtliche Gleichstellung von Übergriffen, die einem Staat, und solchen, die privaten Personen zuzuordnen sind.

Die Besonderheit des Rechtsinstituts der Piraterie besteht darin, daß für diesen Fall Einigkeit über die Existenz eines gewaltsamen Abwehrrechts außerhalb von Art. 51 VN-Charta besteht. Indem manche Staaten Übergriffe auf Handelsschiffe durch fremde Kriegsschiffe als Piraterie qualifizieren, bringen sie zum Ausdruck, daß sie solche Vorfälle nicht hinzunehmen bereit sind und sich notfalls den Rückgriff auf gewaltsame Gegenmaßnahmen nicht versagen wollen. Andererseits sind sie nicht bestrebt, den Zwischenfall sogleich auf die Ebene des "bewaffneten Angriffs" gemäß Art. 51 VN-Charta zu heben. Der Konflikt soll daher auf einer Ebene unterhalb der Schwelle des Art. 51 VN-Charta gehalten werden, ohne dadurch schwerwiegende Rechtsnachteile durch die Beschneidung der militärischen Abwehrmöglichkeiten in Kauf nehmen zu müssen.

In eine ähnliche Richtung weist die Tendenz mancher Staatenäußerungen - nicht zuletzt auch von seiten der Bundesrepublik -, die jeden Hinweis auf Art. 51 VN-Charta vermeiden und trotzdem (ohne auf den Begriff der Piraterie zurückzugreifen) militärische Reaktionen als letztes Mittel für zulässig zu erachten scheinen. Damit stellt sich die Frage nach der Existenz eines Selbstverteidigungsrechts gegenüber rechtswidrigen Gewaltanwendungen unterhalb der Schwelle des bewaffneten Angriffs im Sinne von Art. 51 VN-Charta.

Vor diesem Hintergrund soll zunächst im folgenden Kapitel untersucht werden, ob militärische Abwehrmaßnahmen des Flaggenstaates auf Art. 51 VN-Charta gestützt werden können. Das dritte Kapitel wird sich sodann mit der Frage der Existenz von Rechtsgrundlagen außerhalb der VN-Charta für militärische Verteidigungsaktionen beschäftigen.

2. Kapitel: Art. 51 VN-Charta als Rechtsgrundlage für militärische Abwehrmaßnahmen

Ergreift der Flaggenstaat des angegriffenen Handelsschiffs militärische Abwehrmaßnahmen, etwa in Form des Beschießens des angreifenden fremden Kriegsschiffs bzw. Flugzeugs durch eigene Marineeinheiten, müssen auch diese Gegenmaßnahmen auf ihre Vereinbarkeit mit dem Gewaltverbotsprinzip gemäß Art. 2 Ziff. 4 VN-Charta[1] überprüft werden. Nach dieser Vorschrift haben alle VN-Mitgliedstaaten in ihren internationalen Beziehungen jede gegen die territoriale Unversehrtheit oder die politische Unabhängigkeit eines Staates gerichtete oder sonst mit den Zielen der Vereinten Nationen unvereinbare Androhung oder Anwendung von Gewalt[2] zu unterlassen. Unterstellt man, daß die

---

[1] Siehe allgemein zum Gewaltverbotsprinzip nach Art. 2 Ziff. 4 VN-Charta beispielsweise Brownlie, International Law and the Use of Force by States, 1963; Bruha, Gewaltverbot, in: Wolfrum (Hrsg.), Handbuch Vereinte Nationen, 2. Aufl. 1991, 234 ff.; Cassese (Hrsg.), The Current Regulation of the Use of Force, 1986; Fischer, in: Ipsen, Völkerrecht, 3. Aufl. 1990, 872 ff.; Franck, Who killed Art. 2(4)? or: Changing Norms Governing the Use of Force by States, AJIL 64 (1970), 809 ff.; Hailbronner, Die Grenzen des völkerrechtlichen Gewaltverbots, Berichte der Deutschen Gesellschaft für Völkerrecht 26 (1986), 49 ff.; Khare, Use of Force under the U.N. Charter, 1985; Randelzhofer, zu Art. 2 Ziff. 4, in: Simma (Hrsg.), Charta der Vereinten Nationen. Kommentar, 1991; ders., Use of Force, in: Bernhardt (Hrsg.), EPIL, Instalment 4, 1982, 265 ff.; Reimann, Das völkerrechtliche Gewaltverbot im Wandel, in: Festschrift für Rudolf Bindschedler, 1980, 549 ff.; Schachter, The Right of States to Use Armed Force, Michigan Law Review 82 (1984), 1620 ff.; Schindler, Die Grenzen des völkerrechtlichen Gewaltverbots, Berichte der Deutschen Gesellschaft für Völkerrecht 26 (1986), 11 ff.; Virally, in: Cot/Pellet (Hrsg.), La Charte des Nations Unies, 1985, 113 ff.; Wengler, Das völkerrechtliche Gewaltverbot, Probleme und Tendenzen, 1967; Zourek, L'interdiction de l'emploi de la force en droit international.

[2] Zum Gewaltbegriff in Art. 2 Ziff. 4 VN-Charta, der nach zutreffender h.M. nur die Waffengewalt und nicht auch die politische und wirtschaftliche Gewalt umfaßt, siehe etwa Bowett, Self-Defence in International Law, 1958, 148; Brownlie, a.a.O., 362; Lachs, The Development and General Trends of International Law in Our Time, RdC 169 (1980 IV), 160; Malanczuk, Countermeasures and Self-Defence as Circumstances Precluding Wrongfulness in the International Law Commission's Draft Articles on State Responsibility, in: Spinedi/Simma (Hrsg.), United Nations Codification on State Responsibility, 1987, 197 ff. (244); Randelzhofer, zu Art. 2 Ziff. 4, a.a.O., Rdnr. 15

soeben bezeichneten militärischen Abwehrmaßnahmen ihrerseits tatbestandsmäßig das Gewaltverbotsprinzip verletzen, kommt als einzige Rechtfertigung auf der Grundlage der VN-Charta[3] das Recht auf individuelle und kollektive Selbstverteidigung gemäß Art. 51 VN-Charta[4] in Betracht. Die Untersuchung der Staatenpraxis hat gezeigt, daß sich viele (wenn auch keineswegs alle) Staaten bei ihren militärischen Gegenmaßnahmen ausdrücklich auf dieses Selbstverteidigungsrecht beriefen. Das war insbesondere dann der Fall, wenn der abzuwehrende Angriff auf das Handelsschiff infolge der Gesamtumstände als besonders schwerwiegend erschien.

Art. 51 VN-Charta setzt allerdings einen "bewaffneten Angriff" voraus. Zweifel darüber, ob ein Angriff auf ein Handelsschiff auf Hoher See als ein Fall des "bewaffneten Angriffs" im Sinne von Art. 51 VN-Charta angesehen werden kann, ergeben sich aus dem Umstand, daß derartige Übergriffe - zumindest dann, wenn sie isoliert und außerhalb besonderer Spannungssituationen erfolgen - typischerweise weniger gravierend sind und das friedliche Zusammenleben der Staaten in deutlich geringerem Maße erschüttern als die zumeist betrachteten Formen der Angriffshandlungen, beispielsweise das großangelegte Eindringen von Streitkräften in fremdes Territorium etc. Nach heute gesicherter Erkenntnis sind Handelsschiffe auf Hoher See

---

ff.; Schindler, Die Grenzen des völkerrechtlichen Gewaltverbots, Berichte der Deutschen Gesellschaft für Völkerrecht 26 (1986), 11 ff. (14); Verdross/Simma, Universelles Völkerrecht, 3. Aufl. 1984, § 476; Virally, a.a.O., 120 f.

[3] In der VN-Charta werden als weitere, in diesem Zusammenhang allerdings nicht relevante Ausnahmen vom Gewaltverbotsprinzip die Zwangsmaßnahmen des Sicherheitsrats gemäß Art. 42 VN-Charta bzw. die Zwangsmaßnahmen regionaler Abmachungen mit Ermächtigung des Sicherheitsrats nach Art. 53 Abs. 1 Satz 2, 1. Halbsatz VN-Charta sowie die inzwischen obsolet gewordenen sog. Feindstaatenklauseln der Art. 53 Abs. 1 Satz 2, 2. Halbsatz und 107 VN-Charta gegenüber den ehemaligen Weltkriegsgegnern genannt.

[4] Art. 51 Satz 1 VN-Charta lautet:

> Diese Charta beeinträchtigt im Falle eines bewaffneten Angriffs gegen ein Mitglied der Vereinten Nationen keineswegs das naturgegebene Recht zur individuellen und kollektiven Selbstverteidigung, bis der Sicherheitsrat die zur Wahrung des Weltfriedens und der internationalen Sicherheit erforderlichen Maßnahmen getroffen hat.

nicht als schwimmender Bestandteil des Territoriums des Flaggenstaates zu betrachten[5]. Demzufolge stellt ein Übergriff auf ein Handelsschiff auf Hoher See keinen Angriff auf das Staatsgebiet des Flaggenstaates dar. Auch wird der "hoheitliche Apparat"[6] des betroffenen Staates nicht beeinträchtigt. Nach einer verbreiteten Auffassung liegt ein "bewaffneter Angriff" nur im Falle einer grenzüberschreitenden Gewaltanwendung auf das Territorium eines anderen Staates vor[7]. In diesem Zusammenhang ist auch die folgende Äußerung Agos innerhalb der ILC von Interesse[8]:

> (...) action in a situation of self-defence is, as its name indicates, action taken by a State in order to defend its territorial integrity or its independence against violent attack (...).

Infolge des ausdrücklichen - und gegenüber Art. 1 der Aggressionsdefinition der VN-Generalversammlung[9] einschränkenden -

---

[5] Die früher vertretene Auffassung, daß ein Schiff auf Hoher See infolge der Jurisdiktionsgewalt des Flaggenstaates ein schwimmender Bestandteil des Territoriums des Flaggenstaates sei, konnte sich nicht durchsetzen, vgl. Berber, Lehrbuch des Völkerrechts, I. Band, 2. Aufl. 1975, 340; Bernardez, Territorial Sovereignty, in: Bernhardt (Hrsg.), EPIL, Instalment 10, 1987, 487 (488); Caron, Ships, Nationality and Status, in: Bernhardt (Hrsg.), EPIL, Instalment 11, 1989, 289 (289 f.); Dahm/Delbrück/Wolfrum, Völkerrecht, Band I/1, 2. Aufl. 1989, 385. Tatsächlich folgt die Jurisdiktionsgewalt des Flaggenstaates nicht aus dem territorialen Charakter des Schiffes, sondern aus dem Konsens der internationalen Gemeinschaft, vgl. Caron, a.a.O., 290, m.w.N.

[6] Nach Wengler, a.a.O., 7, ist ein "bewaffneter Angriff" im Sinne des Art. 51 VN-Charta nur gegeben, wenn die Gebietshoheit und der hoheitliche Apparat anderer Staaten beeinträchtigt werden.

[7] So beispielsweise Beyerlin, Die humanitäre Aktion zur Gewährleistung eines Mindeststandards in nicht-internationalen Konflikten, 1975, 49 f.; Tomuschat, Gewalt und Gewaltverbot als Bestimmungsfaktoren der Weltordnung, EA 36 (1981), 325 (329).

[8] Im Anhang zum Achten Bericht über Staatenverantwortlichkeit, Document A/CN.4/318/Add.5-7, Yb ILC 32 (1980 II), 54 (Ziffer 90).

[9] Siehe näher zur Aggressionsdefinition unter Abschnitt C. Art. 1 der Aggressionsdefinition beinhaltet eine deutlich umfassendere Globaldefinition des Begriffs der "Angriffshandlung" im Sinne von Art. 39 VN-Charta:

> Aggression is the use of armed force by a State against the sovereignty, territorial integrity or political independence of another State, or in any other

Hinweises, der Staat, der Selbstverteidigung übt, handele zum Schutz seiner territorialen Unversehrtheit oder Unabhängigkeit, deutet diese Formulierung eher auf eine restriktive Auslegung des Begriffs "bewaffneter Angriff" durch die ILC hin. Es fragt sich daher, ob Art. 51 VN-Charta auch bei relativ geringfügigen, die territoriale Integrität des verletzten Staates nicht berührenden Gewaltanwendungen eingreift.

In diesem Kapitel soll demgemäß zunächst als Vorfrage untersucht werden, ob militärische Abwehrhandlungen des Flaggenstaates gegenüber Angriffen auf seine Handelsschiffe auf Hoher See tatbestandsmäßig das Gewaltverbotsprinzip des Art. 2 Ziff. 4 VN-Charta verletzen. Im Anschluß daran wird zu prüfen sein, ob und gegebenenfalls unter welchen näheren Voraussetzungen ein etwaiger Verstoß gegen das Gewaltverbotsprinzip von seiten des Flaggenstaates des angegriffenen Handelsschiffes durch Art. 51 VN-Charta gerechtfertigt ist. Zu diesem Zweck ist zu klären, ob der vorangegangene Angriff auf das Handelsschiff auf Hoher See als "bewaffneter Angriff" im Sinne von Art. 51 VN-Charta gegenüber dem Flaggenstaat anzusehen ist, der diesem das Recht zu Abwehrmaßnahmen unter Einschluß militärischer Gewaltanwendung einräumt. Dem weiteren Problem, ob der Hinweis in Art. 51 VN-Charta auf das "naturgegebene" Selbstverteidigungsrecht besagt, daß außerhalb der VN-Charta noch weitere Rechtfertigungsgründe für die Anwendung von Gewalt existieren, bzw. ob das gewohnheitsrechtlich begründete (und noch fortgeltende) Recht auf Selbstverteidigung nicht auf den Fall eines bewaffneten Angriffs beschränkt ist, sondern auch bei Verstößen gegen das Gewaltverbotsprinzip unterhalb der Schwelle des Art. 51 VN-Charta eingreift, soll im dritten Kapitel nachgegangen werden.

---

manner inconsistent with the Charter of the United Nations, as set out in this Definition.

A. Militärische Abwehrmaßnahmen des Flaggenstaates als tatbestandsmäßige Verletzung des Gewaltverbotsprinzips nach Art. 2 Ziff. 4 VN-Charta

Der Notwendigkeit, militärische Verteidigungsaktionen des Flaggenstaates gegenbenenfalls mit Art. 51 VN-Charta zu rechtfertigen, wäre man enthoben, wenn die erforderlichen, vom Umfang her relativ begrenzten militärischen Gegenmaßnahmen nicht in den Anwendungsbereich des Gewaltverbotsprinzips nach Art. 2 Ziff. 4 VN-Charta fielen. Für diese Sicht könnte sprechen, daß der Wortlaut des Art. 2 Ziff. 4 VN-Charta eher die Interpretation nahezulegen scheint, nicht jede Form der Gewaltanwendung oder -androhung in den internationalen Beziehungen der Staaten solle ausgeschlossen sein. Durch die Erwähnung spezifischer Begehungsmodalitäten ("gegen die territoriale Unversehrtheit oder die politische Unabhängigkeit eines Staates gerichtet" bzw. "sonst mit den Zielen der Vereinten Nationen unvereinbar") könnte vielmehr das Gewaltverbotsprinzip eingeschränkt worden sein.

Insbesondere im Zusammenhang mit der humanitären Intervention und dem Schutz eigener Staatsangehöriger im Ausland wird in der Literatur[10] die Auffassung vertreten, der Einsatz militäri-

---

[10] Vgl. beispielsweise Berber, Lehrbuch des Völkerrechts, II. Band, 2. Aufl. 1969, 41; Bowett, a.a.O., 152; Briggs, The Law of Nations, 2. Aufl. 1953, 964; D'Amato, International Law: Process and Prospect, 1987, 58 f.; ders., The Invasion of Panama was a Lawful Response to Tyranny, AJIL 84 (1990), 516 (520); Franzke, Die militärische Abwehr von Angriffen auf Staatsangehörige im Ausland - insbes. ihre Zulässigkeit nach der Satzung der Vereinten Nationen, ÖZöR 16 (1966), 128 (148); Goodhart, The North Atlantic Treaty, RdC 79 (1951 II), 228 (230 f.); Jessup, A Modern Law of Nations, 1956, 162 f.; Stone, Aggression and World Order, 1958, 43, 96; Tesón, Humanitarian Intervention, 1988, 130 f.; jedenfalls in der Tendenz auch Röling, The Ban on the Use of Force and the U.N. Charter, in: Cassese (Hrsg.), The Current Legal Regulation of the Use of Force, 1986, 3 ff. Weitere Nachweise siehe bei Dinstein, War, Aggression and Self-Defence, 1988, 88 f.

Eine ähnliche Konzeption vertritt offenbar auch Wildhaber. Jedenfalls implizit geht er von der Annahme aus, (auch) begrenzte militärische Abwehrmaßnahmen bei Angriffen auf Handelsschiffe fielen nicht unter das Gewaltverbotsprinzip, wenn er schreibt, nicht planmäßige Angriffe auf einzelne Schiffe und Flugzeuge stellten in aller Regel keine gemäß Art. 2 Ziff. 4 VN-Charta verbotene Gewaltanwendung dar und berechtigten scher Mittel zu solchen Zwecken verletze weder die territoriale Unversehrtheit noch die politische Unabhängigkeit des anderen Staates und verstoße auch im übrigen nicht gegen die Ziele der Vereinten Nationen. Er sei daher vom Gewaltverbotsprinzip ausgenommen. In ähnlicher Weise argumentierte Großbritannien vor dem IGH im Korfu-Kanal-Fall. U.a. machte Großbritannien geltend, die "Operation Retail[11]" sei zulässig gewesen, weil[12]:

> neither the territorial integrity nor the political independence of Albania was threatened. Albania suffered neither territorial loss nor any loss of its political independence.

Mit einer entsprechenden Begründung versuchten Großbritannien und Frankreich im Jahre 1956 ihre Intervention am Suez-Kanal zu rechtfertigen. Wie oben ausgeführt[13], brachten sie u.a. vor, ihre Aktion sei weder gegen die Souveränität noch gegen die territoriale Integrität Ägyptens gerichtet[14].

Dieselbe Argumentation könnte möglicherweise auf unmittelbare militärische Abwehrhandlungen gegen rechtswidrige Angriffe auf Handelsschiffe auf Hoher See übertragen werden. So ließe sich sagen, jedenfalls die unmittelbare Abwehrhandlung gegen den Angriff auf das Handelsschiff beeinträchtige - etwa beim Beschießen des angreifenden Kriegsschiffs - ihrer Natur nach die territoriale Unverletzlichkeit des Angreiferstaates nur kurzfristig. Diese nur kurzzeitige Beeinträchtigung der territorialen Unverletzlichkeit sei von der Verletzung der territorialen Unversehrtheit zu unterscheiden[15]. Durch die

---

nicht zu einer über die Bedeutung des einzelnen Falles hinausgehenden bewaffneten Verteidigungsreaktion. Vgl. Wildhaber, Gewaltverbot und Selbstverteidigung, in: Schaumann (Hrsg.), Völkerrechtliches Gewaltverbot und Friedenssicherung, 1971, 147 ff. (156).

[11] Es handelte sich dabei um eine Minenräumaktion durch britische Kriegsschiffe in albanischen Hoheitsgewässern ohne Erlaubnis der albanischen Regierung.

[12] ICJ Pleadings III, Corfu Channel Case, 295 ff.

[13] Siehe 1. Kapitel B. 2.

[14] GAOR, 1st Emergency Special Session, Plenary Meetings, 561st meeting, para. 102.

[15] Diese Unterscheidung treffen insbesondere Bowett, ebenda; Franzke, ebenda; sowie Salter, Commando Coup at Entebbe: Humanitarian Intervention or Barbaric Aggression?, International Lawyer 11 (1977), 331 (334).

schlichte Abwehr des Übergriffs werde im übrigen nicht auf die politische Unabhängigkeit des anderen Staates eingewirkt.

Am weitesten gehen die Autoren, die - ausgehend von der als einschränkend aufgefaßten Formulierung des Art. 2 Ziff. 4 VN-Charta - den Inhalt des Gewaltverbotsprinzips an Hand von Art. 51 VN-Charta bestimmen[16]. Nur ein "bewaffneter Angriff", d.h. nach dieser Auffassung eine größere Gewaltanwendung[17], stelle eine durch Art. 2 Ziff. 4 VN-Charta verbotene Ausübung von Gewalt dar. Minderschwere Formen der Gewaltanwendung seien von dieser Vorschrift nicht erfaßt. Sinn dieser Konstruktion ist, im Falle von Übergriffen unterhalb der Schwelle des Art. 51 VN-Charta dem betroffenen Staat eine gewaltsame Abwehr - die nur ihrerseits nicht die Intensität des "bewaffneten Angriffs" erreichen dürfe - zu ermöglichen. Während aber etwa Dahm[18] speziell im Hinblick auf die Abwehr von Angriffen auf Handelsschiffe folgert, daß dem Flaggenstaat die sog. "kleine Selbstverteidigung" zustehe, die nur den Gegenangriff auf das fremde Territorium ausschließe, bestritt Lagoni[19] zunächst das Recht des neutralen Flaggenstaates, gegen das angreifende Kriegsschiff gewaltsam vorzugehen. Der Angriff auf das Handelsschiff stelle, da dieser Fall in der Aggressionsdefinition nicht genannt sei[20], keinen "bewaffneten Angriff" gemäß Art. 51 VN-Charta dar, wohl aber der Gegenangriff auf das fremde Kriegsschiff. Dem Flaggenstaat des angegriffenen neutralen Handelsschiffes verbleibe daher nur die Möglichkeit, mit einem eigenen Kriegsschiff das fremde Kriegsschiff abzudrängen. Setze dieses auch nach dem Dazwischenfahren seinen Angriff auf

[16] Vgl. Dahm, Das Verbot der Gewaltanwendung nach Art. 2 (4) UNO-Charta und die Selbsthilfe gegenüber Völkerrechtsverletzungen, die keinen bewaffneten Angriff darstellen, JIR 11 (1962), 48 ff.; Stone, Force and the Charter in the Seventies, Syracuse Journal of International Law and Commerce 2 (1974), 1 ff. (11 f.); im Ergebnis ebenso Lagoni, Gewaltverbot, Seekriegsrecht und Schiffahrtsfreiheit im Golfkrieg, in: Fürst/Herzog/Umbach (Hrsg.), Festschrift für Wolfgang Zeidler, 1987, Band 2, 1833 ff. (insbes. 1840 und 1863). Siehe dagegen überzeugend Randelzhofer, zu Art. 2 Ziff. 4, a.a.O., Rdnr. 7.
[17] Vgl. Dahm, a.a.O., 50.
[18] Dahm, a.a.O., 57.
[19] Lagoni, Gewaltverbot, Seekriegsrecht und Schiffahrtsfreiheit im Golfkrieg, a.a.O., insbes. 1839 ff.; 1843; 1863 ff.
[20] Siehe näher zur Aggressionsdefinition unter Abschnitt C.

das Handelsschiff fort, richte sich der Angriff nunmehr auch gegen das verteidigende Kriegsschiff und sei deshalb von diesem Zeitpunkt an als "bewaffneter Angriff" im Sinne von Art. 51 VN-Charta anzusehen, gegen den das verteidigende Kriegsschiff unmittelbar gewaltsam vorgehen könne. In neuerer Zeit distanzierte sich Lagoni allerdings von dieser äußerst restriktiven, an Art. 51 VN-Charta orientierten Sichtweise des Gewaltverbotsprinzips und billigte einem neutralen Kriegsschiff das Recht zu, ein Handelsschiff unter seiner Flagge (unter Umständen auch ein Handelsschiff eines dritten neutralen Staates) zu verteidigen[21].

Die vorgenannte Extremposition ist schon deshalb abzulehnen, da sie auch mit den äußersten Grenzen der Wortlautinterpretation nicht zu vereinbaren ist. Gerade der rechtswidrige Übergriff auf ein Handelsschiff wird jedenfalls von der dritten Tatbestandsalternative des Art. 2 Ziff. 4 VN-Charta erfaßt ("sonst mit den Zielen der Vereinten Nationen unvereinbare Androhung oder Anwendung von Gewalt"). Der Anwendungsbereich des Art. 2 Ziff. 4 VN-Charta kann daher nicht auf die Fälle des "bewaffneten Angriffs" gemäß Art. 51 VN-Charta verengt werden. Das gilt jedenfalls dann, wenn unter "bewaffnetem Angriff" nicht jede beliebige, sondern nur eine größere Gewaltanwendung verstanden wird. Die Frage, ob im Gegenteil der Begriff des "bewaffneten Angriffs" so umfassend zu sehen ist, daß er jede - auch geringfügige - unzulässige Gewaltanwendung einschließt, d.h. ob - dem umgekehrten Ansatz folgend - der Anwendungsbereich des Art. 51 VN-Charta an Hand des Art. 2 Ziff. 4 VN-Charta bestimmt werden soll, wird im nächsten Abschnitt untersucht werden.

Im übrigen steht auch die (weniger weit gehende) Auffassung, die in der Formulierung "jede gegen die territoriale Unversehrtheit oder die politische Unabhängigkeit eines Staates gerichtete oder sonst mit den Zielen der Vereinten Nationen unvereinbare Anwendung oder Androhung von Gewalt" eine Einschränkung des Geltungsbereichs des Gewaltverbotsprinzips

---

[21] Vgl. seine Stellungnahme in American Society of International Law, Proceedings of the 82nd Annual Meeting, Washington, D.C., April 20 - 23, 1988, 163 f.

sieht, im Widerspruch zum erkennbaren Willen der Gründungsväter der VN-Charta. In Kapitel II Ziffer 4 des Entwurfs von Dumbarton Oaks[22] fand sich noch kein Hinweis auf eine notwendige Verletzung der territorialen Unversehrteit oder der politischen Unabhängigkeit eines Mitgliedstaates. Stattdessen sollte generalklauselartig jede mit den Zielen der Vereinten Nationen unvereinbare Gewaltanwendung verboten werden[23]. Einzig zulässige Ausnahmen vom Gewaltverbotsprinzip sollten die vom Sicherheitsrat angeordneten militärischen Zwangsmaßnahmen, das Recht auf individuelle und kollektive Selbstverteidigung und die sog. Feindstaatenklauseln sein. Die auf die Verletzung der territorialen Souveränität bzw. der politischen Unabhängigkeit hinweisenden Zusätze im späteren Art. 2 Ziff. 4 VN-Charta wurden erst auf der Konferenz von San Francisco von einigen kleineren und mittleren Staaten durchgesetzt, um diese Begehungsformen besonders hervorzuheben[24]. An eine Einschränkung der Generalklausel "jede mit den Zielen der Vereinten Nationen unvereinbare Androhung oder Anwendung von Gewalt" war dabei jedoch von keiner Seite gedacht[25].

Darüber hinaus und vor allem[26] widerspricht die genannte enge Auslegung des Art. 2 Ziff. 4 VN-Charta der Systematik und dem Sinn und Zweck der VN-Charta wie auch der späteren Übung bei deren Anwendung. In Abs. 7 der Präambel der VN-Charta wird als sicherzustellendes Ziel vorgegeben, daß Waffengewalt nur noch im gemeinsamen Interesse eingesetzt werden dürfe. Deswei-

---

[22] UNCIO III, 3.

[23] Kapitel II Ziffer 4 des Entwurfs von Dumbarton Oaks lautete:

> All members of the Organization shall refrain in their international relations from the threat or use of force in any manner inconsistent with the purposes of the Organization.

[24] Vgl. UNCIO VI, 304, 334 f., 556 - 568.

[25] Siehe dazu auch Brownlie, a.a.O., 267; Ader, Gewaltsame Rettungsaktionen zum Schutz eigener Staatsbürger im Ausland, 1988, 8 ff.; Randelzhofer, zu Art. 2 Ziff. 4, a.a.O., Rdnr. 35.

[26] Die Entstehungsgeschichte stellt nach Art. 32 WÜRV lediglich ein ergänzendes Auslegungsmittel dar. Gemäß Art. 31 WÜRV sind der Zusammenhang und der Sinn und Zweck des Vertrages ebenso wie eine spätere Übung bei der Anwendung oder eine nachträgliche Übereinkunft der Vertragsparteien vorrangig bei der Auslegung heranzuziehen.

teren legt - neben anderen Bestimmungen[27] - Art. 2 Ziff. 3 VN-Charta, der die Verpflichtung der Mitgliedstaaten statuiert, ihre internationalen Streitigkeiten ausschließlich durch friedliche Mittel beizulegen, eine gegenüber jeder Form der Gewaltanwendung zurückhaltende Auslegung der die Ausübung von Gewalt regelnden Vorschriften der VN-Charta nahe[28]. Schließlich spricht die vergleichsweise präzise Regelung der die Anwendung von Gewalt unter besonderen Voraussetzungen zulassenden Art. 42, 51, 53 und 107 VN-Charta für den Ausnahmecharakter ebendieser Vorschriften[29].

Der IGH bestätigte schon im Korfu-Kanal-Urteil[30] jedenfalls implizit[31] die extensive Auslegung des Gewaltverbotsprinzips. Auch zeigt die nachfolgende Staatenpraxis, daß die internationale Gemeinschaft gewillt ist, an einer umfassenden Geltung des Gewaltverbotsprinzips festzuhalten. Sowohl im VN-Sicherheitsrat als auch in der Generalversammlung wurde die oben beschriebene Argumentation Frankreichs und Großbritanniens im Zusammenhang mit der Intervention am Suez-Kanal im Jahre 1956 nachdrücklich zurückgewiesen[32]. Selbst die USA als deren enger

[27] Dinstein, a.a.O., 85, und Ader, a.a.O., 13 f., weisen in diesem Zusammenhang zu Recht auch auf Art. 1 Ziff. 1 VN-Charta hin.

[28] Ader, a.a.O., 14.

[29] Den Ausnahmecharakter der zitierten Bestimmungen unterstreicht mit besonderer Deutlichkeit Tomuschat, a.a.O., 329.

[30] Corfu Chanel Case, Judgement of April 9th, 1949, I.C.J. Reports 1949, 4 (insbes. 35).

[31] Unmittelbar beschäftigte sich der IGH in dieser Entscheidung nur mit dem Interventionsverbot. Gleichwohl lassen sich Rückschlüsse auf einen weiten Gewaltbegriff des IGH ziehen. Das folgt aus dem indirekten Zurückweisen des oben zitierten britischen Vorbringens und der einstimmigen Bewertung der Minenräumaktion als Verletzung der albanischen Souveränität. Siehe zu dieser Auslegung der IGH-Entscheidung etwa Dahm, a.a.O., 50, Fußnote 6; Schachter, a.a.O., 1626; Jiménez de Aréchaga, International Law in the Past Third of a Century, RdC 159 (1978 I), 3 (90 f.); Ader, a.a.O., 19.

[32] Vgl. im Sicherheitsrat die Äußerungen der Delegierten der Sowjetunion (SCOR, 11th Year, 736th meeting, 748th meeting, 751st meeting), Jugoslawiens (SCOR, 11th Year, 738th meeting, 748th meeting), Chinas (SCOR, 11th Year, 749th meeting) und Perus (SCOR, 11th Year, 749th meeting); in der Generalversammlung die Stellungnahmen Ägyptens (GAOR, 1st Emergency Special Session, Plenary Meetings, 561st meeting), Burmas, Kolumbiens, Ecuadors, Äthiopiens, Indiens, Polens, der UdSSR (GAOR, a.a.O., 562nd meeting), El Salvadors und Indonesiens (GAOR,

Verbündeter schlossen sich der Auffassung der übrigen Staaten an und erklärten, die Intervention stellte tatbestandsmäßig einen Verstoß gegen das Gewaltverbotsprinzip nach Art. 2 Ziff. 4 VN-Charta dar[33].

Auch bei anderen Gelegenheiten äußerte sich die Mehrheit der Staatenverteter in den VN in entsprechender Weise[34]. Darüber hinaus lassen zahlreiche Resolutionen der VN-Generalversammlung auf ein sehr weites Verständnis des Gewaltverbotsprinzips schließen[35]. Diese Rechtsansicht kommt mit besonderer Klarheit in der sog. "Friendly Relations - Declaration" zum Ausdruck[36]. Die darin vorgenommenen näheren Konkretisierungen des Gewaltverbotsprinzips in Form eines umfassenden Verbotskataloges ließen sich schwerlich mit der Vorstellung vereinbaren, es seien auf der anderen Seite wesentliche Gebiete schon tatbestandsmäßig von Art. 2 Ziff. 4 VN-Charta nicht erfaßt[37].

---

a.a.O., 563rd meeting). Siehe dazu auch im 3. Kapitel unter Abschnitt B. 4.

[33] Siehe die Stellungnahmen der USA im VN-Sicherheitsrat (SCOR, 11th Year, 738th meeting, 748th meeting, 749th meeting) und in der VN-Generalversammlung (GAOR, a.a.O., 562nd meeting).

[34] Vgl. hierzu 3. Kapitel, B. 4. Siehe ferner die Nachweise bei Ader, a.a.O., 16; Higgins, The Development of International Law through the Political Organs of the United Nations, 1963, 167 ff.; Fonteyne, Forcible Self-Help by States to Protect Human Rights: Recent Views from the United Nations, in: Lillich (Hrsg.), Humanitarian Intervention and the United Nations, 1973, 197 (214 ff.); Kewenig, Gewaltverbot und noch zulässige Machteinwirkung und Interventionsmittel, in: Schaumann (Hrsg.) Völkerrechtliches Gewaltverbot und Friedenssicherung, 1971, 175 ff. (184); Pauer, Die humanitäre Intervention - Militärische und wirtschaftliche Zwangsmassnahmen zur Gewährleistung der Menschenrechte, 1985, 135.

[35] Siehe dazu die Beispiele bei Ader, a.a.O., 17 ff.

[36] Declaration on Principles of International Law concerning Friendly Relations and Co-operation among States in accordance with the Charter of the United Nations (General Assembly resolution 2625 [XXV]). Unter anderem wurde darin das Verbot gewaltsamer Repressalien formuliert. Vgl. hierzu auch Dohna, Die Grundprinzipien des Völkerrechts über die freundschaftlichen Beziehungen und die Zusammenarbeit zwischen den Staaten, in: Schriften zum Völkerrecht, Bd. 30 (1973), 50 ff.

Während der Vorarbeiten zu dieser Resolution hatte die Delegation der USA noch die Ansicht vertreten, nur die mit Grenzveränderungsabsicht erfolgte Gewaltanwendung fiele unter den Tatbestand des Art. 2 Ziff. 4 VN-Charta. Im Laufe der Beratungen gaben die USA diese Position jedoch auf. Siehe dazu näher Dohna, a.a.O., 69 ff.; vgl. auch Pauer, a.a.O., 134.

[37] In diesem Sinne zu Recht Ader, a.a.O., 18.

Abschließend ist festzustellen, daß generell das Bestreben der Staaten zu erkennen ist, gewaltsame Aktionen nicht mit dem Hinweis auf eine etwa eingeschränkte Geltung des Gewaltverbotsprinzips, sondern mit Art. 51 VN-Charta oder anderen (in solchen Fällen nicht allgemein anerkannten) Rechtfertigungsgründen zu legitimieren[38].

Zu Recht lehnt daher die h.M.[39] eine Begrenzung des Anwendungsbereichs des Gewaltverbotsprinzips auf der Grundlage des aufgezeigten Wortlautargumentes ab. Durch die Wendung "jede gegen die territoriale Unversehrtheit oder die politische Unabhängigkeit eines Staates gerichtete" erfährt dieses Prinzip somit keine Einschränkung. Die Formulierung "sonst mit den Zielen der VN-Charta unvereinbare" vermag für sich keine Ausnahmetatbestände zum Gewaltverbotsprinzip zu begründen, sondern verweist schlicht auf die bestehenden.

Auch unmittelbare militärische Abwehrmaßnahmen gegen Angriffe auf Handelsschiffe auf Hoher See fallen daher tatbestandsmäßig unter Art. 2 Ziff. 4 VN-Charta. Sie sind demzufolge nach der VN-Charta nur gerechtfertigt, wenn sie Selbstverteidigungsmaßnahmen gemäß Art. 51 VN-Charta gegenüber einem "bewaffneten Angriff" im Sinne dieser Vorschrift darstellen.

---

[38] So zutreffend Pauer, a.a.O., 135.

[39] Siehe beispielsweise Ader, a.a.O., 7 ff.; Akehurst, A Modern Introduction to International Law, 3. Aufl. 1978, 241; Brierly, The Law of Nations, 6. Aufl. 1963, 415; Brownlie, a.a.O., 223, 267 ff., 281; Dahm, Völkerrecht, Bd. II, 1961, 359, 433; Dinstein, a.a.O., 84 ff.; Fischer, a.a.O., 880; Higgins, a.a.O., 167 ff.; Kewenig, ebenda; Lachs, a.a.O., 161 ff.; Mrazek, Prohibition of the Use and Threat of Force: Self-Defence and Self-Help in International Law, The Canadian Yearbook of International Law, 27 (1989), 81 ff. (86 f.); Oppenheim/Lauterpacht, International Law, Vol. II, Disputes, War and Neutrality, 7.Aufl. 1952, 154; Pauer, a.a.O., 134 ff.; Randelzhofer, zu Art. 2 Ziff. 4, a.a.O., Rdnr. 34 f.; Verdross/Simma, a.a.O., 237 ff.; Waldock, The Regulation of the Use of Force by Individual States in International Law, RdC 81 (1952-II): 455 ff. (493); Wehberg, L'interdiction du recours à la force, RdC 78 (1951-I): 7 ff.

B. Das Verhältnis von Art. 2 Ziff. 4 VN-Charta zu Art. 51 VN-Charta

Der in Art. 51 VN-Charta verwendete Begriff des "bewaffneten Angriffs"[40] (in der englischen Fassung der VN-Charta "armed attack", in der französischen Fassung "agression armée") wird in der VN-Charta nicht definiert. Zu seiner näheren Bestimmung, d.h. zur Beantwortung der Frage, ob der Angriff auf ein Handelsschiff davon erfaßt wird, ist zunächst noch präziser zu klären, in welchem Verhältnis Art. 51 VN-Charta zu dem in Art. 2 Ziff. 4 VN-Charta aufgestellten Gewaltverbotsprinzip steht, als dies im vorigen Abschnitt geschehen ist. Von zentralem Interesse ist dabei, ob das Selbstverteidigungsrecht nach Art. 51 VN-Charta gegenüber jeder Form rechtswidriger Gewaltanwendung eines anderen Staates geltend gemacht werden kann, oder ob der Begriff des "bewaffneten Angriffs" in Art. 51 VN-Charta enger ist als derjenige der "Androhung oder Anwendung von Gewalt" in den internationalen Beziehungen der Staaten gemäß Art. 2 Ziff. 4 VN-Charta. Letzteres hätte zur Konsequenz, daß dem verletzten Staat gegenüber Gewaltanwendungen unterhalb der Schwelle des "bewaffneten Angriffs" die Möglichkeit gewaltsamer Abwehrmaßnahmen auf der Grundlage der VN-Charta versagt bliebe, da er trotz der vorangegangenen Rechtsverletzung weiterhin an das Gewaltverbotsprinzip des Art. 2 Ziff. 4 VN-Charta gebunden wäre. Er wäre somit - jedenfalls innerhalb des Rahmens der VN-Charta[41] - auf nichtmilitärische Sanktionen sowie auf etwaige Zwangsmaßnahmen des VN-Sicherheitsrats verwiesen.

Je eingegrenzter der Anwendungsbereich des Art. 51 VN-Charta gegenüber dem des Art. 2 Ziff. 4 VN-Charta durch eine enge Auslegung des Begriffs "bewaffneter Angriff" gesehen wird, desto größer wird der Bereich, in dem gegenüber (geringfügigeren) Gewaltanwendungen dem verletzten Staat die wirksam-

[40] Siehe allgemein zum bewaffneten Angriff im Sinne des Art. 51 VN-Charta insbesondere Meier, Der Begriff des bewaffneten Angriffs, ArchVR 16 (1974/75), 375 ff.; Randelzhofer, zu Art. 51, a.a.O., Rdnr. 15 ff., m.w.N.

[41] Mit der Frage der Existenz militärischer Abwehrbefugnisse, die außerhalb der VN-Charta begründet sind, beschäftigt sich das 3. Kapitel.

ste, d.h. gewaltsame Verteidigungsmöglichkeit nach der VN-Charta verwehrt ist. Daher überrascht es nicht, daß von mancher Seite der Versuch unternommen wurde, die Anwendungsvoraussetzungen der Art. 2 Ziff. 4 und 51 VN-Charta in Übereinstimmung zu bringen, d.h. jede Form rechtswidriger Gewaltanwendung als "bewaffneten Angriff" zu klassifizieren, um dem verletzten Staat die militärische Abwehr auch von minderschweren Gewaltanwendungen auf der Grundlage der VN-Charta zu ermöglichen.

Ipsen[42] und Kersting[43] weisen darauf hin, bei einer engen Auslegung des Art. 51 VN-Charta habe der von einem "kleinen" Angriff betroffene Staat diesen widerstandslos hinzunehmen. Dem verletzten Staat stünden letztlich nur Reparationsansprüche gegen den Angreifer zu. Dadurch würde der Angreifer geschützt, da dieser mit seinem Waffeneinsatz kein eigenes Risiko einginge, weil er sich der Gefahr eines militärischen Verteidigungsschlages der anderen Seite nicht aussetzte. Damit würde der bewaffnete Erstangriff weniger gehemmt als begünstigt, ein Ergebnis, das dem Gedanken der vorbeugenden Verhinderung von Waffeneinsatz kaum entspreche. Gewaltsame Übergriffe stellten daher unabhängig von ihrer Schwere in jedem Fall einen "bewaffneten Angriff" gemäß Art. 51 VN-Charta dar.

In dieselbe Richtung weisen die Ausführungen von Fischer[44]. Das umfassende Ziel der Unterstellung jeglicher Gewaltausübung zwischen den Staaten unter die VN-Charta erlaube es nicht, "Grauzonen" zwischenstaatlicher, von der Charta nicht erfaßter Gewaltanwendungen zu schaffen, deren Grenzen einer durchaus unterschiedlichen Behandlung unterliegen könnten. Den besonderen Umständen von Grenzzwischenfällen traditioneller Art, insbes. aber auch dem Ziel der Verhinderung eines Mißbrauchs des Selbstverteidigungsrechts müsse durch eine strikte Anwendung

---

[42] Ipsen, Der Einsatz der Bundeswehr zur Verteidigung, im Spannungs- und Verteidigungsfall sowie im internen bewaffneten Konflikt, in: Schwarz (Hrg.), Sicherheitspolitik, 3. Aufl. 1978, 615 ff. (620).

[43] Kersting, "act of aggression" und "armed attack" - Anmerkung zur Aggressionsdefinition der UN, Neue Zeitschrift für Wehrrecht, 23 (1981), 130 (141).

[44] Fischer, a.a.O., 886 f.

des Unmittelbarkeits- und Proportionalitätsprinzips Rechnung getragen werden.

Auch Röling[45] vertritt die Auffassung, gegenüber jeder Gewaltanwendung sei die Verteidigung mit Mitteln der Gewalt zugestanden (falls auf den Sicherheitsrat nicht gewartet werden könne). Es müsse nur darauf geachtet werden, daß die Gegenmaßnahmen nicht gegen den Grundsatz der Proportionalität verstießen. Tucker[46] weist auf den bekannten Einwand hin, das Recht auf politische Unabhängigkeit des Staates wäre nicht viel mehr als eine pure Heuchelei, falls man einem Staat, dessen Sicherheit und politische Unabhängigkeit durch gewaltsame rechtswidrige Maßnahmen, die keinen "bewaffneten Angriff" darstellten, bedroht wäre, die Befugnis zur Ergreifung gewaltsamer Selbstverteidigungsmaßnahmen verweigern würde. Vor dem Hintergrund solcher Erwägungen folgert auch Wright[47], daß sich die Begriffe "Friedensbruch", "Gewaltanwendung" und "bewaffneter Angriff" in ihrer Bedeutung entsprächen.

Unklar bleibt die Haltung Agos innerhalb der ILC. Die eingangs zu Beginn des zweiten Kapitels zitierte Passage aus dem Anhang zum Achten Bericht über Staatenverantwortlichkeit[48] deutet auf eine restriktive Interpretation des Begriffs "bewaffneter Angriff" hin. Auf der anderen Seite finden sich im selben Anhang mehrere Passagen, die vermuten lassen, nach Ansicht Agos bestehe gegenüber jeglicher rechtswidriger Gewaltanwendung das Selbstverteidigungsrecht nach Art. 51 VN-Charta[49].

---

[45] Röling, Hat das Kriegsverbot noch einen Sinn?, JIR 14 (1969), 174 (176).

[46] Tucker, Reprisals and Self-Defense: The Customary Law, AJIL 66 (1972), 586 (594).

[47] Wright, The Role of International Law in the Elimination of War, 1961, 60.

[48] Document A/CN.4/318/Add.5-7, Yb ILC 32 (1980 II), 54 (Ziffer 90).

[49] Vgl. beispielsweise a.a.O., Ziffer 88:

> Acting in self-defence means responding by force to forcible wrongful action carried out by another (...).

In Ziffer 89, a.a.O., heißt es weiter (nachdem auf Seite 53 unter Ziffer 87 ausgeführt worden war, daß Selbstverteidigung die einzige Form "bewaffneten Selbstschutzes" sei, die heute noch einem Staat zugebilligt werde):

> (...) the only international wrong which, exceptionally, makes it permissible for a State to react against another State by recourse to force, despite

Die Staatenpraxis zeigt in diesem Punkt kein einheitliches Bild. Bei mehreren Gelegenheiten brachte namentlich die Regierung der USA zum Ausdruck, gegenüber jeder Form rechtswidriger Gewaltanwendung könne das Selbstverteidigungsrecht gemäß Art. 51 VN-Charta ausgeübt werden. Beispielhaft sei hier nur die bereits oben[50] erwähnte Stellungnahme des Legal Adviser des State Department, Abraham Sofaer, im Zusammenhang mit dem Vorgehen der U.S. Marine am 21. September 1987 gegen das beim Minenlegen in internationalen Wasserstraßen angetroffene iranische Schiff *Iran Ajr* wiedergegeben[51]:

> Where, as here, a government engages in a manifestly illegal use of armed force, international law entitles the victim to act in self-defense. (...) The United States acted to stop the unlawful act itself, and an imminent threat to U.S. shipping was thereby avoided. The U.S. immediately reported its action to the Security Council pursuant to Article 51 of the U.N. Charter (...).

Der hier geäußerten Rechtsansicht liegt offenbar die Vorstellung eines identischen Anwendungsbereichs der Art. 2 Ziff. 4 und 51 VN-Charta zugrunde. Der Versuch der US-Regierung im Verfahren vor dem IGH, die gegenüber Nicaragua, das rechtswidrige Gewaltakte - nach Ansicht des IGH[52] von minderer Schwere - gegenüber El Salvador und anderen mittelamerikanischen Staaten vorgenommen hatte, mit dem Recht auf kollektive Selbstverteidigung gemäß Art. 51 VN-Charta zu rechtfertigen, liegt auf derselben Argumentationslinie.

Auf der anderen Seite zeigte schon die im ersten Kapitel durchgeführte Untersuchung über die Staatenpraxis hinsichtlich der Reaktionen bei Angriffen auf Handelsschiffe eine deutliche Zurückhaltung mancher anderer Staaten, solche Übergriffe ohne weiteres als "bewaffnete Angriffe" im Sinne von Art. 51 VN-

---

the general ban on force, is an offence which itself constitutes a violation of the ban.

50 1. Kapitel G. 3. a).

51 Zitiert nach Meron, Remarks, in: American Society of International Law, Proceedings of the 82nd Annual Meeting, Washington, D.C., April 20 - 23, 1988, 164.

52 Military and Paramilitary Activities in and against Nicaragua, Merits, ICJ Reports 1986, 119 f., para. 229 ff.

Charta zu qualifizieren. Am auffälligsten war hier vielleicht die Haltung der Niederlande in der Anfangsphase des Tankerkrieges am Persischen Golf. Wie bereits oben[53] ausgeführt, brachte der niederländische Vertreter im VN-Sicherheitsrat vor[54]:

> For that matter, the Netherlands would consider any attack on an innocent vessel flying the Netherlands flag in whatever part of the Gulf as an unfriendly act and a serious violation of the right of free navigation and commerce in international waters.

Hervorzuheben ist auch die Charakterisierung des gewaltsamen Vorgehens isländischer Küstenwachboote gegen britische Fischereischiffe in der Antragsschrift Großbritanniens vor dem IGH als "unlawful interference by force or the threat of force with British fishing vessels in the said area of the high seas"[55]. Die verbale Zurückhaltung ist jedenfalls bemerkenswert; ein "bewaffneter Angriff" wird üblicherweise nicht als bloßer "unfreundlicher Akt" oder "unlawful interference by force" bezeichnet. Bereits diese hier nur exemplarisch genannten Äußerungen könnten ein Indiz dafür sein, daß verschiedene Staaten rechtswidrige Gewaltakte nicht in jedem Fall als "bewaffnete Angriffe" gemäß Art. 51 VN-Charta, sondern u.U. nur als "schlichte" gewaltsame Rechtsverletzungen betrachten.

Mit besonderem Nachdruck vertrat die Sowjetunion diesen differenzierenden Standpunkt während der Ausarbeitung der Aggressionsdefinition der VN-Generalversammlung[56]. Der sowjetische Vertreter legte im zuständigen Sonderausschuß dar, die Formulierung "Androhung oder Anwendung von Gewalt" in Art. 2 Ziff. 4 VN-Charta gehe inhaltlich weiter als die Begriffe "Angriffshandlung" und "bewaffneter Angriff" in Art. 39 bzw. 51 VN-Charta. Es sei notwendig, das Konzept der "Intensität" des Aktes einzuführen, sodaß eine Unterscheidung zwischen Angriffshandlungen und anderen Formen der Gewaltanwendung getroffen werden könne. Gegenüber solchen minderschweren Zwi-

---

[53] 1. Kapitel G. 3. b) (4).
[54] UN Doc. S/PV.2546, 13.
[55] Fisheries Jurisdiction Case, Merits, ICJ Reports 1974, 7.
[56] Siehe zur Aggressionsdefinition der VN unter Abschnitt C.

schenfällen stehe dem Opfer das Recht auf Selbstverteidigung gemäß Art. 51 VN-Charta nicht zu[57]. In dieses Bild paßt, daß - wie im vorigen Kapitel ausgeführt - die UdSSR, ebenso wie die anderen Staaten des ehemaligen Ostblocks, Übergriffe auf eigene oder fremde Tanker - niemals als "bewaffnete Angriffe" bezeichnet hat.

Selbst die Regierung der Vereinigten Staaten gab in einer offiziellen Erklärung vom März 1949 zu verstehen, das Konzept des "bewaffneten Angriffs" in der VN-Charta beziehe sich auf einen "physischen Angriff, der die Existenz des Staates bedrohe". Ein bloßer Grenzzwischenfall falle nicht darunter[58]. Einfache Grenzzwischenfälle werden heute auch in der Literatur zumeist nicht als "bewaffnete Angriffe" gemäß Art. 51 VN-Charta gesehen[59].

Der IGH schloß sich in der Nicaragua-Entscheidung der differenzierenden Auffassung an. Es müsse zwischen unterschiedlich schweren Formen rechtswidriger Gewaltanwendung unterschieden werden. Nur die schwersten Fälle rechtswidriger Gewaltakte stellten "bewaffnete Angriffe" im Sinne von Art. 51 VN-Charta dar[60]:

> As regards certain particular aspects of the principle in question, it will be necessary to distinguish the most grave forms of the use of force (those constituting an armed attack) from other less grave forms.

[57] Stellungnahme auf der sechsten Sitzung des Special Committee on the Question of Defining Aggression vom 25. April bis 30. Mai 1973, UN Doc. A/AC.134/SR.105.

[58] New York Times vom 19. März 1949, zitiert nach Jiménez de Aréchaga, Derecho Constitucional de las Naciones Unidas (Comentario teórico-práctico de la Carta), Escuela de Funcionarios Internacionales, 1958, 397 (411, Fußnote 32).

[59] Vgl. statt vieler, Jiménez de Aréchaga, Derecho Constitucional de las Naciones Unidas, a.a.O., 400 f.; Brownlie, a.a.O., 264; Ortega Carcelén, La legítima defensa del territorio del Estado, 1991, 57. Anderer Ansicht Dinstein, a.a.O., 182 (in ausdrücklicher Abgrenzung zum IGH); siehe ferner Kunz, Individual and Collective Self-Defense in Article 51 of the Charter of the United Nations, AJIL 41 (1947), 872 ff. (878):

> If "armed attack" means illegal armed attack it means, on the other hand, any illegal armed attack, even a small border incident (...).

[60] A.a.O., 101, para. 191.

Der Gerichtshof verwies in diesem Zusammenhang auf verschiedene Regelungen in der sog. "Friendly Relations - Declaration"[61], die sich gerade auf minderschwere Formen der Gewaltanwendung bezögen. Die Zustimmung der Staaten zu dieser Resolution ließe auf eine entsprechende Rechtsüberzeugung schließen[62]. Der IGH fuhr fort, die bloße (logistische oder durch Waffenlieferung erfolgende) Unterstützung von Aufständischen durch einen anderen Staat sei noch nicht als "bewaffneter Angriff", sondern als eine schlichte Gewaltanwendung oder -androhung bzw. unzulässige Intervention anzusehen[63]:

> But the Court does not believe that the concept of "armed attack" includes not only acts by armed bands where such acts occur on a significant scale but also assistance to rebels in the form of the provision of weapons or logistical or other support. Such assistance may be regarded as a threat or use of force, or amount to intervention in the internal or external affairs of other States.

Bei der Erörterung der Frage, welche Reaktionen von seiten dritter Staaten gegenüber rechtswidrigen Gewaltmaßnahmen erfolgen dürfen, bekräftigte der Gerichtshof seine Unterscheidung zwischen einfacher Gewaltanwendung und "bewaffnetem Angriff"[64]:

> Since the Court is here dealing with a dispute in which a wrongful use of force is alleged, it has primarily to consider whether a State has a right to respond to intervention with intervention going so far as to justify a use of force in reaction to measures which do not constitute an armed attack but may nevertheless involve a use of force.

---

[61] Vgl. Anm. 36.
[62] IGH, ebenda.
[63] A.a.O., 103 f., para. 195.
[64] A.a.O., 110, para. 210. Vgl. in diesem Sinne auch a.a.O., 127, para. 249:

> While an armed attack would give rise to an entitlement to collective self-defence, a use of force of a lesser degree of gravity cannot (...) produce any entitlement to take collective counter-measures involving the use of force.

Der amerikanische Richter Schwebel[65] und der britische Richter Sir Robert Jennings[66] kritisierten in ihren abweichenden Meinungen den Standpunkt des IGH, die Unterstützung von Aufständischen in Form von Waffenlieferungen und der Gewährung logistischer Hilfe durch einen fremdem Staat stelle niemals einen "bewaffneten Angriff" im Sinne von Art. 51 VN-Charta, sondern stets nur eine einfache Gewaltanwendung dar. Beide Richter betonten die - angesichts der zu beobachtenden Praxis durchaus reale - Gefahr für die politische Unabhängigkeit eines Staates, die aus der massiven Unterstützung von Rebellen durch einen fremden Staat zu resultieren vermöge[67]. Nach Schwebel erschienen jene Ausführungen des IGH - in Verbindung mit der Schlußfolgerung, dritte Staaten dürften dem verletzten Staat nicht militärisch zu Hilfe kommen - wie eine Anleitung für verbrecherische Regierungen, schwächere Regierungen zu stürzen[68].

Auch diese dissentierenden Richter erhoben jedoch nicht die Forderung, gegenüber <u>jeder</u> Art rechtswidriger Gewaltanwendung müsse das Selbstverteidigungsrecht <u>nach Art. 51 VN-Charta</u> gegeben sein[69]. Auch sie gingen vielmehr von einem unterschiedlichen Anwendungsbereich der Art. 2 Ziff. 4 und 51 VN-Charta aus[70]. Beide befürworteten aber eine extensivere Auslegung des

---

65 A.a.O., insbes. 346, para. 171; 350, para. 177.

66 A.a.O., 543.

67 Sir Robert Jennings, ebenda, führte dazu aus:

> This [= der o.g. Standpunkt des IGH] looks to me neither realistic nor just in the world where power struggles are in every continent carried on by destabilization, interference in civil strife, comfort, aid and encouragement to rebels, and the like.

68 Siehe a.a.O., 350, para. 177 a.E.:

> In short, the Court appears to offer - quite gratuitously - a prescription for overthrow of weaker governments by predatory governments while denying potential victims what in some cases may be their only hope of survival.

69 Vgl. dazu auch im 3. Kapitel unter Abschnitt B. 2.

70 Vgl. beispielsweise die folgenden Ausführungen von Richter Schwebel, die sich nach dem Gesamtzusammenhang erkennbar auf Gewaltanwendungen unterhalb der Schwelle des "bewaffneten Angriffs" bezogen, a.a.O., 347, para. 172:

> The question of whether a State may react in self-defence to actions other than armed attack was not in issue in this case. (...) The question of whether a State is justified in reacting in self-defence against

Art. 51 VN-Charta, als sie der IGH vorgenommen hatte[71]. Die von Nicaragua den Aufständischen in El Salvador gewährte Unterstützung sei aufgrund der Gesamtumstände als "bewaffneter Angriff" Nicaraguas gegenüber El Salvador zu werten. Implizit wurde ausgesagt, ein "bewaffneter Angriff" müsse jedenfalls dann angenommen werden, wenn die politische Unabhängigkeit eines Staates durch rechtswidrige Gewaltakte eines anderen Staates ernsthaft bedroht sei.

Das Urteil des Gerichtshofs fand in der Literatur ein sehr zwiespältiges Echo[72]. Insbesondere die restriktive Auslegung des Selbstverteidigungsrechts durch den IGH stieß - zumal in der amerikanischen Lehre - überwiegend auf Ablehnung. Zum Problem des Verhältnisses zwischen rechtswidriger Gewaltanwendung und dem Selbstverteidigungsrecht nach Art. 51 VN-Charta gehen allerdings die Meinungen auch unter den Kritikern des Urteils auseinander. Nach einer Ansicht[73] sei zwar die Erkenntnis des IGH abzulehnen, die (materielle und logistische) Unterstützung von Aufständischen könne niemals gleichbedeutend mit einem "bewaffneten Angriff" sein. Die grundsätzliche Unterscheidung zwischen bloßer Gewaltanwendung und "bewaffnetem Angriff" im Sinne von Art. 51 VN-Charta wird jedoch nicht in Frage gestellt[74]. Nach einer verbreiteten anderen Meinung[75] müsse dage-

---

acts not constituting or tantamount to an armed attack was not engaged.

71 Sir Robert Jennings, a.a.O., 543, wies zunächst darauf hin, infolge der Mißbrauchsgefahr, die dem Konzept der kollektiven Selbstverteidigung innewohne, befürworte er grundsätzlich eine eher enge Auslegung des Begriffs "bewaffneter Angriff". Es frage sich aber, ob der Gerichtshof hier nicht zu weit gegangen sei. Dies führte Sir Robert Jennings in der Folge weiter aus, vgl. Anm. 67.

72 Aus der Fülle der dazu ergangenen Äußerungen seien hier nur als Beispiel für eine uneingeschränkte Befürwortung die Stellungnahme von Falk, The World Court's Achievement, AJIL 81 (1987), 106 ff., und als Beispiele für eine gänzliche Ablehnung die Ausführungen von D'Amato, Trashing Customary International Law, AJIL 81 (1987), 101 ff., Reisman, Diskussionsbeitrag, Syracuse Journal of International Law and Commerce, 14 (1988), 644 f., Franck, Some Observations on the ICJ's Procedural and Substantive Innovations, AJIL 81 (1987), 116 ff., und von Green, International Law, 3. Aufl. 1987, 304, genannt.

73 Vgl. etwa Farer, Drawing the Right Line, AJIL 81 (1987), 112 ff. (114).

74 Das folgt aus der von Farer so formulierten Ausgangsfragestellung, a.a.O., 112:

gen das (individuelle und kollektive) Selbstverteidigungsrecht gemäß Art. 51 VN-Charta auch bei weniger gravierenden Verstößen gegen des Gewaltverbotsprinzips gewährleistet sein. Zumindest implizit setzen sich die Vertreter dieser Auffassung für die Identität der Anwendungsbereiche von Art. 2 Ziff. 4 und 51 VN-Charta ein. Hargrove formuliert diesen Standpunkt mit folgenden Worten[76]:

> Any suggestion that there are any acts of unlawful force between states that international law forbids a state from defending against by proportionate force (...) degrades the concept of international law (...).

Weiter bezeichnet Hargrove die anderslautende Sichtweise des IGH als "weltfremd"[77]. Zur Begründung machen die Vertreter dieser Auffasung zumeist geltend, auch sog. "schlichte" rechtswidrige Gewaltakte könnten unter entsprechenden Voraussetzungen für die Sicherheit oder sogar das Überleben des Staates

---

> First, what forms and degree of assistance to rebels constitute an armed attack within the meaning of Article 51 of the Charter authorizing individual and collective self-defense? Second, in cases where assistance does not reach the armed attack threshold, are there any circumstances in which the target state and/or its allies may nevertheless use forceful measures to terminate it?

[75] Siehe beispielsweise Franck, Some Observations on the ICJ's Procedural and Substantive Innovations, a.a.O., 120 f.; Hargrove, The Nicaragua Judgment and the Future of the Law of Force and Self-Defense, AJIL 81 (1987), 135 ff. (139); Dinstein, a.a.O., 181 ff.; Goldie, Armed Conflicts at Sea and Low Intensity Operations, Syracuse Journal of International Law and Commerce, 14 (1988), 597 ff. (633 ff.); vgl. auch seinen anschließenden Diskussionsbeitrag, a.a.O., 640:

> At one point the Court statet that Nicaragua's support of the guerillas, and the sending of supplies and forces into El Salvador, did not amount to the type of attack that attracted Article 51 of the United Nations Charter. I find this a hard proposition to digest. Any transfrontier use of force, even if it is of low intensity character, should be treated as an armed attack. We should not be imprisoned by the history of Article 51, and the thoughts that existed in 1945 about armed attacks. Times have changed. The denotations of Article 51 should be extended to include cases not previously recognized.

[76] Hargrove, ebenda.

[77] Ebenda.

ebenso gefährlich sein, wie Gewaltanwendungen, die als "bewaffnete Angriffe" klassifiziert würden[78].

Auf der anderen Seite verweist etwa Randelzhofer[79] auf den unterschiedlichen Wortlaut der Art. 2 Ziff. 4 und 51 VN-Charta. Rechtspolitsch wäre es zwar sinnvoller, wenn gegenüber jeder Anwendung bewaffneter Gewalt die bewaffnete Selbstverteidigung zulässig wäre. Die VN-Charta habe jedoch eine andere Regelung vorgezogen und sich in dem "Dilemma zwischen Sicherheit und Gerechtigkeit"[80] bewußt für die erste Alternative entschieden.

In der Tat ist zunächst vom Wortlaut der VN-Charta auszugehen. Die unterschiedlichen Formulierungen in Art. 2 Ziff. 4 VN-Charta ("jede [...] Androhung oder Anwendung von Gewalt") und in Art. 51 VN-Charta ("im Falle eines bewaffneten Angriffs") deuten auf einen engeren Anwendungsbereich des Art. 51 VN-Charta im Verhältnis zu Art. 2 Ziff. 4 VN-Charta hin. Die nachfolgende Staatenpraxis vermag dieses Bild nicht zu revidieren. Die oben angeführten Beispiele zeigen, daß innerhalb der Staatengemeinschaft niemals Einigkeit darüber (oder auch nur die deutlich überwiegende Meinung dahingehend) bestanden hat, jede gewaltsame Rechtsverletzung als "bewaffneten Angriff" zu behandeln.

Richtig ist, daß nach dieser Auslegung eine gewisse "Rechtsdurchsetzungslücke" innerhalb der VN-Charta bei bewaffneten Rechtsverletzungen unterhalb der Schwelle des "bewaffneten Angriffs" besteht, in der das Selbstverteidigungsrecht nach Art. 51 VN-Charta nicht gegeben ist. Gleichwohl widerspricht diese Konsequenz jedenfalls im Prinzip nicht dem Ziel und Zweck[81] der VN-Charta. Die herausragende Zielsetzung der VN-Charta besteht gerade in der Schaffung eines umfassenden Sicherheitssystems, in dem gewisse Einschränkungen bei der einzelstaatlichen Rechtsverfolgung zugunsten kollektiver Maßnahmen und Streitschlichtungsverfahren in Kauf genommen wer-

[78] Vgl. nur Hargrove, ebenda; Goldie, Armed Conflicts at Sea and Low Intensity Operations, ebenda.
[79] Randelzhofer, zu Art. 51, a.a.O., Rdnr. 8.
[80] Berber, a.a.O., 43.
[81] Die teleologische Interpretation ist als eine der allgemeinen Auslegungsregeln bei völkerrechtlichen Verträgen in Art. 31 Abs. 1 WÜRV festgeschrieben.

den. An der vom IGH ausgesprochenen Unterscheidung zwischen "bewaffneten Angriffen" und rechtswidrigen Gewaltanwendungen minderschwerer Natur ist daher im Grundsatz festzuhalten.

Auf der anderen Seite muß die Auslegung der VN-Charta nach ihrem Ziel und Zweck den elementaren Sicherheitsbedürfnissen der Staaten Rechnung tragen. Dabei ist auch die Entwicklung der Begleitumstände zu berücksichtigen. Es bedarf hier keiner Klärung, ob die oben angesprochene "Rechtsdurchsetzungslücke" bei bewaffneten Rechtsverletzungen unterhalb der Schwelle des "bewaffneten Angriffs" nach der ursprünglichen Konzeption der VN-Charta so groß sein sollte, daß auch gewaltsame Rechtsverletzungen hiervon erfaßt wären, die vom Umfang her nur begrenzt sind, in ihrer Wirkung jedoch den verletzten Staat in seiner Sicherheit oder Existenz gefährden. Denn gerade in diesem Fall träfe die Bemerkung von Sir Robert Jennings in seiner dissenting opinion zur Nicaragua-Entscheidung zu, es sei vorgesehen gewesen, daß eine solche (weit verstandene) Lücke von den kollektiven Sanktionen des VN-Sichereitsrates geschlossen würde[82]. Man kann speziell in diesem Zusammenhang nicht an der Tatsache vorbeigehen, daß der VN-Sicherheitsrat während fast der gesamten Zeit seines Bestehens eine stumpfe Waffe geblieben ist und das vorgesehene Streitschlichtungsinstrumentarium in zahlreichen Fällen versagt hat. Die neueren Erfolge des Sicherheitsrates im Zusammenhang mit dem Irak-Kuwait-Konflikt und anderen Krisensituationen erscheinen noch nicht als hinreichende Gewähr für die effektive Sicherung eines Staates allein durch das Sanktionsinstrumentarium des VN-Sicherheitsrates gegenüber umfangmäßig geringfügigen, gleichwohl existenzgefährdenden bewaffneten Rechtsverletzungen[83].

Der Begriff "bewaffneter Angriff" darf daher nicht in einer Weise ausgelegt werden, die in manchen Fällen den verletz-

---

82 Vgl. a.a.O., 544:

> In this situation it seems dangerous to define unnecessarily strictly the conditions for lawful self-defence, so as to leave a large area where both a forcible response to force is forbidden, and yet the United Nations employment of force, which was intended to fill the gap, is absent.

83 Die jüngst offenbarte Unzulänglichkeit des VN-Sicherheitsrates, den Krieg im früheren Jugoslawien zu beenden, bestärkt die Zweifel an dessen künftiger Funktionsfähigkeit.

ten Staat (bei Untätigkeit des Sicherheitsrates) in schwierigen oder gar existenzgefährdenden Situationen seiner wirksamsten Abwehrmöglichkeit, dem Recht auf individuelle und kollektive Selbstverteidigung nach Art. 51 VN-Charta, berauben würde. Das gilt unabhängig von der - im dritten Kapitel zu untersuchenden - Frage, ob neben Art. 51 VN-Charta noch ein allgemeines Selbstverteidigungsrecht auf gewohnheitsrechtlicher Grundlage besteht. Eine nach Ziel und Zweck ausgerichtete Interpretation muß die VN-Charta als ein in sich schlüssiges Gesamtkonzept erscheinen lassen, das nicht erst durch den Rückgriff auf außerhalb der Charta existierende Rechtfertigungsgründe für die Gewaltanwendung zu Verteidigungszwecken praktikabel gemacht werden muß. Gerade in Anbetracht des weitgehenden Versagens des VN-Sicherheitsrates muß die VN-Charta jedenfalls bei schwerwiegenden oder gar existenzbedrohenden Rechtsbrüchen unter Einsatz von Waffengewalt aus sich heraus, d.h. ohne den Rückgriff auf ein etwaiges gewohnheitsrechtliches Selbstverteidigungsrecht, dem verletzten Staat eine wirksame Abwehrmöglichkeit an die Hand geben.

Zuzustimmen ist daher der oben angeführten Kritik von weiten Teilen der Literatur an der Feststellung des IGH, die Unterstützung von Aufständischen durch einen anderen Staat in Form von Waffenlieferungen und logistischer Hilfe stelle zwar eine gewaltsame Rechtsverletzung, aber niemals einen "bewaffneten Angriff" i.S. von Art. 51 VN-Charta dar. Das Ausmaß der in solchen Fällen eingesetzten Gewalt mag zwar nur geringfügig sein, die Auswirkungen können jedoch u.U. die Sicherheit des betroffenen Staates ernsthaft gefährden. Die weitere Folgerung einer verbreiteten Literaturmeinung[84], jede gewaltsame Rechtsverletzung müsse als "bewaffneter Angriff" angesehen werden, da unter entsprechenden Begleitumständen auch geringfügige Gewaltanwendungen gravierende Konsequenzen für den betroffenen Staat nach sich ziehen könnten, ist dagegen nicht zwingend. Es liegt im Gegenteil näher, *per definitionem* nur solche (vom Umfang her begrenzte) Gewaltakte als minderschwere anzusehen, welche die Sicherheit und das Überleben des Staates nicht ernsthaft bedrohen.

---

[84] Siehe etwa die in Anm. 78 gegebenen Hinweise.

Diese nach den konkreten Umständen des Einzelfalls differenzierende Sichtweise wird durch Art. 2 der - weiter unten näher darzustellenden[85] - Aggressionsdefinition der VN-Generalversammlung gestützt[86]. Nach dieser Bestimmung kann es der Sicherheitsrat unterlassen, einen Waffeneinsatz als "Angriffshandlung" im Sinne von Art. 39 VN-Charta zu qualifizieren, wenn entweder die rechtswidrigen Handlungen selbst als weniger gravierend erscheinen (d.h. wenn Gewalt nur in geringem Umfang eingesetzt wurde), oder wenn keine schwerwiegenden Auswirkungen eingetreten sind bzw. sonstige Umstände eine zurückhaltende Bewertung nahelegen. Natürlich trifft der Sicherheitsrat dabei eine politische und keine rechtliche Entscheidung. Gleichwohl läßt sich der Gedanke, eine rechtswidrige Militäraktion aufgrund der Gesamtumstände, insbesondere der Folgen für den verletzten Staat, nicht als Angriffshandlung, sondern nur als "schlichte" Gewaltanwendung zu bewerten, auch auf den umgekehrten Fall übertragen und eine bewaffnete Gewaltanwendung, die in ihrem Umfang zwar sehr beschränkt bleibt, den betroffenen Staat aber dennoch in existenzgefährdender Weise beeinträchtigt, nicht mehr als bloße Verletzung des Gewaltverbotsprinzips, sondern als "bewaffneten Angriff" im Sinne von Art. 51 VN-Charta qualifizieren.

Anhaltspunkte für eine auf die Schwere der Auswirkungen abstellende Betrachtungsweise finden sich - bei aller Zurückhaltung in der Bewertung wegen des hochpolitischen Charakters derartiger Äußerungen von Regierungsmitgliedern - auch in der oben untersuchten Staatenpraxis. Im Zusammenhang mit dem Tankerkrieg im Persischen Golf wiesen mehrere Staatenvertreter und Vertreter von internationalen Organisationen auf die infolge der Häufigkeit der Übergriffe auf fremde Öltanker außer-

[85] Siehe unter Abschnitt C.

[86] Art. 2 der Aggressionsdefinition lautet:

> The first use of armed force by a State in contravention of the Charter shall constitute *prima facie* evidence of an act of aggression although the Security Council may, in conformity with the Charter, conclude that a determination that an act of aggression has been committed would not be justified in the light of other relevant circumstances, including the fact that the acts concerned or their consequences are not of sufficient gravity.

gewöhnlich große Gefährung der freien Schiffahrt und auf die möglichen gravierenden internationalen Konsequenzen hin[87]. Mit besonderem Nachdruck wurde darüber hinaus von verschiedener Seite die herausragende Bedeutung des Persischen Golfs zur Sicherung der Energieversorgung betont[88]. Allgemein ließ die im ersten Kapitel näher dargestellte Staatenpraxis erkennen, daß sich die Flaggenstaaten gegenüber Angriffen auf ihre Handelsschiffe zumeist dann auf das Selbstverteidigungsrecht nach Art. 51 VN-Charta beriefen, wenn die Übergriffe aufgrund der Häufigkeit oder der Gesamtumstände als besonders schwerwiegend erschienen[89].

Mit der aufgezeigten differenzierenden Lösung wird die in der Literatur zu Recht kritisierte realitätsfremde Konsequenz der Nicaragua-Entscheidung des IGH vermieden, einem Staat, dessen Sicherheit oder gar Fortbestand durch eine Gewaltanwendung bedroht ist, das Recht auf Selbstverteidigung nur deshalb zu versagen, weil die eingesetzten militärischen Mittel beschränkt bleiben. Zugleich wird der fragwürdige, in der VN-Charta keinerlei Stütze findende Ausweg umgangen, jegliche Gewaltanwendung unterschiedslos als "bewaffneten Angriff" anzusehen.

Die aufgetretenen Unzulänglichkeiten des Friedenssicherungssystems der Vereinten Nationen (zu dem nicht nur die Maßnahmen nach dem VII. Kapitel der VN-Charta sondern auch die

---

[87] Siehe hierzu statt vieler die Stellungnahmen im VN-Sicherheitsrat anläßlich der Verabschiedung von Resolution 552 (1984) von seiten des Generalsekretärs der Liga der arabischen Staaten, UN Doc. S/PV. 2543, 37 ff., sowie des Vertreter der Niederlande, UN Doc. S/PV.2546, 11 ff.

[88] So sagte etwa der amerikanische Vizepräsident Bush in einer Debatte vor dem VN-Sicherheitsrat am 14. Juli 1988, der Persische Golf sei eine Region von lebenswichtiger Bedeutung für die USA und die Weltwirtschaft. Es existiere ein vitales Bedürfnis, den freien Fluß des Öls und den neutralen Handel zu schützen, vgl. UN Doc. S/PV.2818, 51. In diesem Sinne verlautbarte auch das Kommuniqué einer Expertenrunde der WEU vom 20. August 1987, die vitalen Interessen Europas erforderten die dauerhafte Garantie der Schiffahrtsfreiheit im Golf, vgl. P. Balta (sous la dir.), Institut Français de Polémologie. Centre d'Etudes de l'Orient Contemporain, Le conflit Irak-Iran, 1979 - 1989, in: Notes et Etudes documentaires, n° 4889, La Documentation française, 1989 [im folgenden: La Documentation française], 106.

[89] Vgl. 1. Kapitel J.

Kompetenzen der VN-Organe auf dem Gebiet der friedlichen Streitbeilegung zu zählen sind) gebieten es im übrigen, Gewaltanwendungen, die nach ihrem Umfang als minderschwer zu klassifizieren wären, nicht nur dann zu "bewaffneten Angriffen" heraufzustufen, wenn deren Auswirkungen die Existenz des verletzten Staates bedrohen. Die Auslegung der VN-Charta nach ihrem Ziel und Zweck muß der nicht hinreichend wahrgenommenen Ausgleichsfunktion des kollektiven Sicherheitssystems für die Beschränkung der einzelstaatlichen Rechtsdurchsetzungsmöglichkeiten in der Weise Rechnung tragen, daß keine zu große Rechtsschutzlücke für den von einer Gewaltanwendung betroffenen Staat entsteht. Ein "bewaffneter Angriff" im Sinne von Art. 51 VN-Charta ist daher nicht erst bei (umfangmäßig geringfügigen) Gewaltanwendungen anzunehmen, wenn die Existenz des verletzten Staates gefährdet ist, sondern bereits dann, wenn die Auswirkungen diesen in schwerwiegender Weise treffen. Dabei müssen alle Umstände des Einzelfalls betrachtet werden. Ein solches schwerwiegendes Betreffen wird etwa auch dann anzunehmen sein, wenn geringfügige Gewaltakte wiederholt begangen werden, oder wenn eine rechtswidrige Gewalthandlung in einer innen oder außenpolitischen Krisensituation erfolgt.

Abschließend ist somit festzuhalten, daß der Begriff des "bewaffneten Angriffs" im Sinne von Art. 51 VN-Charta eher weit auszulegen ist. Keine notwendige Bedingung ist es daher, daß das gewaltsame Vorgehen gegen das Territorium des betroffenen Staates gerichtet ist[90]. Der Umstand, daß der Angriff auf ein Handelsschiff keinen Angriff auf das Territorium des Flaggenstaates darstellt, spricht demzufolge nicht zwangsläufig gegen die Einstufung eines solchen Übergriffs als "bewaffneten Angriff"[91].

---

[90] Zur gegenteiligen Auffassung, die für einen "bewaffneten Angriff" eine grenzüberschreitende Gewaltanwendung auf das Territorium eines anderen Staates verlangt, vgl. die Nachweise in Anm. 7.

[91] So aber Beyerlin, Mayaguez Incident, in: Bernhardt (Hrsg.), EPIL, Instalment 3, 1982, 253 (254 f.), wenn er schreibt, die auf Art. 51 VN-Charta gegründete Rechtfertigung der USA für ihr Vorgehen beim Mayaguez-Zwischenfall (siehe dazu im ersten Kapitel unter F.) gehe fehl, da der Übergriff auf das amerikanische Schiff *Mayaguez* durch kambodschanische Truppen die territoriale Souveränität der USA nicht beeinträchtigt hätte. Aus

Da nach dem oben Gesagten der Begriff des "bewaffneten Angriffs" nicht jede Art der Gewaltanwendung im Sinne von Art. 2 Ziff. 4 VN-Charta erfaßt, kann andererseits nicht gegenüber jeder gewaltsamen Rechtsverletzung das Selbstverteidigungsrecht nach Art. 51 VN-Charta geltend gemacht werden. Abzulehnen sind schließlich auch solche extrem weiten Interpretationen des "bewaffneten Angriffs", die zu einer gänzlichen Auflösung der Konturen des Selbstverteidigungsrechts führen[92]. Namentlich gilt das für die Ansicht, der Angriff auf Staatsangehörige im Ausland stelle zugleich einen Angriff auf deren Heimatstaat dar[93]. Somit führen weder die Tatsache, daß der Über-

---

diesem Grund seien die Voraussetzungen des "bewaffneten Angriffs" nicht erfüllt gewesen.

[92] Siehe dazu Randelzhofer, zu Art. 51, a.a.O., Rdnr. 26; Hailbronner, a.a.O., 102.

[93] In diesem Sinne Bowett, a.a.O., 87 ff.; Schröder, Die Geiselbefreiung von Entebbe - ein völkerrechtswidriger Akt Israels?, JZ 32 (1977), 420 (424); Nanda, The Validity of United States Intervention in Panama under International Law, AJIL 84 (1990), 494 (495). Begründet wird diese Auffassung mit dem Hinweis, Staatsangehörige im Ausland stellten Teile des Staatsvolks und damit ein konstitutives Element des Heimatstaates dar. In der Konsequenz dieser Argumentation liegt es, auch den Angriff auf ein Handelsschiff auf Hoher See als einen "bewaffneter Angriff" gegenüber den Heimatstaaten sämtlicher an Bord befindlicher Personen anzusehen.

Zu Recht lehnt die h.M. (vgl. statt vieler, Verdross/Simma, a.a.O., Rdnr. 1338; Fischer, a.a.O., 890, Randelzhofer, ebenda, m.w.N.) diese Sichtweise ab. Sie würde in der Tat zu einer unübersehbaren und nicht kontrollierbaren Ausuferung bewaffneter Konflikte führen. Auch war bei Abfassung der VN-Charta erkennbar nicht daran gedacht, jede Gewaltanwendung gegenüber einem fremden Staatsbürger sogleich als "bewaffneten Angriff" zu behandeln. Die nachfolgende Staatenpraxis steht einer solchen Interpretation ebenfalls entgegen. So haben es selbst diejenigen Staaten, die Rettungsaktionen zugunsten ihrer Staatsangehörigen im Ausland durchgeführt haben, stets vermieden, das Vorgehen des Aufenthaltsstaates als "bewaffneten Angriff" zu bezeichnen.

Das gleiche gilt wohl für die Stellungnahme des Vertreters der USA im VN-Sicherheitsrat während der Debatte über die israelische Geiselbefreiungsaktion in Entebbe, auch wenn der amerikanische Delegierte darin das "wohletablierte Recht, begrenzte Gewalt zum Schutz der eigenen Staatsbürger" einzusetzen, als "Ausfluß des Selbstverteidigungsrechts" charakterisierte (UN SCOR (1941st meeting), 8, UN Doc. S/PV.1941). Nicht zuletzt die nachfolgende Betonung der Grenzen dieses Rechtes zeigt, daß auch nach amerikanscher Auffassung zum Schutz eigener Staatsangehöriger im Ausland wohl kein umfassendes Selbstverteidigungsrecht gemäß Art. 51 VN-Charta geltend gemacht werden kann.

griff auf ein fremdes Handelsschiff auf Hoher See eine Verletzung des Gewaltverbotsprinzips gemäß Art. 2 Ziff. 4 VN-Charta darstellt, noch der mit dem Übergriff verbundene Angriff auf Leib und Leben der auf dem Handelsschiff befindlichen fremden Staatsangehörigen *per se* bereits zur Annahme der Voraussetzungen des Art. 51 VN-Charta.

Die Frage, ob der Angriff auf ein Handelsschiff auf Hoher See einen "bewaffneten Angriff" im Sinne von Art. 51 VN-Charta darstellt, kann daher nur nach den Umständen des Einzelfalls beurteilt werden. Der weiteren Klärung bedarf jedoch, ob ein solcher Übergriff im Regelfall als "bewaffneter Angriff" zu behandeln ist, oder ob grundsätzlich eine minderschwere Gewaltanwendung vorliegt. Im letzteren Fall würde das Selbstverteidigungsrecht nach Art. 51 VN-Charta nur ausnahmsweise eingreifen, wenn besondere Sachverhaltsumstände erschwerend hinzutreten.

C. Die Aggressionsdefinition der Vereinten Nationen

Wesentliche Hinweise für die Feststellung, ob der Angriff auf ein Handelsschiff im Regelfall einen "bewaffneten Angriff" im Sinne des Art. 51 VN-Charta darstellt, könnten sich aus der von der Generalversammlung der Vereinten Nationen am 14. Dezember 1974 verabschiedeten Resolution über die Definition der Aggression ergeben[94]. Voraussetzung dafür wäre zunächst, daß

Zu Recht weist Fischer, ebenda, ferner darauf hin, daß bei einer Gleichsetzung der Staatsangehörigen mit ihrem Heimatstaat auch die Hoheitsgewalt des Heimatstaates bei einem Aufenthalt der eigenen Staatsangehörigen auf einem fremden Territorium gelten müßte. Das Aufenthaltsstaat ist aber bei der Behandlung fremder Staatsangehöriger allein an das völkerrechtliche Fremdenrecht gebunden. Schon von daher scheidet mithin die Einordnung von Zwangsmaßnahmen gegen eigene Staatsangehörige auf fremden Territorium als "bewaffneter Angriff" aus.

[94] UN Doc. A/RES/3314 (XXIX). Siehe dazu Broms, The Definition of Aggression in the United Nations, 1968; Meier, a.a.O., 375 ff.; Zourek, Enfin une définition de l'aggression, AFDI 20 (1974), 9 ff.; Bothe, Die Erklärung der Generalversammlung der Vereinten Nationen über die Definition der Aggression, Jahrbuch für Internationales Recht, Bd. 18, (1975), 127 ff.; Randelzhofer, Die Aggressionsdefinition der Vereinten Nationen, EA 30 (1975), 621 ff.; Ferencz, Defining International Aggression, 2 Bde., 1975; Röling, Die Definition der Aggression, in: Recht im Dienst des Friedens (Festschrift für Menzel), 1976,

jene Resolution eine Aussage darüber trifft, ob Angriffe auf Handelsschiffe Aggressionsakte i.S. dieser Definition darstellen. Weiter müßte zwischen "Aggression" und "bewaffnetem Angriff" ein hinreichend enger Begriffszusammenhang bestehen, sodaß aus der Einbeziehung oder Nichteinbeziehung von Angriffen auf Handelsschiffe in die Tatbestände der Aggressionsdefinition ein entsprechender positiver oder negativer Rückschluß auf das Vorliegen bzw. Nichtvorliegen eines "bewaffneten Angriffs" gemäß Art. 51 VN-Charta gezogen werden könnte. Von besonderer Bedeutung wird in diesem Zusammenhang schließlich auch die Frage sein, ob und in welchem Ausmaß einer - grundsätzlich unverbindlichen - Generalversammlungsresolution rechtliche Relevanz für die Auslegung einer Norm der VN-Charta zukommen kann.

1. Die Frage der Einbeziehung von Angriffen auf einzelne Handelsschiffe in die Tatbestände der Aggressionsdefinition

Art. 3 (d) der Aggressionsdefinition betrifft Angriffe auf Schiffe eines fremden Staates. Doch während der Übergriff auf ein singuläres Kriegsschiff zweifelsfrei in den Aggressionsbe-

387 ff.; Heidelmeyer, Die Definition der Aggression - ein Instrument für den Sicherheitsrat, VN 23 (1975), 108 ff.; Rambaud, La définition de l'aggression par l'Organisation des Nations Unies, RGDIP 80 (1976), 835 ff.; Garvey, The UN Definition of "Aggression": Law and Illusion in the Context of Collective Security, Virginia Jl Int. Law, Vol. 17 (1977), 177 ff.; Stone, Conflict through Consensus, 1977; ders., Hopes and Loopholes in the 1974 Definition of Aggression, AJIL 71 (1977), 224 ff.; Broms, The Definition of Aggression, RdC 154 (1977 I), 299 ff.; Rifaat, InternationaL Aggression, 1979; Bruha, Die Definition der Aggression. Faktizität und Normativität des UN-Konsensbildungsprozesses der Jahre 1968 bis 1974, zugleich ein Beitrag zur Strukturanalyse des Völkerrechts, 1980; Ferencz, Aggression, in: Bernhardt (ed.), EPIL, Instalment 3 (1982), 1 ff.; Röling, The 1974 U.N. Definition of Aggression, in: Cassese (Hrsg.), The Current Legal Regulation of the Use of Force, 1986, 413 ff.; Bennett, A Linguistic Perspective of the Definition of Aggression, GYIL 31 (1988), 48 ff.; Nyiri, The United Nations' Search for a Definition of Aggression, 1989.

Eine umfassende Darstellung der Verwendung des Aggressionsbegriffs in anderen völkerrechtlichen Verträgen und Vereinbarungen findet sich bei González Ramírez, La Agresión - Su concepto en los tratados y organismos internacionales, 1983.

griff einbezogen wird, ist es fraglich, ob auch Angriffe gegen einzelne Handelsschiffe darunter fallen. Der Wortlaut der Definition spricht nur von Angriffen gegen die "Handelsflotte":

> Article 3
>
> Any of the following acts, regardless of a declaration of war, shall, subject to and in accordance with the provisions of article 2, qualify as an act of aggression:
>
> (...)
>
> (i) An attack by the armed forces of a State on the land, sea or air forces, or marine and air fleets of another State;

Allerdings fehlt es an einer näheren Präzisierung des Tatbestandsmerkmals "Angriff auf die Handelsflotte". Nach Bruha[95] sei es insbesondere unklar, ob diese in ihrer Gesamtheit betroffen sein müsse, oder ob Angriffe gegen einzelne Schiffe ausreichten. Darüber hinaus verdeutlicht Art. 4 der Definition, daß die Auflistung der Aggressionstatbestände in Art. 3 nicht abschließend, sondern als typisierend zu verstehen ist. Dem Sicherheitsrat steht es nach dieser Bestimmung frei, auch andere Handlungen als Aggression zu qualifizieren[96]. Es fragt sich daher, ob die genannte Resolution dahingehend offen ist, auch isolierte Angriffe gegen zivile Schiffe als Aggressionsakte zu werten. Einer solchen Interpretation würden jedoch Bedenken entgegenstehen, wenn die Nichterwähnung von Angriffen auf einzelne Handelsschiffe keine ausfüllungsfähige Lücke innerhalb der Resolution darstellt, sondern eine bewußte Abgrenzung, die zumindest im Regelfall zu respektieren ist. Diese Frage soll an Hand der Entstehungsgeschichte der Resolution und im Lichte der früheren Versuche, den Begriff der Aggression zu definieren, zu klären versucht werden.

---

95 A.a.O., 117, Anm. 101.

96 Artikel 4 besagt:

> The acts enumerated above are not exhaustive and the Security Council may determine that other acts constitute aggression under the provisions of the Charter.

a) Frühere Versuche, den Begriff der Aggression zu definieren

Der Terminus Aggression wurde bereits in einer Reihe historischer Verträge verwendet[97]. Eine Konkretisierung ist in diesen jedoch nicht erfolgt, da die Staaten ihren außenpolitischen Beurteilungsspielraum nicht einschränken wollten[98]. Auch in Art. 10 der Völkerbundsatzung fand sich der Aggressionsbegriff in einer undifferenzierten Weise wieder. Als Folge der Verabschiedung der Völkerbundsatzung mit dessem System kollektiver Sicherheit wuchs jedoch das Bedürfnis, den Begriff der Aggression zu präzisieren.

Gleichwohl blieb allen Definitionsversuchen der Erfolg zunächst versagt[99]. Im Jahre 1923 stellte das mit der Ausarbeitung eines gegenseitigen Hilfeleistungsvertrages beauftragte Comité spécial de la Commission temporaire mixte die Möglichkeit einer zufriedenstellenden Definition grundsätzlich in Frage. Doch immerhin benannte es verschiedene Faktoren, deren Berücksichtigung für die Feststellung eines Aggressionsaktes

[97] Siehe aus dem 19. Jahrhundert beispielsweise den Geheimvertrag über die Verteidigungsallianz zwischen Österreich, England und Frankreich aus dem Jahre 1815 oder die Verträge zwischen Frankreich und Rußland, zwischen Deutschland und Österreich vom 7. Oktober 1879 (Martens, Nouveau Recueil Général des traités, 2° série, tome XV, 479) bzw. zwischen Deutschland, Italien und Österreich vom 22. Mai 1882 (British and Foreign State Papers, vol. CXXI, 1018). Vgl. hierzu näher Broms, a.a.O., 305, Serra, L'aggressione internazionale, 1946, 25 ff., Steinlein, Der Begriff des nicht herausgeforderten Angriffs in Bündnisverträgen seit 1870 und insbesondere im Locarnovertrag, 1927, 133.

[98] Vgl. Broms, ebenda.

[99] Siehe hierzu allgemein Zourek, a.a.O., 11 ff.

dienlich sein könnten[100]. Angriffe auf Handelsschiffe fielen danach nicht unter die typischen Aggressionsmerkmale.

In Art. 10 des Genfer Protokolls von 1924 wurde als Aggressor nur allgemein derjenige Staat bezeichnet, der in Verletzung der Völkerbundsatzung oder des Genfer Protokolls zum Krieg schreitet[101]. Die Verträge von Locarno vom 16. Oktober 1925 verwendeten aufgrund ihres speziellen Anwendungsbereichs lediglich einen eingeschränkten Aggressionsbegriff[102]. Bei den Verhandlungen über den Abschluß des Briand-Kellogg-Paktes im Jahre 1928 setzte sich zwar die französische Seite für die Ausarbeitung einer Aggressionsdefinition ein, scheiterte mit diesem Wunsch jedoch am amerikanischen Außenminister Kellogg. Nach dessen Auffassung, die bereits zuvor von der britischen Regierung in einem an die Commission préparatoire du Désarmement de la Société des Nations gerichteten Memorandum vorge-

---

[100] In dem Commentaire relatif à la définition du cas d'aggression heißt es u.a. (SdN, Actes de la Quatrième Assemblée, Procès-verbaux de la Troisième Commission, Journal Officiel 1923, suppl. spéc. n° 16, 184 f.):

> Il est clair, par conséquent, qu'il est impossible d'établir une définition simple du mot «agression» et que l'on ne saurait poser aucun critère simple, permettant d'établir le moment où l'acte d'aggression a eu lieu. Il est donc nécessaire de laisser au Conseil une latitude complète en la question et d'indiquer simplement que les différents facteurs mentionnés ci dessus peuvent fournir des éléments de la décision à prendre.
> Ces facteurs peuvent se résumer comme suit:
> a) Exècution par un Etat d'une mobilisation industrielle et économique (...);
> b) Mobilisation militaire clandestine (...);
> c) Offensive aérienne, chimique ou navale, déclanchée par l'une des parties contre l'autre;
> d) Présence de forces armées de l'une des Parties sur le territoire de l'autre;
> e) Refus des Parties de retirer leurs forces armées derrière une ligne ou les lignes indiquées par le Conseil;
> f) Une politique agressive nettement établie (...).

[101] Protocole pour le règlement pacifique des différends internationaux, in: SdN, Actes de la Cinquième Assemblée, Procès-verbaux de la Première Commission, Journal Officiel 1924, suppl. spéc. n° 24, 136 ff.

[102] SdN, Recueil des traités, Vol. 54, 289.

bracht worden war[103], würde eine exakte Definition dem Mißbrauch die Tür öffnen[104].

Einen detaillierten Definitionsentwurf, der von einer abschließenden und verbindlichen Numerierung der Aggressionstatbestände ausging, brachte erstmals die Sowjetunion am 6. Februar 1933 auf der Abrüstungskonferenz ein[105]. Der Vorschlag wurde zur weiteren Beratung an das zu diesem Zweck konstituierte Comité pour les questions de sécurité überwiesen[106]. Auf der Grundlage des sowjetischen Vorschlages, ergänzt um einen weiteren Aggressionstatbestand, erarbeitete der Ausschuß den Entwurf eines "Acte relatif à la définition de l'agresseur"[107]. Nach dieser Konzeption stellte ein Angriff auf die Schiffe eines anderen Staates einen Aggressionsakt dar:

> (i) Sera reconnu pour agresseur dans un conflit international, l'Etat qui, le premier, aura commis l'une des actions suivantes:
>
> (...)
>
> (ii) Dont les forces terrestres, navales ou aériennes auront bombardé le territoire d'un autre Etat ou auront sciemment attaqué les navires ou les aéronefs de ce dernier;

An dieser Stelle wurde keine Unterscheidung zwischen Kriegs- und Handelsschiffen getroffen. Dies spricht für die Einbezie-

---

103 Vgl. Wheeler-Bennett, Information on the Renounciation of War 1927 - 1928, 1928, 90.

104 Nach der berühmten, vielfach zitierten Formulierung des britischen Außenministers Sir Chamberlain vom 24. 11. 1927 vor dem Unterhaus sei eine enumerative Definition "a trap for the innocent and a signpost for the guilty". Siehe hierzu ausführlich Mandelstam, L'interprétation du Pacte Briand-Kellogg par les Gouvernements et les Parlements des Etats signataires, RGDIP 40 (1933), 537 ff.

105 SdN, Actes de la Conférence pour la réduction et la limitation des armements, Série B, vol. II, Procès-verbal de la Commission général, 237 f.

106 SdN, Actes de la Conférence pour la réduction et la limitation des armements, Série D, vol. 5, Procès-verbal de la Commission politique, 56. Dem Comité pour les questions de sécurité gehörten folgende 17 Staaten an: Belgien, Dänemark, Deutschland, Estland, Finnland, Frankreich, Großbritannien, Italien, Jugoslawien, Kuba, Polen, Schweiz, Sowjetunion, Spanien, Türkei, Ungarn, Vereinigte Staaten.

107 SdN, Conférence pour la réduction et la limitation des armements, Rapport préliminaire sur les travaux de la Conférence, 40.

hung von Angriffen auf Handelsschiffe in den Aggressionsbegriff[108]. Noch nicht geklärt ist damit jedoch die anschließende Frage, ob auch ein isolierter Übergriff auf ein einzelnes Handelsschiff erfaßt werden, oder ob erst ein Angriff gegen die gesamte Handelsmarine (bzw. ggf. gegen erhebliche Teile derselben) tatbestandsmäßig sein sollte. Für die letztere Annahme könnte zunächst die Formulierung "die Schiffe" (les navires und nicht des navires) sprechen. Allerdings wird man diese Wortwahl nicht überbewerten dürfen. Die Diskussion ging auch, soweit ersichtlich, auf die Einzelheiten der Formulierung und der Tatbestandsmodalitäten nicht ein. Gewichtiger ist der Vergleich mit den anderen benannten Aggressionshandlungen. Der sowjetische Definitionsvorschlag beinhaltete weiterhin die Kriegserklärung, das Eindringen bzw. rechtswidrige Verbleiben von Truppen in fremdem Staatsgebiet und die Blockade von Küsten und Häfen[109]. Ferner sah er eine Liste minderschwerer Rechtsverletzungen vor, die, von welchem Staat auch immer begangen, nicht zur Rechtfertigung einer Aggressionshandlung herangezogen werden dürften, darunter beispielsweise Grenzzwischenfälle. Hieraus folgt, daß diese Rechtsbrüche ihrerseits keine Aggression darstellten. Dies legt die Vermutung nahe, daß die Definition nur besonders gravierende Akte erfassen sollte. Ein singulärer Übergriff auf ein einzelnes Handelsschiff, der noch kein Angriff auf die Schiffe eines anderen Staates ist, wäre demnach nicht darunter zu fassen.

Auf der anderen Seite bezweckte der Definitionsentwurf eine enumerative und abschließende Festlegung der Aggressionsdelikte. Eine wertende Betrachtung des Einzelfalls sollte dadurch gerade ausgeschlossen sein[110]. Vielmehr sollten eindeu-

---

[108] Überraschenderweise wurde Punkt 1 c) des sowjetischen Vorschlages in dem Abschlußbericht des Präsidenten der Konferenz in folgender sinnverfälschender Kurzfassung zitiert (a.a.O., 37):

> Bombardement du territoire d'un autre Etat par des forces terrestres, navales ou aériennes, ou attaque délibérée dirigée contre les forces aériennes ou navales de cet autre Etat; [Hervorhebung hinzugefügt]

[109] Der Ausschuß für Sicherheitsfragen fügte als weitere Aggressionshandlung die Unterstützung bewaffneter Banden an, die in einem fremden Staat operieren.

[110] Die grundsätzliche Unzulässigkeit einer wertenden Einzelfallbetrachtung ergibt sich bereits aus Punkt 2 des sowjeti-

tige Kriterien für Rechtsklarheit sorgen. Wahrscheinlicher ist es daher, daß nach dieser Vorstellung bereits ein isolierter Angriff auf ein Handelsschiff einen Aggressionsakt darstellte.

In den anschließenden Beratungen innerhalb der Commission générale de la Conférence de désarmement wurde jedoch die verbindliche Festschreibung bestimmter Aggressionstatbestände ohne die Möglichkeit, die jeweiligen Sachverhaltsumstände zu berücksichtigen, von zahlreichen Delegierten kritisiert. Der Entwurf wurde daher nicht angenommen[111].

Trotz der Nichtannahme durch die Commission générale de la Conférence de désarmement kam der vom Comité pour les questions de sécurité gebilligten Aggressionsdefinition in der Folgezeit eine erhebliche Bedeutung zu[112]. Mehrere völkerrechtliche Verträge bezogen sich auf diese Formel. So heißt es zunächst gleichlautend in den von der Sowjetunion mit verschiedenen Staaten am 3. bzw. 4 oder 5. Juli 1933 in London abgeschlossenen Konventionen zur Definition der Aggression[113]:

> En conséquence, sera reconnu comme agresseur dans un conflit international (...) l'Etat qui (...) aura commis l'une des actions suivantes:
> (...)

---

schen Entwurfes. In diesem werden sowohl allgemein Rechtfertigungen von Aggressionshandlungen aus politischen, strategischen oder wirtschaftlichen Erwägungen heraus untersagt, als auch - wie schon erwähnt - zur Verdeutlichung verschiedene politische Situationen und geringfügigere Rechtsverletzungen beispielhaft aufgezählt, die nicht zur Legitimierung des Aggressors verwendet werden dürften. Diese Grundsätze wurden später vom Ausschuß für Sicherheitsfragen in einem Annexprotokoll zu Art. 2 des Acte relatif à la définition de l'agresseur niedergelegt.

[111] SdN, Actes de la Conférence pour la réduction et la limitation des armements, Série B, vol. II, Procès-verbal de la Commission général, 510 - 517; 547 - 559.

[112] Vgl. Zourek, a.a.O., 14 f.

[113] Konvention vom 3. Juli 1933 zwischen der UdSSR und Afghanistan, Estland, Lettland, Persien, Polen, Rumänien und der Türkei, SdN, Recueil des traités, Vol. 147, 67. Vgl. hierzu auch Sibert, A propos des conventions signées à Londres le 3 juillet 1933, RGDIP 40 (1933), 529 ff.; Konvention vom 4. Juli 1933 zwischen der UdSSR und Litauen, SdN, Recueil des traités, Vol. 148, 79; Konvention vom 5. Juli 1933 zwischen der UdSSR und Jugoslawien, Rumänien, der Tschechoslowakei und der Türkei, SdN, Recueil des traités, Vol. 148, 211.

(i) Attaque par ses forces terrestres, navales ou aériennes, même sans déclaration de guerre, du territoire, des navires, ou des aéronefs d'un autre Etat;

Bemerkenswert ist, daß die Formulierung "les navires ou les aéronefs" aus dem Definitionsvorschlag auf der Abrüstungskonferenz ersetzt wurde durch die Wendung "des navires, ou des aéronefs". Dies verdeutlicht, daß wohl in jedem Fall auch singuläre Angriffe auf einzelne Handelsschiffe einbezogen sein sollten.

Auf die Bestimmungen zur Aggressionsdefinition in den Londoner Konventionen verwies der Pacte d'entente balkanique vom 9. Februar 1934 zwischen Griechenland, Jugoslawien, Rumänien und der Türkei[114]. Der Nichtangriffsvertrag vom 8. Juli 1937 zwischen Afghanistan, Iran, Irak und der Türkei[115] enthielt eine eigene Aggressionsdefinition, die sich jedoch in den meisten Punkten an diejenige des Ausschusses für Sicherheitsfragen bzw. der Londoner Konventionen anlehnte. In bezug auf Angriffe gegen Schiffe oder Flugzeuge wurde erneut die Formulierung "attaque des navires ou des aéronefs" gewählt.

Der amerikanische Anklagevertreter Jackson in den Nürnberger Kriegsverbrecherprozessen gründete seine Anklageschrift auf die Londoner Konventionen. Er bezeichnete diese als "eine der wichtigsten Quellen des Völkerrechts in dieser Frage"[116] und setzte sich für die Aufnahme einer entsprechenden Aggressionsdefinition in das Statut des Militärgerichtshofs ein[117]. Auch der britische Ankläger bezog sich auf die vom Ausschuß für Sicherheitsfragen aufgestellten bzw. in den Londoner Konventionen verwendeten Aggressionsmerkmale. Deren förmliche Inkorporierung in das Gerichtsstatut scheiterte jedoch am Wider-

---

[114] SdN, Recueil des traités, Vol. 153, 153. Die Verweisung erfolgte in Art. 1 des Annexprotokolls.

[115] SdN, Recueil des traités, Vol. 190, 21.

[116] Procès des grands criminels de guerre devant le Tribunal militaire international, Nuremberg, 14. november 1945 - 1er octobre 1946, texte officiel en langue française, vol. II, 158 f.

[117] Siehe Report of Robert H. Jackson, United States Representative to the International Conference of Military Trials, London 1945, Department of State Publication 3080 (1949).

stand der Sowjetunion, die jenes Forum nicht für geeignet hielt, eine Aggressionsdefinition aufzustellen[118].

In Anbetracht dieser Folgewirkungen, die dem Definitionsentwurf des Ausschusses für Sicherheitsfragen auf der Abrüstungskonferenz im Jahre 1933 trotz seiner Ablehnung durch die Commission générale in der Vertrags- und sonstigen Völkerrechtspraxis zukam, erscheint die folgende Umschreibung zutreffend, die González Ramírez für das klassische Konzept der Aggression gegeben hat[119]:

> Es agresor el Estado que declara la guerra, irrumpe en la frontera de otro Estado, o ataca sus naves o cualquier otro elemento del patrimonio de una nación.

Angriffe auf Handelsschiffe, selbst solche singulärer Art, waren nach jener Rechtsvorstellung als Aggressionsakte anzusehen. Doch gerade in dieser Hinsicht erfuhr der Aggressionsbegriff in den unmittelbar folgenden Jahren eine erste Relativierung. Der interamerikanische Beistandspakt vom 2. September 1947[120] nahm Übergriffe auf Handelsschiffe implizit aus, indem er sich auf Angriffe gegen die Kriegsmarine beschränkte:

> Article 9
>
> In addition to other acts which the Organ of Consultation may characterize as aggression, the following shall be considered as such:
>
> (i) Unprovoked armed attack by a State against the territory, the people, or the land, sea or air forces of another state;

Allerdings vermeidet der Vertragstext eine abschließende Festlegung, sodaß ein Wertungsspielraum für die Einbeziehung anderer Handlungen verbleibt. Festzuhalten ist dennoch, daß zumindest im Regelfall ein Angriff auf Handelsschiffe nach dem interamerikanischen Beistandspakt keinen Aggressionsakt darstellt.

Auch die Formulierung des Vertrages über die gemeinsame Verteidigung und wirtschaftliche Zusammenarbeit der Staaten der Arabischen Liga vom 13. April 1950[121] deutet an, daß An-

---

[118] A.a.O., vol. III, 107.
[119] Gonzáles Ramírez, a.a.O., 64.
[120] UNTS Vol. 21, 77.
[121] UNTS Vol. 70, 237.

griffe auf zivile Schiffe wohl nicht unter den dort verwendeten Begriff der "bewaffneten Aggression" fallen:

> Art. 2
> The contracting States consider any act of armed aggression made against any one or more of them or against their forces (...) [Hervorhebung hinzugefügt]

b) Die Definitionsbemühungen im Rahmen der Vereinten Nationen

Auf der Konferenz von San Francisco schlugen die Philippinen[122] und Bolivien[123] eine Aggressionsdefinition gemäß dem klassischen Konzept vor[124]. Trotz der Unterstützung durch mehrere Staaten[125] scheiterte die Festschreibung einer den Sicherheitsrat bindenden Aggressionsdefinition am Widerstand insbesondere der USA und Großbritanniens[126].

Im Ersten Ausschuß der Generalversammlung brachte die Sowjetunion am 6. November 1950 den gleichen Definitionsvorschlag wie auf der Abrüstungskonferenz im Jahre 1933 ein[127]. Die Frage der Aggressionsdefinition wurde daraufhin an die ILC überwiesen, die aber zu keinem Ergebnis gelangte[128]. Daraufhin wiederholte die Sowjetunion in der Generalversammlung ihren

---

[122] Doc. 2G/14 (k), UNCIO III, 538.
[123] Doc. 2 G/14 (r), a.a.O., 585.
[124] In ähnlichem Sinn, allerdings ohne einen eigenen förmlichen Definitionsvorschlag zu präsentieren, äußerte sich auch die Tschechoslowakei, vgl. Doc. 2 G/14 (b), a.a.O., 469.
[125] Ägypten, Äthiopien, Guatemala, Honduras, Iran, Kolumbien, Mexiko, Neuseeland und Uruguay, vgl., Commission III, Committee 3, Sitzung vom 18. 5. 1945, Doc. 442 III/3/20, UNCIO XII, 341.
[126] Die Einführung einer Aggressionsdefinition wurde schließlich mit 22 zu 12 Stimmen abgelehnt, vgl. a.a.O., 342, sowie Commission III, Committee 3, Sitzung vom 21. 5. 1945, Doc. 502/3/22, UNCIO XII, 349. Siehe hierzu auch den von Paul-Boncour verfaßten Bericht des 3. Ausschusses zu Kapitel VIII, Sektion B, der Vorschläge von Dumbarton Oaks, Doc. 881 III/3/46, UNCIO XII, 503 f.
[127] UN Doc. A/C.1/608/Rev. 1.
[128] Berichterstatter Spiropoulos erklärte, daß die natürliche Vorstellung von Aggression ein Konzept an sich sei, das nicht definiert werden könne. Vgl. Rapport de la Commission du droit international sur les travaux de sa troisième session, doc. A/1850, 10.

Vorschlag[129]. Auch Bolivien stellte einen eigenen Entwurf vor, der Angriffe auf Handelsschiffe gleichfalls in jeder Form einbezog[130].

Mit Resolution 599 (VI) vom 31. Januar 1952 wurde ein Special Committee on the Question of Defining Aggression eingerichtet. Nach zwei Sitzungen in den Jahren 1953 und 1956 war es allerdings für längere Zeit blockiert und vermochte erst im Jahre 1967 seine Arbeit wieder aufzunehmen. In der Folge wurde die Frage, ob Angriffe auf Handelsschiffe in den Aggressionsbegriff einzubeziehen sind, sehr kontrovers beurteilt.

Die blockfreien Staaten nahmen sowohl im sog. "12-Staatenentwurf" vom 25. 6. 1968[131], wie auch im "4-Staatenentwurf" vom 26. 6. 1968[132] Angriffe auf zivile Schiffe noch aus. Demgegenüber traf der "13-Staatenentwurf" vom 3. 7. 1968[133] keine Unterscheidung mehr zwischen Zivil- und Kriegsschiffen. In ihrem abschließenden Textentwurf kehrte die Gruppe der 13 dagegen wieder zu dem ursprünglichen Konzept zurück[134]. Auch die Sowjetunion, in Abänderung ihrer früheren Vorstellungen, beschränkte sich in ihrem letzten Definitionsvorschlag auf Angriffe gegen Kriegsschiffe[135]. In diesem Sinne lautete der Vorschlag der informal negotiating group, der dem Entwurf von 1972 des Special Committee on the Question of Defining Aggression beigefügt war[136]:

> (i) An attack by the armed forces of a State on the land, sea or air forces of another State;

Demgegenüber hatten sich die westlichen Staaten in einem gemeinsamen Textvorschlag für die generelle Aufnahme von Angrif-

---

[129] Dieses Mal folgte sie der endgültigen Fassung, wie sie der Ausschuß für Sicherheitsfragen auf der Abrüstungskonferenz des Jahres 1933 erarbeitet hatte, vgl. UN Doc. A/C.6/L/208.
[130] UN Doc. A/C/6/L.211.
[131] UN Doc. A/AC.134/L.3 and Add. 1.
[132] UN Doc. A/AC.134/L.4/Rev.1 and Add. 1.
[133] UN Doc. A/AC.134/L.6 and Add. 1 and 2.
[134] UN Doc. A/AC.134/L.16 and Add. 1 and 2. Die Gruppe der 13 (13-Power group) umfaßte Ecuador, Ghana, Guyana, Haiti, Iran, Jugoslawien, Kolumbien, Madagaskar, Mexiko, Spanien, Uganda, Uruguay und Zypern.
[135] UN Doc. A/AC.134/L.12.
[136] Official Records of the General Assembly, Twenty-seventh Session, Supplement No. 19 (UN Doc. A/8719), Annex II, Appendix A.

fen auf Handelsschiffe eingesetzt, ohne eine ausdrückliche Unterscheidung zwischen isolierten Übergriffen auf einzelne Schiffe und Angriffen auf die Handelsflotte zu treffen[137]:

> (i) B. (5) Carrying out deliberate attacks on the armed forces, ships or aircraft of another State;

Die endgültige Fassung des Art. 3 stellt demzufolge einen Kompromiß zwischen diesen beiden gegensätzlichen Positionen dar. Aus verschiedenen Stellungnahmen wird deutlich, welche Gründe dafür ausschlaggebend waren, den Tatbestand "Angriffe auf die Handelsflotte" schließlich in die Definition hereinzunehmen: Mittels dieser Formulierung sollten schwere Beeinträchtigungen der staatlichen Interessen erfaßt werden, die aus dem Abschneiden der Seehandelswege oder vergleichbar gravierenden Eingriffen resultieren können. So begrüßte der japanische Vertreter die gefundene Lösung mit dem Hinweis, für Japan sei die Aufrechterhaltung seiner Seetransportverbindungen von vitalem Interesse. Ein Angriff auf die Zivilflotte käme einer Blockade seiner Küste gleich[138]. Daher betrachte sein Land einen Angriff auf die Handelsflotte als eine ernste Bedrohung der Sicherheit[139]. Von amerikanischer Seite wurde geltend gemacht, die Handelsflotte sei ein wichtiges Element staatlicher Souveränität[140]. Der Vertreter Ghanas äußerte, daß ein Staat, dessen wirtschaftliches Überleben vom Außenhandel abhinge, bei einem Angriff auf seine Handelsflotte zerstört werden könnte[141].

Die Formulierung "Angriffe auf die Handelsflotte" impliziert daher, daß die Intensität des Übergriffs auf zivile Schiffe jedenfalls von einiger Erheblichkeit sein muß[142]. Der Vertreter Guatemalas betonte speziell in diesem Zusammenhang,

[137] UN Doc. A/AC.134/L.17 and Add. 1 and 2. Der sog. 6-Power draft proposal war von Australien, Großbritannien, Italien, Japan, Kanada und den USA eingebracht worden.

[138] Äußerung auf der Sitzung des Special Committee on the Question of Defining Aggression vom 11. März - 12. April 1974, Official Records of the General Assembly, Twenty-ninth Session, Supplement No. 19 (UN Doc. A/9619).

[139] Stellungnahme auf der Sitzung des Special Committee on the Question of Defining Aggression vom 25. April bis 30. Mai 1973, UN Doc. A/AC.134/SR.106.

[140] A.a.O., UN Doc. A/AC.134/SR.108.

[141] YBUN 27 (1973), 783.

[142] Vgl. hierzu auch Broms, The Definition of Aggression, a.a.O., 351.

die Schwere der Handlung stelle ein konstituierendes Element der Aggression dar[143]. Dieser Gesichtspunkt fand später seinen allgemeinen Niederschlag in Art. 2 der Aggressionsdefinition[144]. Bereits der oben zitierte Entwurf der informal negotiating group, der nur von Angriffen auf militärische Schiffe handelte, war bei Abfassung des Art. 3 (d) von der Prämisse ausgegangen, daß eine Ausnahmeklausel für weniger gravierende Vorfälle geschaffen werden würde[145]. Ausdrücklich brachte die japanische Delegation vor, Art. 3 (d) der Definition erfasse keine isolierten oder geringfügigen Zwischenfälle[146]. Lediglich der Vertreter Syriens gab zu bedenken, die Erwähnung der Zivilflotte im Resolutionstext beinhalte die Gefahr, auch kleinere und isolierte Zwischenfälle in einen Aggressionsakt zu transformieren. Doch auch dieser Staatenvertreter hielt eine solche Auslegung erkennbar für nicht richtig[147].

In die gleiche Richtung weist die folgende, bereits oben erwähnte[148] Stellungnahme der Sowjetunion, auch wenn sie nicht im speziellen Kontext des Art. 3 (d) abgegeben wurde: Man müsse Aggressionsakte anders behandeln als kleinere Vorkommnisse, die die territoriale Integrität und politische Unabhängigkeit eines Staates nicht verletzten. Es sei daher notwendig, das Konzept der Intensität des Aktes einzuführen, so daß eine Unterscheidung zwischen Aggressionsakten und anderen Formen der Gewaltanwendung getroffen werden könne[149].

Durch die Beschränkung auf Angriffe gegen die "Handelsflotte" sollten daher bewußt - im Gegensatz zum klassischen Aggressionskonzept - nur Übergriffe von solcher Schwere erfaßt

---

143 Sixth Committee, 1479th meeting, 18. 10. 1974, UN Doc. A/C.6/SR.1479.

144 Siehe das Zitat in Anm. 85.

145 Official Records of the General Assembly, Twenty-seventh Session, Supplement No. 19 (UN Doc. A/8179), Annex II, Appendix A.

146 Official Records of the General Assembly, Twenty-ninth Session, Supplement No. 19 (UN Doc. A/9619).

147 Stellungnahme auf der Sitzung des Special Committee on the Question of Defining Aggression vom 25. April bis 30. Mai 1973, UN Doc. A/AC.134/SR.108.

148 Im Abschnitt B. dieses Kapitels.

149 Stellungnahme auf der Sitzung des Special Committee on the Question of Defining Aggression vom 25. April bis 30. Mai 1973, UN Doc. A/AC.134/SR.105.

werden, wie sie zumindest im Regelfall isolierten Angriffen auf einzelne Zivilschiffe nicht zukommt. Die Nichterwähnung von Angriffen auf einzelne Handelsschiffe stellt deshalb keine frei ausfüllbare Lücke innerhalb der Aggressionsdefinition dar. Demgemäß kann der eingangs angedeuteten Auffassung Bruhas[150] nicht zugestimmt werden, wonach es offen geblieben sei, ob ein Angriff auf ein einziges Schiff, das einer über die Weltmeere verteilten nationalen Flotte angehöre, ausreichend sei, oder ob mehrere Schiffe betroffen sein müßten, die räumlich-zeitlich einen konkreten Flottenverband bildeten[151]. Schon diese Fragestellung ist falsch formuliert, denn bei einer Handelsflotte wird man kaum jemals einen räumlich-zeitlich zusammengefaßten Verband fordern können. Die Alternative müßte stattdesssen lauten: Angriff auf ein einziges Schiff einer Handelsflotte, oder systematische Angriffe gegen die Gesamtheit der Schiffe einer Handelsflotte unabhängig von deren konkreter räumlich-zeitlichen Lage. Aus den soeben dargelegten Äußerungen der Staatenvertreter und dem Zusammenhang der Entstehungsgeschichte folgt jedoch, daß man der in der Aggressionsdefinition vorgenommenen Einschränkung des Tatbestandes auf die "Handelsflotte" nicht gerecht würde, wenn man einen separaten Angriff auf ein Handelsschiff unter der bloßen Voraussetzung genügen lassen wollte, daß dieses einer nationalen Handelsflotte angehört[152]. Ein räumlich isolierter Angriff gegen ein ziviles Schiff fällt vielmehr nur dann unter den Tatbestand des Art. 3 (d) der Aggressionsdefinition, wenn sich der Angriff nach den Umständen des Falles zugleich als gegen die Handelsflotte als solche gerichtet darstellt[153].

Zu klären bleibt jedoch, ob unter dem Ausdruck "Handelsflotte" sämtliche unter einer Flagge fahrenden Handelsschiffe

---

150 Siehe Fußnote 94.

151 Siehe hierzu auch Bruha, a.a.O., 261, Anm. 136.

152 So auch Lagoni, a.a.O., 1842; Giegerich, The German Contribution to the Protection of Shipping in the Persian Gulf: Staying out for Political or Constitutional Reasons?, ZaöRV 49 (1989), 1 ff. (32).

153 So würde etwa ein auf ein einzelnes Handelsschiff verübter Angriff zweifelsfrei einen Aggressionsakt darstellen, wenn der vorgehende Staat zuvor erklärt hat, sämtliche Handelsschiffe des Flaggenstaates zu attackieren, deren er habhaft werden könnte.

eines Staates zu verstehen sind[154], oder ob auch Teile der Gesamthandelsflotte, insbesondere separate Spezialflotten wie die Fischerei- oder die Tankerflotte, ausreichen. Zu Recht weist Bruha darauf hin, daß der Begriff der "Flotte" unscharf ist, insbesondere im Hinblick auf die Frage, von welcher Größenordnung an von "marine and air fleets" gesprochen werden kann[155]. Aufschlußreich sind die Äußerungen zahlreicher Staatenvertreter, die (zu Unrecht) befürchtet hatten, Art. 3 (d) könne dahingehend verstanden werden, daß Küstenstaaten das rechtswidrige Eindringen fremder Fischereiflotten nicht mit Waffengewalt unterbinden dürften[156]. Zur Ausräumung dieser Bedenken wurde der Aggressionsdefinition eine entsprechende klarstellende Erklärung zu Art. 3 beigefügt[157]. Daraus läßt sich entnehmen, daß allgemeine Einigkeit darüber bestand, unter dem Terminus "attack on marine and air fleets" auch Übergriffe auf separate Teile einer nationalen Handelsflotte, wie hier die Fischereiflotte, zu verstehen. Dieses muß zumindest auch für vergleichbar wichtige Teilflotten, beispielsweise die Tankerflotte, gelten.

c) Konsequenzen für die Beurteilung der Staatenpraxis, insbesondere der Vorgänge während des Tankerkrieges im Persischen Golf

Es fragt sich, wie vor diesem Hintergrund die im ersten Kapitel dargestellten Fälle aus der Staatenpraxis zu beurteilen sind. Schwierige Grenzfragen werfen insbesondere die Vorkommnisse während des Tankerkreiges im Persichen Golf auf. Kennzeichnend war dabei, daß die Übergriffe nur gelegentlich erfolgten, nur in bestimmten Gewässern und mehr oder weniger wahllos gegenüber Schiffen verschiedener Nationalitäten. Auch das Aussetzen unbefestigter Treibminen durch den Iran war ein

154 In diesem Sinne Lagoni, ebenda.
155 Bruha, a.a.O., 117 Anm. 101.
156 Siehe hierzu die überblicksmäßige Zusammenstellung in YBUN 28 (1974), 844.
157 Siehe die explanatory note zu Art.3, zitiert in § 20 des Berichts des special committee, UN Doc. A/9619 and Corr. 1.

prägendes Element dieses Konfliktes. Damit verbunden war die Gefährdung der Ölversorgung für zahlreiche Staaten der Welt.

Der systemkonforme Ansatz für die rechtliche Einordnung der Vorgänge während des Tankerkrieges im Persischen Golf dürfte im richtig verwendeten Rückgriff auf Art. 4 der Aggressionsdefinition liegen. Diese Bestimmung stellt klar, daß die in Art. 3 aufgeführten Tatbestände nicht abschließend sind[158]. Aus der Existenz dieser Bestimmung wird man nicht den Schluß ziehen können, infolge der umfassenden Beurteilungsprärogative des Sicherheitsrates seien die in Art. 3 festgelegten typischen Aggressionskriterien zur Makulatur geworden. Art. 4 trägt vielmehr dem bereits erwähnten, von den Staatenvertretern wiederholt betonten (und in Art. 2 in negativer Form ausdrücklich formulierten) Grundsatz Rechnung, daß die Schwere der Betroffenheit das entscheidende Element für die Annahme eines Aggressionsaktes darstellt. Art. 4 der Aggressionsdefinition faßt daher solche Handlungen ins Auge, die in ihrer Schwere den Regelbeispielen des Art. 3 zumindest annähernd entsprechen, ohne daß die dort genannten Tatumstände vorliegen.

Demgemäß ist es denkbar, daß Angriffe gegen Handelsschiffe, die (noch) nicht den Charakter von Angriffen gegen die Handelsflotte insgesamt besitzen, aus besonderen Gründen einmal den Flaggenstaat in annähernd vergleichbarer Weise beeinträchtigen und aus diesem Grund vom Sicherheitsrat als Aggressionshandlungen gewertet werden können. Dies wird insbesondere dann anzunehmen sein, wenn durch die Angriffe die Versorgung des Flaggenstaates mit wesentlichen Rohstoffen ernstlich gefährdet wird. Auch vermag in einer besonderen außenpolitischen Krisensituation, wie sie etwa während des Mayaguez-Zwischenfalls bestanden hat[159], u.U. wohl schon ein einzelner Übergriff auf ein Handelsschiff wegen der damit verbundenen Gefahren für die nationale Sicherheit aufgrund der zu be-

---

158 Art. 4 besagt:

> The acts enumerated above are not exhaustive and the Security Council may determine that other acts constitute aggression under the provisions of the Charter.

159 Siehe zum Mayaguez-Zwischenfall im ersten Kapitel unter Abschnitt F.

fürchtenden Ausweitung der Konfliktsituation den Schweregrad eines Angriffs auf die Handelsflotte insgesamt zu erreichen. Allerdings muß gerade bei Heranziehung des Art. 4 stets berücksichtigt werden, daß - isolierte - Angriffe auf Handelsschiffe im Regelfall gerade keine Aggressionsakte sind.

Die wiederholten Übergriffe auf Handelsschiffe im Persischen Golf durch militärische bzw. paramilitärische Einheiten des Iran stellten demnach keine Aggressionsakte gegen alle auch nur gelegentlich oder am Rande berührten Staaten dar. Als Opfer einer Aggression konnte sich zum einen nur ein Staat fühlen, dessen Handelsschiffe systematisch unter Beschuß genommen wurden, sodaß von einem "Angriff auf die Handelsflotte" i.S. von Art. 3 (d) gesprochen werden kann. Zu nennen sind hier insbesondere Kuwait und Saudi-Arabien, aber auch ein Staat wie Liberia, dessen Tanker ein bevorzugtes (da ungeschütztes) Ziel iranischer Übergriffe waren, dürfte in diese Kategorie fallen.

Unter Heranziehung des Art. 4 und des darin verkörperten "Schwereprinzips" liegen Aggressionshandlungen zum anderen gegenüber solchen Staaten vor, deren Schiffe zwar nicht regelmäßig oder systematisch beschossen wurden, die jedoch aufgrund der Häufigkeit der (wahllosen) Übergriffe auf sie oder infolge der besonderen Auswirkungen wenigstens annähernd in einem Maße davon betroffen waren, wie es bei einem - gezielten - Angriff auf ihre Handelsflotte der Fall gewesen wäre. In diesem Zusammenhang ist die (von zahlreichen Regierungen zu recht betonte) besonderen Bedeutung der Straße von Hormuz für die Ölversorgung und die internationale Weltwirtschaft hervorzuheben. Aufgrund der Funktion des Persischen Golfs als zentraler Ölversorgungsweg stellten die massiven Angriffe auf Öltanker für eine Vielzahl von Staaten eine ernstzunehmende Bedrohung ihrer wirtschaftlichen Existenzgrundlage dar[160]. Ohne den umfangreichen militärischen Einsatz verschiedener Staaten zum Schutz ihrer Handelsschiffe hätten die Übergriffe mit Sicherheit noch wesentlich dramatischere Ausmaße angenommen.

---

[160] Zu näheren Einzelheiten über die Abhängigkeit der jeweiligen Staaten von Erdöllieferungen aus dem Persischen Golf vgl. die Nachweise in Anm. 69 des ersten Kapitels.

Ohne Schwierigkeit läßt sich daher z.B. bei Japan, das nahezu seine gesamten Erdölimporte über den Persischen Golf transportierte und durch die besagten Angriffe auf die Schifffahrt in seiner Versorgung existentiell gefährdet war, ein Anwendungsfall des Art. 4 der Aggressionsdefinition befürworten. Problematischer ist die Situation bei den Vereinigten Staaten. Übergriffe auf Schiffe unter amerikanischer Flagge erfolgten trotz der Umflaggung kuwaitischer Tanker wohl nicht von solcher Häufigkeit, daß - unter Berücksichtigung der restriktiven Grundentscheidung in Art. 3 (d) der Aggressionsdefinition - ein systematischer, gezielter Angriff gegen die "Handelsflotte" vorgelegen hätte. Auch war die Betroffenheit der USA von den Auswirkungen der gegen ihre Schiffe gerichteten Angriffe deutlich geringer als diejenige Japans, da die USA nur etwa 30 % ihres Rohöls durch das umkämpfte Gebiet transportierten und in keiner Phase des Konflikts eine wirkliche Energiekrise zu vergegenwärtigen hatten. Gleichwohl dürften auch hier angesichts der überragenden Bedeutung einer stabilen Ölversorgung für das wirtschaftliche Wohlergehen die damals konkret zu befürchtenden Beeinträchtigungen auf dem Energiesektor bereits ausgereicht haben, um auch die Angriffe auf Tanker unter amerikanischer Flagge als Aggressionsakte gemäß Art. 4 der Definition anzusehen.

Anders stellt sich dagegen die Lage bei Staaten wie der Bundesrepublik Deutschland oder der UdSSR dar, die nur ganz selten und offenbar versehentlich in direkte Mitleidenschaft gezogen wurden und deren Rohölversorgung (infolge dieser Angriffe) nicht wirklich auf dem Spiel stand. Indirekte Auswirkungen, die ggf. aus Übergriffen gegen Schiffe von sonstigen Drittstaaten resultieren könnten, z.B. Engpässe in der Erdölversorgung in Europa infolge von Übergriffen gegen liberianische Erdöltanker und infolgedessen die Verteuerung der Energiepreise, müssen in diesem Zusammenhang außer Betracht bleiben.

Die Minenlegetätigkeit des Iran in der Straße von Hormuz während des Golfkrieges ist grundsätzlich nach denselben Kriterien zu beurteilen wie die gezielten ÜberwasserAngriffe dieses Staates auf einzelne Schiffe. Das Aussetzen unbefestigter

Treibminen verstieß gegen Art. 1 der noch heute gültigen Haager Konvention über das Aussetzen automatischer Unterwasser-Kontaktminen vom 18. Oktober 1907[161] und stellte damit zumindest eine unzulässige bewaffnete Gewaltanwendung in den internationalen Beziehungen der Staaten i.S. von Art. 2 Ziff. 4 VN-Charta dar. Soweit von völkerrechtswidrig ausgesetzten Minen Handelsschiffe neutraler Staaten nur vereinzelt betroffen sind, dürfte diesen Staaten gegenüber in Anbetracht der Beschränkung des Aggressionstatbestandes in Art. 3 (d) der Aggressionsdefinition auf Angriffe gegen die Handelsflotte in der Regel kein Aggressionsakt vorliegen[162]. Die in großem Stil und über einen langen Zeitraum hinweg betriebene Verminung der Straße von Hormuz ist dagegen als "Angriff auf die Handelsflotte" insbesondere mancher Golfanliegerstaaten zu werten. Im Verhältnis zu anderen Staaten, deren Handelsschiffe in zahlenmäßig geringerem Umfang betroffen, jedoch nicht unwesentlich von diesen Öltransporten abhängig waren, greift abermals der "Schweregedanke" des Art. 4 der Definition ein. Auch ihnen gegenüber war die systematische Verminung der Straße von Hormuz mit unbefestigten Kontaktminen ein Aggressionsakt. Im Unterschied zu Überwasser-Angriffen kommt schließlich noch hinzu, daß sich das Minenlegen auch gegen neutrale Kriegsschiffe richtete, die zum Schutz ihrer Handelsschiffe im Persischen Golf operierten. Da grundsätzlich jeder Angriff auf ein Kriegsschiff einen Aggressionsakt darstellt, waren die Staaten, die Marineeinheiten in den Golf entsandt hatten, unabhängig vom konkreten Ausmaß ihrer Betroffenheit (sofern kein minderschwerer Fall i.S. des Art. 2 der Definition gegeben war) schon aus diesem Grund Opfer einer Aggressionshandlung[163].

---

[161] Convention relative à la pose de mines sous-marines automatiques de contact, veröffentlicht in: Reichsgesetzblatt 1910, 231 ff. Vgl. dazu Hoog, Mines, in: EPIL, Instalment 3, 283 ff.
[162] Brownlie, a.a.O., 305 ff.; sowie ders., Use of Force in Self-Defence BYIL 37 (1961), 183 ff. (256), betrachtet offenbar jede Art rechtswidriger Minenlegung als Fall des "bewaffneten Angriffs" i.S. von Art. 51 VN-Charta.
[163] Leckow, The Iran-Iraq Conflict in the Gulf: The Law of War Zones, ICLQ 37 (1988), S. 629 ff. (642), bezeichnet das Auslegen von Minen durch den Iran in der Fahrstraße eines neutralen Konvois als "direkte Gewaltanwendung, welche die Anwendung verhältnismäßiger Maßnahmen in Selbstverteidigung" gestatte.

Selbst wenn man hier zunächst unterstellt (diese Frage wird im folgenden Abschnitt erörtert werden), daß alle Aggressionsakte auch "bewaffnete Angriffe" im Sinne von Art. 51 VN-Charta sind, erscheint das Vorgehen der US-Marine bei der Bekämpfung der iranischen Minenlegetätigkeit[164] in manchen Situationen als rechtlich zweifelhaft. Im Falle der Zerstörung zweier iranischer Bohrinseln am 18. April 1988 - als Reaktion auf das einige Tage zuvor erfolgte Auflaufen einer amerikanischen Fregatte auf eine Mine - könnte möglicherweise noch ein ausreichender Zusammenhang mit einer Angriffssituation angenommen werden, da die Bohrinseln von iranischen Revolutionsgarden militärisch genutzt waren. Eindeutig eine unzulässige bewaffnete Repressalie stellte dagegen das Zerstören einer iranischen Bohrinsel am 19. Oktober 1987 dar. Diese Maßnahme war als Antwort auf vorangegangene Angriffe Irans auf umgeflaggte kuwaitische Tanker durchgeführt worden und besaß offenkundig reinen Strafcharakter[165].

Die von den USA in Aussicht gestellte Schutzgewährung zugunsten von Handelsschiffen anderer neutraler Staaten im Persischen Golf[166] hätte nur insoweit auf das Recht der kollektiven Selbstverteidigung gemäß Art. 51 VN-Charta gestützt werden können (wie dies von Vizepräsident Bush vor dem VN-Sicherheitsrat zumindest angedeutet wurde), als gegenüber den Flaggenstaaten der angegriffenen Handelsschiffe ein "bewaffneter Angriff" vorgelegen hätte. Jedenfalls sofern man auch hier die Identität von Aggressionsakten und "bewaffneten Angriffen" zunächst unterstellt, konnte davon jedoch, wie dargelegt, nicht generell ausgegangen werden. Das Verhalten der französischen Marine steht mit dieser Rechtsauffassung in Übereinstimmung. Wie oben ausgeführt[167], war die französische Marine erst

---

[164] Vgl. 1. Kapitel G. 1.

[165] Vgl. Leckow, a.a.O., 643 (Anm. 80), der das amerikanische Verhalten in beiden genannten Fällen der Sprengung von iranischen Ölförderplattformen als eine unzulässige nicht-kriegerische Repressalie betrachtet. Dagegen hält es O'Brien, Reprisals, Deterrence and Self-Defense in Counterterror Operations, VJIL 30 (1990), 421 ff. (468 f.), für offen, ob die genannten Maßnahmen der US-Marine präventiven, d.h. abschreckenden oder Strafcharakter trugen.

[166] Vgl. 1. Kapitel G. 3. a)

[167] Siehe 1. Kapitel G. 3. b) (1).

dann bereit, ein Kriegsschiff, das ein Handelsschiff eines dritten neutralen Staates angegriffen hatte, unter Beschuß zu nehmen, wenn die Angriffshandlungen nicht aufgehört hatten, nachdem ein französisches Kriegsschiff in Feuerreichweite gekommen und dieses somit bei Fortdauer des Angriffs auf das Handelsschiff selbst bedroht war. Der Angriff auf ein Kriegsschiff stellt, wie eingangs erwähnt, nach allen Auffassungen einen Aggressionsakt dar.

Die Vereinigten Staaten bewiesen mit ihrer Argumentation immerhin Konsequenz, als sie einerseits sämtliche Übergriffe auf neutrale Handelsschiffe im Persischen Golf als "bewaffnete Angriffe" bezeichneten und sich andererseits bereit erklärten, allen (befreundeten) neutralen Drittstaten im Wege der kollektiven Selbstverteidigung zu Hilfe zu kommen. Diese Konsequenz ließ die britische Regierung vermissen. Obwohl sie ebenfalls Angriffe auf Handelsschiffe generell als "bewaffnete Angriffe" im Sinne von Art. 51 VN-Charta klassifizierte, sah sie sich ausdrücklich nicht nur aus politischen, sondern auch aus Rechtsgründen zu einem militärischen Schutz für fremde Handelsschiffe nicht in der Lage[168]. Für diese Zurückhaltung hätte - ein entsprechendes Hilfeersuchen des (insoweit mit Hoheitsgewalt ausgestatteten) Kapitäns des angegriffenen Handelsschiffs vorausgesetzt - bei Annahme einer Selbstverteidigungslage gemäß Art. 51 VN-Charta keine rechtliche Notwendigkeit bestanden.

2. Die Beziehung zwischen Aggression und "bewaffnetem "Angriff"

In den unmittelbar vorangehenden Ausführungen ist unterstellt worden, daß aus dem Vorliegen eines Aggressionsaktes auf eine Selbstverteidigungslage im Sinne von Art. 51 VN-Charta, d.h. auf das Stattfinden eines "bewaffneten Angriffs" geschlossen werden könne. Gegen diese Schlußfolgerung könnte eingewendet werden, daß der Begriff der "Aggression" mit demjenigen des "bewaffneten Angriffs" nicht identisch ist. Hierfür spricht, daß die Präambel der Aggressionsdefinition wohl auf Art. 39,

[168] Vgl. 1. Kapitel G. 3. b) (2).

41 und 42 VN-Charta Bezug nimmt, nicht aber auf Art. 51 VN-Charta. Auch wurde während der Beratungen über den Entwurf der Resolution über die Aggressionsdefinition von seiten der USA[169], Großbritanniens[170] und Italiens[171] betont, daß diese Resolution keine solche über das Selbstverteidigungsrecht der Staaten nach Art. 51 VN-Charta sei.

Andererseits vertrat Frankreich im Sechsten Ausschuß der VN-Generalversammlung den Standpunkt, daß sich der Wert der Definition nicht darin erschöpfe, dem Sicherheitsrat für sein Vorgehen nach Art. 39 VN-Charta Richtlinien zu geben; sie reiche vielmehr weiter und kläre in mancher Hinsicht das Recht auf Selbstverteidigung gegen einen "bewaffneten Angriff" gemäß Art. 51 VN-Charta[172]. Der Vertreter der Bundesrepublik führte aus, die Aggressionsdefinition diene den Staaten als Richtschnur für die Bestimmung des Selbstverteidigungsrechts nach Art. 51 VN-Charta[173]. Die Niederlande sahen in der Beschränkung des Aggressionsbegriffs auf den Gebrauch von Waffengewalt eine Verringerung der "discordance" zwischen der Wahl des Wortes "Aggression" in Art. 39 VN-Charta und des Begriffes "bewaffneter Angriff" in Art. 51[174]. Der rumänische Vertreter meinte, jeder Aggressionsfall stelle zugleich einen Fall der Selbstverteidigung dar. Die Aggressionsdefinition trage daher zur Klärung des Kampfes um Selbstverteidigung als Antwort auf eine bewaffnete Aggression bei[175].

---

169 Siehe die Äußerung des amerikanischen Vertreters vom 9. Mai 1973 im Special Committee on the Question of Defining Aggression, UN Doc. A/AC.134/SR.105.

170 Der britische Delegierte Steel sagte auf der 1477. Sitzung des Sechsten Ausschusses am 15. Oktober 1974, UN Doc. A/C.6/SR.1477, daß es sich um eine Definition der Aggression handele, die zwar für die Frage der Selbstverteidigung äußerst relevant sei, aber eben keine Definition des Rechts auf Selbstverteidigung darstelle. Aus diesem Grund sei die bekannte Streitfrage über die Natur und Reichweite des inhärenten Rechts auf Selbstverteidigung nach Art. 51 der VN-Charta durch diese Definition nicht beantwortet worden.

171 Vgl. die Stellungnahme des italienischen Vertreters vom 28. Mai 1973, UN Doc. A/AC.134/SR.106.

172 Sechster Ausschuß, 1474. Sitzung, 11. Oktober 1974, UN Doc. A/C.6/SR.1474.

173 UN Doc. A/C.6/SR.1478.

174 UN Doc. A/C.6/SR.1473.

175 UN Doc. A/C.6/SR.1475.

Die Sowjetunion legte im Special Committee on the Question of Defining Aggression den Standpunkt dar, der in Art. 2 Ziff. 4 VN-Charta gebrauchte Wortlaut "the threat or use of force" gehe weiter als die in Art. 39 und 51 VN-Charta verwendeten Formulierungen. Zugleich sei der Ausdruck "act of aggression" in Art. 39 VN-Charta umfassender zu verstehen als der Begriff "armed attack" nach Art. 51 VN-Charta. Jeder bewaffnete Angriff stelle offensichtlich einen Aggressionsakt dar, aber nicht alle Aggressionsakte seien bewaffnete Angriffe[176]. Dieselbe Rechtsauffassung vertrat der Delegierte Kolumbiens auf der Ersten Sondersitzung der VN-Generalversammlung am 1. November 1956 in der Debatte über die britische und französische Intervention am Suez-Kanal[177].

Aus dem Gesamtzusammenhang der Art. 39, 41, 42 und 51 VN-Charta folgt, daß die Konzepte der Aggression und des bewaffneten Angriffs nicht beziehungslos nebeneinander stehen. Über die Art des gegenseitigen Verhältnisses gehen allerdings die Meinungen auch in der Literatur auseinander. Zum Teil wird angenommen, der Aggressionsbegriff reiche weiter als der Anwendungsbereich des bewaffneten Angriffs[178]. Nach einer anderen Auffassung sind diese in der Sache praktisch identisch[179]. Fi-

---

[176] A.a.O., UN Doc. A/AC.134/SR.105.

[177] GAOR, 1st Emergency Special Session, Plenary Meetings, 562nd meeting, para. 31. Vgl. dazu auch im 3. Kapitel unter Abschnitt B. 4.

[178] Siehe Dahm, a.a.O., 49 und 53; Dinstein, a.a.O., 1988, 119 ff. und 173; Giegerich, a.a.O., Meier, a.a.O., 378 ff. (m.w.N. in Anm. 6 auf S. 375 f.), 31; Mrazek. a.a.O., 91; Singh/McWhinney, Nuclear Weapons and Contemporary International Law, 2. Aufl. 1989, 97 ("the much narrower concept of armed attack").

[179] Eine direkte Entsprechung von Aggression und bewaffnetem Angriff nimmt Broms, The Definition of Aggression, a.a.O., 370, an. Auch Ago, Introduction of draft Article 34 (Self-Defence) for draft articles od State Responsibility, in: YBILC 1980/I, 184 - 194 (187), behandelt Aggression und bewaffneten Angriff identisch, wenn er ausführt, daß Selbstverteidigung nur als Antwort auf eine Aggression und nicht als Reaktion auf andere rechtswidrige Handlungen zulässig sei. Nach Ansicht Wolfrums, Reflagging and Escort Operation in the Persian Gulf: An International Law Perspective, VJIL 29 (1989), 387 (397), folgt aus der Tatsache, daß ein Angriff auf eine Handelsflotte eine Angriffshandlung im Sinne der Aggressionsdefinition darstellt, daß entsprechende Gegenmaßnahmen durch Art. 51 VN-Charta gerechtfertigt seien. Damit wird implizit ausgesagt, daß entweder die Begriffe des bewaffneten Angriffs nach Art.

scher[180], Fleck[181], Ipsen[182] und Kersting[183] schließlich sehen den Begriff der "Aggression" enger als denjenigen des "bewaffneten Angriffs".

Für einen weiteren Inhalt des Begriffs "Aggression" gegenüber dem Terminus "bewaffneter Angriff" könnte der Ausnahmecharakter des Art. 51 VN-Charta sprechen, der eine im Vergleich zu Art. 39 VN-Charta engere Auslegung des Art. 51 VN-Charta nahelegen könnte. Diese Sichtweise wird durch die französische Fassung der VN-Charta gestützt, die in Art. 51 den Begriff "agression armée" (und nicht etwa "attaque armée") verwendet, während in Art. 1 Ziff. 1, 39 und 53 Abs. 1 lediglich von "agression" gesprochen wird. Daraus könnte zu schließen sein, daß der Begriff der Angriffshandlung (englisch: aggression) der Oberbegriff ist. Auch der Vergleich mit anderen völkerrechtlichen Vertragswerken, die in zeitlicher Nähe zur VN-Charta entstanden sind und ausdrücklich auf diese verweisen, deutet eher darauf hin, daß der Begriff des "bewaffneten Angriffs" der engere ist und einen Unterfall der "Angriffshandlung" im Sinne von Art. 39 VN-Charta darstellt. So heißt es in Art. 6 des Interamerikanischen Beistandspaktes vom 2. September 1947[184]:

> If the inviolability or the integrity of the territory or the sovereignty or political independence of any American State should be affected by an aggression which is not an armed attack (...). [Hervorhebung hinzugefügt]

---

51 VN-Charta und der Angriffshandlung nach Art. 39 identisch seien, oder daß der Begriff der Angriffshandlung enger sei. Siehe hierzu auch Bryde, Self-Defence, in: EPIL, Instalment 4, 212 ff. (213).

180 Fischer, a.a.O., 878.

181 Fleck, Rules of Engagement for Maritime Forces and the Limitation of the Use of Force under the UN Charter, GYIL 31 (1988), 165 ff. (175 f.).

182 Ipsen, ebenda.

183 Kersting, Bündnisfall und Verteidigungsfall, 1979, 59 - 81, sowie ders., "act of aggression" und "armed attack" - Anmerkung zur Aggressionsdefinition der UN, a.a.O., insbes. 142.

184 UNTS Vol. 21, 77.

Beinahe identisch formuliert Art. 28[185] der Charta der amerikanischen Staaten vom 30. April 1948[186]:

> If the inviolability or the integrity of the territory or the sovereignty or political independence of any American State should be affected by an armed attack or by an act of aggression that is not an armed attack. (...) [Hervorhebung hinzugefügt]

Auch der Manila-Vertrag[187] vom 8. September 1954[188] stellt Aggression als den Oberbegriff heraus:

> Art. IV
> (i) Each Party recognizes that aggression by means of armed attack (...).

Von einer Entsprechung der Begriffe "bewaffnete Aggression" und "bewaffneter Angriff" i.S. des Art. 51 VN-Charta geht - ebenso wie die französische Fassung der VN-Charta - der Vertrag über die gemeinsame Verteidigung und wirtschaftliche Zusammenarbeit der Staaten der Arabischen Liga vom 13. April 1950[189] aus[190]. Daraus folgt, daß der Bedeutungsinhalt des Terminus "Aggression" (ohne den Zusatz bewaffnete Aggression) auch

---

185 Nach der ursprünglichen Fassung Art. 25. Die aktuelle Numerierung folgt aus dem Protokoll von Buenos Aires vom 27. Februar 1967, dem Reformprotokoll zur Charta der amerikanischen Staaten, das diesen Artikel im Wortlaut unverändert übernahm.
186 UNTS Vol. 119, 3.
187 Zwischen Australien, Frankreich, Großbritannien, Neuseeland, Pakistan, den Philippinen, Thailand und den USA.
188 UNTS Vol. 209, 23.
189 UNTS Vol. 70, 237. Dagegen spricht der Pakt über die Arabische Liga vom 22. März 1945, abgedruckt in: AJIL Vol. 49 (1955) Suppl. S. 51 ff., noch nicht von "bewaffneter Aggression", sondern schlicht von "Aggression" (Art. 6).
190 Vgl. etwa Art. 2:

> The contracting States consider any act of armed aggression made against any one or more of them or against their forces, to be directed against them all, and therefore in accordance with the right of legal defense, individually and collectively they undertake to hasten to the aid of the State or States against whom such an aggression is made, and to take immediately, individually or collectively, all means available including the use of armed force to repel the aggression and restore security and peace. And in conformity with Article 6 of the Arab League Pact and Art. 51 of the United Nations Charter, the Arab League Council and U.N. Security Council should be notified of such act of aggression and the means and procedure taken to check it.

nach dieser Vorstellung zumindest nicht enger sein kann als derjenige des "bewaffneten Angriffs".

Trotz des unterschiedlichen Kreises der Vertragsstaaten ist es angesichts der zeitlichen Nähe ihrer Entstehung nur schwer vorstellbar, daß der VN-Charta und den genannten Paktsystemen ein grundsätzlich verschiedenes Begriffsverständnis in einer so wichtigen Frage zugrundegelegen hätte. Auch die wiederholten Verweisungen auf die VN-Charta geben zu erkennen, daß sich die Mitgliedstaaten dieser Regionalorganisationen nicht bewußt vom Vorstellungsbild der VN-Charta distanzieren, sondern das als herrschend vorgefundene aufgreifen wollten.

Im Gegensatz zu der oben erwähnten, durchaus zahlreich vertretenen Literaturmeinung ist daher der Begriff der "Aggression" zumindest nicht enger gefaßt als derjenige des "bewaffneten Angriffs". Demzufolge stellt ein bewaffneter Angriff zwangsläufig auch einen Aggressionsakt dar[191]. Daraus läßt sich jedenfalls ein <u>negativer</u> Rückschluß in der Art ziehen, daß bei Nichtauftreten einer Aggressionshandlung auch kein bewaffneter Angriff angenommen werden kann[192]. Aus der Grundsatzentscheidung in der Aggressionsdefinition, wonach isolierte Übergriffe auf Handelsschiffe im Regelfall keine Aggressionsakte sind, folgt daher, daß solche Übergriffe grundsätzlich auch keinen Fall des "bewaffneten Angriffs" im Sinne von Art. 51 VN-Charta darstellen.

Mit dieser Feststellung ist jedoch noch nicht geklärt, ob aus der Begehung eines Aggressionsaktes auch ein <u>positiver</u> Rückschluß auf die Existenz eines bewaffneten Angriffs gezogen werden kann. Dies würde voraussetzen, daß sich die Begriffe "Aggression" und "bewaffneter Angriff" inhaltlich vollkommen entsprechen. Der genannte positive Rückschluß wäre nicht möglich, wenn "Aggression" der Oberbegriff wäre, der den "bewaff-

---

191 Frowein, in: Simma (Hrsg.), Kommentar zur Satzung der Vereinten Nationen, 1991, zu Art. 39, Rdnr. 12. Den umgekehrten Ansatz, daß ein bewaffneter Angriff bei einer Aggression immer gegeben sei, wählte Frowein dagegen früher in: Der Beitrag der internationalen Organisationen zur Entwicklung des Völkerrechts, ZaöRV, Bd. 36 (1976), 147 ff. (157).

192 Zu diesem Ergebnis eines negativen Rückschlusses gelangt Giegerich, ebenda.

neten Angriff" zwar einschlösse, in seinem Anwendungsbereich aber noch darüber hinausginge.

Wie die vorstehenden Ausführungen zeigen, läßt sich eine derartige Kongruenz zwischen "Angriffshandlung" (aggression) nach Art. 39 VN-Charta und "bewaffnetem Angriff" (armed attack) gemäß Art. 51 VN-Charta aus dem Wortlaut oder der Systematik der VN-Charta nicht zwingend ableiten. Insbesondere der Vergleich mit nur kurzzeitig später entstandenen Vertragswerken weist eher in die gegenteilige Richtung. Demgegenüber läßt sich zugunsten eines identischen Bedeutungsinhaltes anführen, daß bei der Ausarbeitung der VN-Charta die Begriffe "Aggression" und "bewaffneter Angriff" von den Staatenvertretern in sehr undifferenzierter und oftmals identischer Weise verwendet wurden. Nur beispielhaft sei hier ein von den USA auf der Konferenz von San Francisco ausgearbeiteter Textvorschlag für den späteren Art. 51 VN-Charta wiedergegeben, in dem die Worte "aggression" und "armed attack" synonym gebraucht wurden[193]:

> Should the Security Council not succeed in preventing aggression, and should aggression occur by any state against any member state, such member state possesses the inherent right to take necessary measures for self-defense. The right to take such measures for self-defense against armed attack shall also apply to understandings or arrangements like those embodied in the Act of Chapultepec (...).

Bei der Auslegung des französischen Wortlauts des Art. 51 VN-Charta (agression armée) ist im übrigen zu bedenken, daß der auf der Gründungskonferenz von San Francisco schließlich angenommene Textentwurf zu diesem Artikel in englischer Sprache abgefaßt war[194]. Die Vereinigten Staaten (die - wie das vorige Zitat belegt - zwischen den Begriffen "Angriffshandlung" und "bewaffneter Angriff" nicht näher unterschieden haben) hatten an der Ausarbeitung dieses Vorschlags maßgeblichen Anteil. Die Formulierung "agression armée" in der französischen Fassung kann daher auf eine etwas ungenaue Übersetzung des englischen

[193] U.S. For. Rel., 1945, I, 691.
[194] Siehe zur Entstehungsgeschichte des Art. 51 VN-Charta im 3. Kapitel unter Abschnitt B. 3.

Entwurfs zurückzuführen sein. Schon deshalb muß die französische Formulierung des Art. 51 VN-Charta nicht als bewußte Abgrenzung zu einer "schlichten" Aggression (ohne den Zusatz bewaffnete) gemäß Art. 39 VN-Charta zu sehen sein. Aus der französischen Fassung der VN-Charta sollte daher kein entscheidendes Argument gegen einen identischen Begriffsinhalt dieser Termini abgeleitet werden.

Ausschlaggebend zugunsten der Bedeutungsidentität ist letztlich der Umstand, daß, wie oben unter Abschnitt B. ausgeführt, Ziel und Zweck der VN-Charta eine extensive Auslegung des Art. 51 VN-Charta gebieten. Die teleologische Interpretation muß der tatsächlichen Entwicklung der Begleitumstände und damit den aufgetretenen Unzulänglichkeiten bei der Gewährleistung kollektiver Sicherheit durch den VN-Sicherheitsrat Rechnung tragen. Aus diesem Grund darf die - unvermeidliche - "Rechtsschutzlücke" zwischen Art. 2 Ziff. 4 und 51 VN-Charta, d.h. der Bereich, in dem einem Staat, der von einer gewaltsamen Rechtsverletzung betroffenen ist, das Selbstverteidigungsrecht nach Art. 51 VN-Charta verwehrt bleibt, nicht zu groß werden[195]. Dieses Ziel ist nur zu erreichen, wenn gegenüber jeder Aggressionshandlung das Selbstverteidigungsrecht gemäß Art. 51 VN-Charta gegeben ist.

Die oben genannten Gesichtspunkte (der französische Wortlaut, die Systematik, der Vergleich mit nur kurzzeitig später entstandenen Vertragswerken und die Intention der Gründungsväter der VN-Charta) verbieten es zwar, den Begriff "bewaffneter Angriff" noch weiter auszulegen als denjenigen der "Aggression". Sie stehen aber einer Interpretation, die diese beiden gleichsetzt, nicht zwingend im Wege. Insbesondere ist diese Auslegung unter Berücksichtigung der gebotenen Vorsicht bei der Betrachtung des französischen Chartatextes mit den Grenzen der Wortlautinterpretation noch vereinbar. Angesichts der Notwendigkeit, die VN-Charta durch eine geeignete, an ihrem Ziel und Zweck ausgerichtete Interpretation praktikabel zu machen,

---

[195] Vgl. dazu auch die in Anm. 82 zitierten Ausführungen von Sir Robert Jennings in seinem Sondervotum zur Nicaragua-Entscheidung des IGH.

sind daher die Begriffe "Aggression" und "bewaffneter Angriff" als inhaltsgleich zu betrachten.

Sonach kann von der Existenz eines Aggressionsaktes stets auch auf das Vorliegen eines "bewaffneten Angriffs" geschlossen werden. In dieses Bild paßt, daß der IGH in der Nicaragua-Entscheidung den Aggressionstatbestand in Ziffer 3 (g) der Definition, Entsendung bewaffneter Banden in das Territorium eines anderen Staates, als Ausdruck des Völkergewohnheitsrechts gesehen und ohne weitere Bedenken als "bewaffneten Angriff" gewürdigt hat[196]. Daher ist immer dann, wenn ein Angriff auf ein Handelsschiff ausnahmsweise wegen seiner besonderen Schwere eine Aggression gemäß Art. 39 VN-Charta darstellt, auch ein "bewaffneter Angriff" nach Art. 51 VN-Charta gegeben.

3. Die rechtliche Relevanz der Aggressionsdefinition

Mit der Feststellung, daß Angriffe auf Handelsschiffe nach der Aggressionsdefinition im Regelfall nicht als Aggressionsakte zu betrachten sind, und mit der grundsätzlichen Klärung der Beziehung zwischen Aggression und bewaffnetem Angriff ist noch keine Aussage über die rechtliche Relevanz der Aggressionsdefinition getroffen. Resolutionen der VN-Generalversammlung stellen nach herrschender Erkenntnis jedenfalls keine der in Art. 38 Abs. 1 Ziff. a) und b) IGH-Statut genannten Völkerrechtsquellen dar[197]. Das würde nicht hindern, auf die Resolu-

[196] A.a.O., 103, para. 195.

[197] Siehe etwa Frowein, The Internal and External Effects of Resolutions by International Organizations, ZaöRV 49 (1989), 778 ff. (788); Schwebel, United Nations Resolutions, Recent Arbitral Awards and Customary International Law, in: Bos/Siblesz (Hrsg.), Realism in Law-Making, Essays on International Law in Honour of Willem Riphagen, 1986, 203 ff.

Nicht durchsetzen konnte sich der Ansatz, einstimmig oder mit überwältigender Mehrheit verabschiedete Generalversammlungsresolutionen als instant custom zu betrachten (zurückzuführen auf Cheng, United Nations Resolutions on Outer Space: "Instant" International Customary Law?, Indian Journal of International Law 5 (1965), 23 ff. (36 ff.), siehe auch Sohn, The Development of the Charter of the United Nations: The Present State, in: Bos [Hrsg.], The Present State of International Law and other Essays, ILA Centenary [1973], 39 ff. [50 ff.]). Wenig Anklang fand auch der Versuch, die Zustimmungserklärung zu einer Deklaration mit einem Vertragsschluß gleichzusetzen. (In diesem Sinn Asamoah, The Legal Significance of the Declarations of the General Assembly of the UN, 1966, 70. Dagegen etwa ArangioRuiz, Normative Role of the General Assembly of the United Nations and the Declaration of Principles of Friendly Relations with an Appendix on the Concept of International Law and the Theory of International Organization, in: RdC 137 [1972 III], 419 ff. [490].)

Eine unzulässige Vereinfachung stellt auch der Schluß Asamoahs, a.a.O., 15, von dem Handeln der Staaten innerhalb internationaler Organisationen auf den Charakter der Entscheidungen dieser internationaler Organisationen als formale Völkerrechtsquelle dar ("the decisions of international organizations are made by states which are members and [...] if the practice of states is a formal source of law, the decisions of international organizations, which are the collective acts of states, are capable of being formal source of law"). Diese Begründung stellt einen Zirkelschluß dar, da die Frage, ob staatlichen Handlungen im Zusammenhang mit der Verabschiedung von Generalversammlungsresolutionen derselbe Anspruch auf Rechtserheblichkeit zukommt, wie im normalen Rechtsverkehr, erst zu beweisen und nicht vorauszusetzen wäre. Siehe zur Problematik, das Abstimmungsverhalten bei Resolutionen nicht nur als ein Element zur Bestimmung der Staatenpraxis, sondern als Staatenpraxis schlechthin anzusehen, auch Fußnote 215.

Beachtenswert ist dagegen der Ansatz von Simma, der auf die Möglichkeit hinweist, daß die Staaten vor, während oder nach der Abstimmung in der VN-Generalversammlung eine Resolution durch inhaltlich übereinstimmende einseitige Erklärungen oder durch auf sonstige Weise hergestellten zwischenstaatlichen <u>Konsens</u> als rechtsverbindlich anerkennen. Dieser formlose Konsens bilde die <u>ursprüngliche</u> Quelle des Völkerrechts. Er liege der Trias des Art. 38 IGH-Statut aber nicht nur historisch-genetisch zugrunde, er überlagere diese formalisierten Erzeugungsarten auch insofern, als kein förmlich erzeugter Rechtssatz die Staaten als Herren des positiven Völkerrechts daran hindern könne, das Völkerrecht einvernehmlich in formloser Weise weiterzubilden. Vgl. Simma, Methodik und Bedeutung der Arbeit der Vereinten Nationen für die Fortentwicklung des Völkerrechts, in: Kewenig (Hrsg.), Die Vereinten Nationen im Wandel, 1975, 79 ff. (97 ff.).

Voraussetzung für das Zustandekommen eines solchen Konsenses sei nach Simma allerdings, daß alle Staaten nicht nur den Inhalt der Resolution, sondern auch deren völkerrechtliche Verbindlichkeit ausdrücklich oder doch zumindest konkludent anerkennen (vgl. ebenda). - Auf die Bedeutung der Umstände des Einzelfalls bei der Verabschiedung und späteren Anwendung einer solchen Resolution, insbesondere die Erklärung der Staaten, an diese gebunden zu sein, soll weiter unten noch näher eingegangen werden.

Siehe auch allgemein zu der Frage, ob Resolutionen der Generalversammlung eine formale Völkerrechtsquelle i. S. von Art. 38 IGH-Statut darstellen, die Stellungnahmen auf dem internationalen Symposium über das Thema Judicial Settlement of International Disputes, veröffentlicht in: Mosler/Bernhardt (Hrg.), Beiträge zum ausländischen öffentlichen Recht und Völkerrecht, Bd. 62, 1974. Die ganz überwiegende Mehrzahl der Teilnehmer kam zu einem negativen Ergebnis. Vgl. nur die Distion zurückzugreifen, wenn und insoweit sie lediglich den bestehenden Rechtszustand beschreibend wiedergibt. Wie schon im vorigen Abschnitt erwähnt, führte der IGH in der Nicaragua-Entscheidung aus, Ziffer 3 (g) der Aggressionsdefinition, Entsendung bewaffneter Banden in das Territorium eines anderen Staates, "may be taken to reflect customary international law"[198]. Damit wird die Resolution jedoch noch nicht zu einer eigenen Rechtsquelle. Gerade in der Frage des Aggressionscharakters von Angriffen auf einzelne Handelsschiffe weicht sie, wie dargelegt, vom klassischen Aggressionsbegriff ab. Zumindest in diesem Punkt geht sie über die schlichte Wiedergabe des geltenden Völkergewohnheitsrechts hinaus.

Zahlreiche Ansätze wurden entwickelt, Generalversammlungsresolutionen trotz ihres an sich unverbindlichen Charakters[199] in bestimmten Fällen gleichwohl rechtliche Bedeutung beizumessen[200]. Vielfach liegt die Vorstellung zugrunde, einstimmig, bzw. wie hier im Konsensverfahren oder auch schon mit besonderer Mehrheit verabschiedeten Resolutionen käme eine gestei-

---

kussionsbeiträge von Verdross, 59, Scheuner, 61, Geck, 65 und Capotorti, 66.

Zunehmend wird heute jedoch die Auffassung vertreten, daß Resolutionen der VN-Generalversammlung immerhin zu den Hilfsmitteln bei der Rechtsfindung gemäß Art. 38 Abs. 1 d) IGH-Statut zu zählen sind, auch wenn sie dort nicht ausdrücklich genannt sind. Vgl. Skubiszewski, The Elaboration of General Multilateral Conventions and of Non-Contractual Instruments Having a Normative Function or Objective, Annuaire de l'Institut de Droit international, 61/I, Session d'Helsinki 1985, 29 ff. (71, 91 f.) m.w.N. In diesem Sinn äußerte sich bereits früher etwa Johnson, The Effect of Resolutions of the General Assembly of the United Nations, BYIL 32 (1955/56), 97 ff. (115 ff.).

198 A.a.O., 103, para. 195.

199 Vgl. nur Skubiszewski, a.a.O., 33 f.; Frowein, Der Beitrag der internationalen Organisationen zur Entwicklung des Völkerrechts, ZaöRV 36 (1976), 147 ff. (149 f.); Scheuner, Wandlungen in Aufgabenbereich und Struktur der Vereinten Nationen, in: Ulrich Scheuner/Beate Lindemann (Hrsg.), Die Vereinten Nationen und die Mitarbeit der Bundesrepublik Deutschland, 1973, 15, 39 ff.

200 Siehe etwa die Darstellung der Diskussion bei Tomuschat, Die Charta der wirtschaftlichen Rechte und Pflichten der Staaten - Zur Gestaltungskraft von Deklarationen der UN-Generalversammlung, ZaöRV 36 (1976), 444 ff. (465 - 486); Skubiszewski, Rechtscharakter der Resolutionen der Generalversammlung der Vereinten Nationen. 5. Deutsch-polnisches Juristen-Kolloquium, Bd. 2. Baden-Baden 1981, 13 - 43.

gerte Autorität zu. Voraussetzung ist jeweils, daß die Resolution, unabhängig von der Frage der formellen Bindungswirkung[201], eine konkrete materielle Rechtsaussage trifft.

In diesem Zusammenhang wenden manche Autoren[202] ein, die vorliegende Resolution habe die bestehenden Streitfragen offengelassen und führe im übrigen nur Aggressionsakte auf, über die schon vorher Einigkeit geherrscht habe. Auch zwinge die nicht abschließende Aufzählung in Art. 3 zum Rückgriff auf die allgemeine Generalklausel des Art. 1[203]. Bei deren Interpretation würden nur die bekannten Standpunkte wieder vorgebracht werden.

Zuzugeben ist, daß sich die Resolution selbst nur als eine Richtschnur bezeichnet[204]. Das oben beschriebene Abrücken vom klassischen Aggressionskonzept hinsichtlich der grundsätzli-

---

201 Eine formelle Bindungswirkung der vorliegenden Resolution ist mit Blick auf die Präambel (... Bearing in mind that nothing in this definition shall be interpreted as in any way affecting the scope of the provisions of the Charter with respect to the functions and powers of the organs of the Untited Nations ...) und Art. 6 (Nothing in this definition shall be construed as in any way enlarging or diminishing the scope of the Chrater ...), wo zum Ausdruck gebracht wird, daß keine Änderung der Kompetenzverteilung und damit auch keine Beschränkung der Befugnisse des Sicherheitsrates beabsichtigt ist, zu verneinen. Vgl. Bruha, a.a.O, 279, Anm. 8; Frowein, in: Kommentar zur Satzung der Vereinten Nationen, a.a.O., Rdnr. 11; Rambaud, a.a.O., 858, ferner zahlreiche Staatenvertreter im Sechsten Ausschuß, u.a. der Vertreter der Bundesrepublik, UN Doc. A/C.6/SR.1478. A.A. Zourek, a.a.O., 28 f., sowie der irakische Delegierte im Sechsten Ausschuß, UN Doc. A/C.6/SR.1478.

202 Vgl. etwa Stone, Conflict through Consensus, a.a.O., Kap. 9; Ferencz, Defining International Aggression, Vol. 2, a.a.O., 51; Fleck, Topical Approaches Towards Developing the Laws of Armed Conflict at Sea, in: Delissen/Tanja (Hrsg.), Humanitarian Law of Armed Conflict - Challenges Ahead, 1991, 407 ff. (410).

203 Art. 1 bestimmt:

> Aggression is the use of armed force by a State against the sovereignty, territorial integrity or political independence of another State, or in any other manner inconsistent with the Charter of the United Nations, as set out in this Definition.

204 Siehe folgenden Abschnitt der Präambel:

> Believing that, although the question whether an act of aggression has been committed must be considered in the light of all the circumstances of each particular case, it is nevertheless desirable to formulate basic principles as guidance for such determination, (...)

chen Nichteinbeziehung von isolierten Angriffen auf Handelsschiffe ist jedoch als beachtenswerte materiellrechtliche Aussage anzusehen[205]. Diese wird, wie ausgeführt, durch Art. 4 allenfalls relativiert, nicht jedoch aufgehoben oder gänzlich entwertet. Die Frage nach der rechtlichen Relevanz der Aggressionsdefinition stellt sich daher gerade in diesem Punkt mit unverminderter Schärfe.

Zu weit geht die Vorstellung, ein Staat müsse sich aus estoppel-Gründen[206], bzw. wegen des Verbots widersprüchlichen Verhaltens, an seinem Votum, wenn nicht sogar an dem gegen seine Stimme zustandegekommenen Abstimmungsergebnis festhalten lassen[207]. Diese Meinung verkennt die vielfach politische Natur des Abstimmungsvorgangs, wie auch schon bei der Ausarbeitung des Resolutionstextes oftmals politische Gründe neben rechtlichen Erwägungen vorherrschen und rechtspolitisch motivierte Kompromisse eingegangen werden[208].

---

205 Aufgrund dieses von der früher herrschenden Sichtweise deutlich abweichenden materiellen Aussagegehaltes kann die Aggressionsdefinition auch nicht als "Kristallisationspunkt" für eine einheitliche opinio iuris angesehen werden. Denn auch unter diesem Blickwinkel würde sie primär die bereits existierende opinio iuris reflektieren und allenfalls am Rande eine zusätzliche Rechtsfortbildung bewirken. Vgl. zu der Auffassung, daß Resolutionen dazu beitragen können, Gewohnheitsrecht herauszukristallisieren: Skubiszewski, The Elaboration of General Multilateral Conventions and of Non-Contractual Instruments Having a Normative Function or Objective, a.a.O., 115 f.; Verdross, Die Quellen des universellen Völkerrechts. Eine Einführung, 1973, 139; Soerensen, Principes de droit international public. Cours général, RdC 101, 1960-III, 1 ff. (100); Hambro, Some Notes on the Development of the Sources of International Law, Scandinavian Studies in Law, 1973, 75 ff. (92); Jiménez de Aréchaga, International Law in the Past Third of the Century, a.a.O., 31.

206 Siehe zum estoppel-Prinzip, wonach ein Staat an Erwartungen gebunden ist, die er durch sein Verhalten geweckt hat und auf die ein anderer Staat nach Treu und Glauben vertrauen durfte, Verdross/Simma, a.a.O., § 615, m.w.N.

207 So etwa Elias, Modern Sources of International Law, in: Friedman/Henkin/Lissitzyn (Hrsg.), Transnational Law in a Changing Society, 1972, 34 ff. (51); ders., Africa and the Development of International Law, 1972, 75. Siehe dagegen etwa Verdross/Simma, a.a.O., § 583.

208 Vgl. Scheuner, Diskussionsbeitrag, in: Judicial Settlement of International Disputes, An International Symposium, a.a.O., 61.

Einigkeit besteht heute darüber, daß Resolutionen der Generalversammlung Ausgangspunkt für die Fortentwicklung von Völkergewohnheitsrecht sein können[209]. Ebenso entspricht es gefestigter Erkenntnis, daß Generalversammlungsresolutionen das Entstehen von widersprechendem Völkergewohnheitsrecht zu verhindern und eine bisher existierende, entgegengesetzte *opinio iuris* zu zerstören vermögen[210]. Noch nicht geklärt ist dagegen die Frage des Ausmaßes ihres Einflusses auf die Neubildung von Völkerrecht. Zunehmend setzt sich jedoch die Auffassung durch, daß ihnen eine erhebliche Rolle zukommt[211]. Tomuschat etwa sieht sie in einem "Zwischenbereich" angesiedelt, "in dem die Frage nach Recht oder Nicht-Recht eine eindeutige Antwort nicht gibt"[212]. Sie sind demnach eine "wertvolle Orientierungshilfe" für die Rechtsfindung mit der Folge, daß einen Staat, der von den dort niedergelegten Regeln abweicht, eine "argumentative Beweislast" trifft[213]. Weiter stellt Tomuschat fest, daß Resolutionen in den Rand- oder Grauzonen des geltenden Rechts zu einem Faktor werden können, der die Gewichte auf der

---

[209] Vgl. nur beispielsweise Simma, a.a.O., 92 ff.; Schwelb, Neue Etappen der Fortentwicklung des Völkerrechts durch die Vereinten Nationen, Archiv des Völkerrechts, Bd. 13 (1966/67), 1 ff. (51); Skubiszewski, Non-binding resolutions and the law-making process, Polish Yearbook of International Law 15 (1986), 135 - 161; Tomuschat, a.a.O., 467.

[210] Siehe statt vieler Tomuschat, a.a.O., 486.

[211] Vgl. Bekhechi, Les résolutions des organisations internationales dans le processus de formation des normes en droit international, in: Flory/Mahiou/Henry (Hrsg.), La formation des normes en droit international du développement, 1984, 181 - 196 (189 ff.); Hambro, Diskussionsbeitrag, in: Judicial Settlement of International Disputes, An International Symposium, 1974, 57.

Nach der Gegenmeinung kommt VN-Resolutionen, unbeschadet der Möglichkeit, daß die in ihnen enthaltenen Regeln Teil des Völkergewohnheitsrechts zu werden vermögen, keinerlei rechtlich bedeutsame Funktion zu, siehe Seidl-Hohenfeldern, Hierarchy of the Norms Applicable to International Investments, in: Heere (Hrsg.), International law and its sources: liber amicorum Maarten Bos (1989), 147 - 163 (148 f.),

[212] Tomuschat, a.a.O., 476.

[213] Tomuschat, a.a.O., 481. Siehe in diesem Sinne auch Virally, Droit international et décolonisation devant l'ONU, AFDI 1963, 54; Higgins, Compliance with United Nations Decisions on Peace and Security and Human Rights Questions, in: Schwebel, The Effectiveness of International Decisions, 1971, 32 ff. (38).

Waagschaale endgültig in der einen oder anderen Richtung korrigiert[214].

Der IGH wies kürzlich in der Nicaragua-Entscheidung mit besonderem Nachdruck auf die Möglichkeit hin, für die Feststellung einer *opinio iuris* auf Generalversammlungsresolutionen zurückzugreifen. Die Zustimmung der Staaten könnte als Anerkennung der dort niedergelegten Rechtsregeln gewertet werden[215]:

> This opinio iuris may, though with all due caution, be deduced from, inter alia, tha attitude of the Parties and the attitude of States towards certain General Assembly resolutions, and particularly resolution 2625 (XXV) entitled "Declaration on principles of International Law concerning Friendly Relations and Co-operation among States in accordance with the Charter of the United Nations". The effect of consent to the text of such resolutions cannot be understood as merely that of a "reiteration or elucidation" of the treaty commitment undertaken in the Charter. On the contrary, it may be understood as an acceptance of the validity of the rule or set of rules declared by the resolution by themselves.

Das Abstimmungsverhalten bei Resolutionen stellt daher einen Faktor unter mehreren dar, der für sich allein noch nicht ausreicht, eine gefestigte *opinio iuris* oder Staatenpraxis[216] annehmen zu können. Resolutionen der Generalversammlung vermögen aber eine gewichtige indizielle Wirkung auszuüben und im Verbund mit anderen staatlichen Verhaltensweisen zur Ebene des verbindlichen Rechts zu erstarken.

---

214 Ebenda.

215 ICJ Reports 1986, a.a.O., 99 f., para. 188. Einen zurückhaltenderen Standpunkt nahm allerdings der amerikanische Richter Schwebel in seiner abweichenden Meinung ein, vgl. a.a.O., 335, para. 168.

216 Siehe zur Frage, ob Resolutionen als Teil der Staatenpraxis angesehen werden können, den Diskussionsstand bei Skubiszewski, Resolutions of the U.N. General Assembly and Evidence of Custom, in: International Law At the Time of its Codification - Essays in Honour of Roberto Ago, Milano 1987, 503 - 519; sowie ders., The Elaboration of General Multilateral Conventions and of Non-Contractual Instruments Having a Normative Function or Objective, a.a.O., 111 ff.

Notwendig für die Beurteilung der Rechtserheblichkeit von Generalversammlungsresolutionen mit sachlich-rechtlicher Aussage ist demzufolge eine genaue Betrachtung der Umstände des Einzelfalls[217]. Hierzu gehören insbesondere die ausdrückliche Erklärung von Staaten, sich an die Resolution gebunden zu fühlen[218], die tatsächliche Beachtung in der nachfolgenden Staatenpraxis, die normative Aufwertung durch Inkorporierung der Resolutionsbestimmungen in völkerrechtliche Verträge und - mit Einschränkungen - ein wiederholtes Zitieren[219].

Für Resolutionen, die - wie die vorliegende - Bestimmungen der VN-Charta auslegen[220], wurde der Begriff der "authentischen Interpretation" geprägt[221]. Eine solche "authentische" oder "authoritative" Interpretation eines in der VN-Charta enthaltenen Rechtsprinzips besitzt nach einer Ansicht[222] die gleiche

---

[217] Vgl. hierzu allgemein Skubiszewski, The Elaboration of General Multilateral Conventions and of Non-Contractual Instruments Having a Normative Function or Objective, a.a.O., 99 ff.

[218] Vgl. Simma, a.a.O., 97 ff. Der IGH maß umgekehrt in der Nicaragua-Entscheidung der Tatsache besondere Bedeutung bei, daß die USA zu der Resolution 2131 (XX) über das Interventionsverbot eine qualifizierende Stellungnahme in der Art abgegeben hatten, daß es sich nicht um die Formulierung einer Rechtsnorm gehandelt hätte, diese Äußerung bei der Annahme der denselben Fragenkomplex betreffenden Friendly Relations-Resolution (2625 [XXV]) jedoch nicht wiederholt haben, siehe ICJ Reports 1986, a.a.O., 107, para. 203.

[219] Jónsson, a.a.O., 24, nennt als Kriterien die Größe der Mehrheit, das Vorliegen von Gegenstimmen oder Enthaltungen, die Deutlichkeit der Anweisungen in den Resolutionsbestimmungen und der erwartete Konsens der Staatengemeinschaft nach Annahme der Resolution.

Die Frage, ob wiederholtes Zitieren die rechtliche Bedeutung einer Resolution erhöht, ist umstritten. Ablehnend beispielsweise Weil, Towards Relative Normativity in International Law, AJIL, 77, 1983, 413 ff. (417). Siehe zum Stand der Diskussion Skubiszewski, The Elaboration of General Multilateral Conventions and of Non-Contractual Instruments Having a Normative Function or Objective, a.a.O., 96.

[220] In diesem Zusammenhang werden darüber hinaus insbesondere die Menschenrechts-Deklaration von 1948, die Dekolonialisierungsdeklaration 1514 (XV) von 1960 und die Deklaration 2625 (XXV) aus dem Jahr 1970 über freundschaftliche Beziehungen genannt.

[221] Siehe hierzu näher Skubiszewski, The Elaboration of General Multilateral Conventions and of Non-Contractual Instruments Having a Normative Function or Objective, a.a.O., 127 ff.

[222] In diesem Sinn: Asamoah, a.a.O., 35; Mowtschan, Kodifizierung und Weiterentwicklung des Völkerrechts, 1974, 126;

Rechtsverbindlichkeit wie die VN-Charta. Abgesehen von der Fragwürdigkeit der zur Begründung einer verbindlichen Wirkung angeführten Passage aus den Verhandlungsprotokollen von San Francisco[223] steht der Annahme einer obligatorischen Rechtswirkung jedoch auch hier die Tatsache entgegen, daß bei der Aushandlung des Textes und der Schlußabstimmung über die Resolution häufig politische Umstände eine maßgebliche Rolle spielen[224] und den Staaten zumindest im Regelfall der Wille fehlt, eine rechtliche Verpflichtung einzugehen[225]. Eine obligatorische Wirkung der "authentischen Interpretation" kommt daher nur ausnahmsweise in Betracht, wenn die Staaten vor oder bei der Abstimmung ausdrücklich erklären, an diese Auslegung gebunden zu sein[226].

Schachter, The Relation of Law, Politics and Action in the United Nations, RdC 109 (1963 II), 165, 186; Sohn, a.a.O., 50; Tunkin, Völkerrechtstheorie, 1972, 204 - 208.

223 Es handelt sich um das vielzitierte Statement des Ausschusses IV/2, UNCIO, Documents, XIII, 709 f., in dem es unter anderem heißt:

> It is to be understood, of course, that if an interpretation made by any organ of the Organization or by a committee of jurists is not generally acceptable it will be without binding force.

Wie jedoch beispielsweise Bruha, a.a.O., 280 f., überzeugend nachweist, ergibt sich aus dem näheren Zusammenhang, daß die in der zitierten Passage anerkannte Interpretationskompetenz nur für "day to day operations" und auch nur insoweit vorgesehen ist, als Teile der Charta zur Auslegung anstehen, welche die spezifischen Funktionen des jeweils interpretierenden Organs selbst betreffen.

224 Bezeichnenderweise sprach der Chairman of the Special Committee on the Question of Defining Aggression at its seventh session, der finnische Delegierte Broms, bei der Einführung des Resolutionsentwurfs in die abschließenden Beratungen des Sechsten Ausschusses von einem "most carefully balanced compromise", UN Doc. A/C.6/SR.1471. Ähnliche Formulierungen gebrauchten in den anschließenden Erörterungen zahlreiche Staatenvertreter.

225 Vgl. nur die ablehnenden Stellungnahmen zur Rechtsverbindlichkeit der "authentischen Interpretation" von Arangio-Ruiz, a.a.O., 504 - 517, Golsong, Das Problem der Rechtsetzung durch internationale Organisationen, Berichte der Deutschen Gesellschaft für Völkerrecht 10 (1971), 1 ff. (18 - 25), und von Gross, The Development of International Law through the United Nations, in: Barros (Hrsg.), The United Nations, Past, Present, and Future, 1972, 171, 199 - 201.

226 Siehe hierzu den von Simma entwickelten "Konsensgedanken", Simma, ebenda. (Vgl. auch die Hinweise in Anm. 196.) Siehe dazu im übrigen die "Schlußfolgerung Nr. 75" von Skubiszewski, The Elaboration of General Multilateral Conventions

Im Falle der Aggressionsdefinition gab lediglich eine Minderheit der Staaten in den abschließenden Beratungen zu erkennen, sich an die Resolution rechtlich gebunden zu fühlen. Belgien erklärte, im Falle der Annahme des Definitionsvorschlages durch die Generalversammlung sei dieser als Teil des positiven Rechts anzusehen[227]. Der Vertreter Brasiliens nannte die Definition "a binding norm of accepted law, recognized by the international community as a whole"[228]. Der irakische Delegierte berief sich ausdrücklich auf die These der völkerrechtlichen Geltung einer "authentischen Interpretation"[229]. Andere Staatenvertreter bezeichneten die Resolution etwas vorsichtiger als einen "wichtigen Beitrag zur Kodifizierung des Völkerrechts"[230].

Die Mehrheit der Staaten lehnte eine verbindliche Wirkung dagegen ab. Jede rechtliche Relevanz der Aggressionsdefinition, auch im Hinblick auf eine mögliche Fortentwicklung des Völkerrechts in der Zukunft, verneinten die Vertreter der

---

and of Non-Contractual Instruments Having a Normative Function or Objective, a.a.O., 239:

> A unanimous resolution which interprets provisions of the U.N. Charter constitutes an authoritative (authentic, binding) interpretation of the Charter if by their votes all the U.N. Members intended to, and did, accept it as such.

In diesem Sinn bereits Castañeda, Valeur juridique des résolutions des Nations Unies, RdC 129 (1970 I), 205 ff. (302 ff.), Lachs, Some Reflections on Substance and Form in International Law, in: Friedman/Henkin/Lissitzyn (Hrsg.), Transnational Law in a Changing Society, 1972, 99 ff. (105); Tomuschat, a.a.O., 472 f.

227 UN Doc. A/C.6/SR.1476.

228 UN Doc. A/C.6/SR.1474.

229 UN Doc. A/C.6/SR.1478 (zitiert gemäß der VN-Dokumentation in indirekter Rede):

> As the definition was merely the interpretation of an expression used in the Charter, it could not be considered to be either more or less important than the text. If the General Assembly adopted the Special Committee's draft and promulgated that definition of aggression, it would be agreeing that the text explained the exact meaning given to the word in the Charter; it would therefore follow that that definition must be binding on all States (...)

230 Vgl. die Stellungnahmen Weißrußlands, UN Doc. A/C.6/SR.1480, Polens, UN Doc. A/C.6/SR.1472, Bulgariens, ebenda, Kongos, UN Doc. A/C.6/SR.1478, Algeriens, UN Doc. A/C.6/SR.1479, und des Iran, ebenda.

USA[231] und Israels[232]. Ungarn[233] und Guatemala[234] gaben der Hoffnung Ausdruck, der Sicherheitsrat werde die Definition in eine eigene, mit Bindungswirkung ausgestattete Resolution übernehmen. Zahlreiche Staaten äußerten, daß sie der Aggressionsdefinition keine obligatorische Wirkung beimessen würden, sie jedoch als einen wichtigen Faktor bei der künftigen Weiterentwicklung des Völkerrechts ansähen[235].

---

231 Der amerikanische Delegierte wandte sich grundsätzlich gegen das Konzept der "authentische Interpretation, UN Doc. A/C.6/SR.1480 (zitiert nach der VN-Dokumentation in indirekter Rede):

> With regard to the status of the definition in the hierarchy of the legal formulations, it was intended that the definition should be adopted by means of a General Assembly resolution. The status of such a resolution would be the same as that of any other General Assembly resolution. In that connection, he referred to the memorandum prepared in 1962 by the Office of Legal Affaires and published in decument E/CN.4/L.610, in which it was stated that "A "declaration" or a "recommandation" is adopted by resolution of a United Nations organ. As such it cannot be made binding upon Member States, in the sense that a treaty or convention is binding upon the parties to it, purely by the device of terming it a "declaration" rather than a "recommandation"." The same was true for a definition.

232 Der israelische Delegierte im Sechsten Ausschuß sprach ihr ausdrücklich den Rang einer authentischen Interpretation ab, UN Doc. A/C.6/SR.1480.

233 UN Doc. A/C.6/SR.1478.

234 UN Doc. A/C.6/SR.1479.

235 Siehe beispielsweise die Stellungnahmen Italiens, UN Doc. A/C.6/SR.1472, Argentiniens, UN Doc. A/C.6/SR.1477, oder Sri Lankas, UN Doc. A/C.6/SR.1478. Der Vertreter der Tschechoslowakei sagte, die einstimmige Annahme der Definition hätte "große politische, rechtliche und moralische Bedeutung", UN Doc. A/C.6/SR.1480. Der Delegierte Neuseelands legte den Standpunkt dar, die Aggressionsdefinition sei Bestandteil des "soft law", UN Doc. A/C.6/SR.1475 and Corr.l. (zitiert in indirekter Rede):

> Over the years it had become clear that there were two kinds of law, "hard-edged" law, which was capable of application in disputes between States with reasonable certainty as to results, and "soft-edged" law, which was essentially directory and applied by political organs with due regard to political considerations. It was the latter kind of law which formed the basis for the draft declaration. (...)
>
> The definition could not by itself develop the "hard-edged" law to which States could appeal in perfect confidence whenever they believed that a legal right had been violated, but because it proceeded on

Aufgrund dieser zwiespältigen Einschätzung durch die Staatengemeinschaft scheidet eine (mit dem Zeitpunkt der Verabschiedung eintretende) verbindliche Geltung der Resolution aus. Insbesondere liegt mangels Rechtsbindungswillens keine "spätere Übereinkunft zwischen den Vertragsparteien" über die Auslegung der VN-Charta im Sinne von Art. 31 Abs. 3 a) des Wiener Übereinkommnes über das Recht der Verträge vor.

Noch keine Aussage ist damit über die Frage getroffen, ob der Inhalt der Aggressionsdefinition nachträglich zu Völkergewohnheitsrecht erstarkt ist. Auch das ist jedoch aufgrund der oben angeführten Fälle aus der - späteren - Staatenpraxis, insbesondere des Mayaguez-Zwischenfalls und der Vorgänge während des Tankerkrieges im Persischen Golf, in denen die Aggressionsdefinition keinen erennbaren Einfluß auf die tatsächliche Verhaltensweise oder den geäußerten Rechtsstandpunkt der Staaten ausgeübt hat, abzulehnen.

Gleichwohl ist die Resolution über die Definition der Aggression nicht rechtlich irrelevant. Die h.M. betrachtet eine "authentische Interpretation", sofern sie nicht verbindlich ist, jedenfalls als eine Interpretationshilfe[236].

Dieser Auffassung ist zu folgen, denn sie trägt der besonderen Gewichtigkeit der Umstände Rechnung, in denen solche Resolutionen ausgehandelt werden. Ein Staat, der sich am Zustandekommen beteiligt, wird sich allein aufgrund seines Abstimmungsverhaltens noch nicht an der Resolution festhalten lassen müssen. Er kann andererseits aber nicht davon ausgehen, daß dieser Vorgang, dem jahrelange intensive Beratungen vorausge-

---

> principles consistent with the development of objective legal standards it might very well give new encouragement and impetus to such developments.

236 Vgl. die "Schlußfolgerung Nr. 74" von Skubiszewski, The Elaboration of General Multilateral Conventions and of Non-Contractual Instruments Having a Normative Function or Objective, a.a.O., 239:

> A standard of conduct set forth in a resolution can be used in aid of treaty interpretation.

Hambro, Diskussionsbeitrag, in: Judicial Settlement of International Disputes, An International Symposium, 1974, 58, mißt rechtsinterpretierenden Resolutionen "considerable persuasive authority" zu. Scheuner, Diskussionsbeitrag, a.a.O., 61, spricht von "firm indications for the development of customary law". Vgl. ferner Capotorti, Diskussionsbeitrag, a.a.O., 66.

gangen sind, gänzlich ohne jede auch nur indizielle Bedeutung sei. Die bereits erwähnte, mehrfache Bezugnahme des IGH auf Resolutionen mit interpretativem Inhalt deutet in dieselbe Richtung.

Die Konturen des Begriffes "Interpretationshilfe" sind allerdings sehr unscharf. Der Stellenwert einer "authentischen Interpretation" läßt sich wohl nicht abstrakt bestimmen. Welches Gewicht einer "authentischen Interpretation" im Ergebnis beizumessen ist, hängt vielmehr von den bereits genannten Umständen des Einzelfalls ab. Einer nur nach politischer Opportunität verabschiedeten und im übrigen von der Staatenpraxis kaum beachteten Resolution kann schwerlich eine maßgebliche Rolle bei der Bestimmung des normativen Gehaltes der VN-Charta zufallen. Demgegenüber wird die Bedeutung einer in der späteren Staatenpraxis und den VN-Organen zumindest berücksichtigten und wiederholt zitierten Interpretationsresolution auch unterhalb der Schwelle neu gebildeten Völkergewohnheitsrechts als Auslegungskriterium durchaus hoch einzuschätzen sein. Chartainterpretierende Generalversammlungsresolutionen stellen demzufolge eine Zwischenstufe in der Bildung von Völkergewohnheitsrecht dar[237]. Ihre Relevanz als Auslegungshilfe steigt, je näher sie aufgrund fortschreitender Aufnahme in die allgemeine Rechtsüberzeugung und Befolgung in der Staatenpraxis an die Ebene des Völkergewohnheitsrechts heranreichen.

Auf die von mancher Seite, insbesondere der USA und Israels, geäußerten Zweifel an der Rechtserheblichkeit der Resolution über die Definition der Aggression und auf die fehlende Bezugnahme der späteren Staatenpraxis auf diese wurde bereits hingewiesen. Doch auch im Rahmen der Generalversammlung und des Sicherheitsrats fand sie in den folgenden Jahren nahezu keine Beachtung[238]. Das deutet auf einen eher niedrigen Stellenwert der Aggressionsdefinition als Auslegungskriterium hin.

In neuester Zeit könnte sich das Bild jedoch geändert haben. Die ILC setzte im Jahre 1982 ihre Arbeiten am Kodifikationsprojekt "Draft Code of Crimes against the Peace and Secu-

---

[237] Vgl. die bereits zitierte Äußerung von Tomuschat, a.a.O., 476, der allgemein bei Resolutionen von einem "Zwischenbereich" zwischen Recht und Nicht-Recht spricht.

[238] Siehe hierzu näher Bruha, a.a.O., 315 ff.

rity of Mankind" (im folgenden Draft Code of Crimes) wieder fort. Diese waren 1954 unterbrochen worden, um zunächst die Fertigstellung der Aggressionsdefinition abzuwarten. Auf ihrer 40. Sitzung im Jahre 1988 nahm die ILC den von Aggression handelnden Art. 12 des Draft Code of Crimes vorläufig an[239]. Art. 12 Abs. 4 enthält die wortgleiche Wiedergabe der in Art. 3 der Aggressionsdefinition aufgelisteten Tatbestände. Durch diese im Vorfeld einer möglichen normativen Aufwertung gelegenen Inkorporierung in den Draft Code of Crimes könnte die Autorität und das Gewicht der Aggressionsdefinition als Interpretationshilfe erheblich verstärkt worden sein.

Allerdings sind die Erfolgsaussichten dieses Kodifikationsvorhabens zum gegenwärtigen Zeitpunkt schwierig einzuschätzen, da wichtige Staaten im Sechsten Ausschuß (jedenfalls zunächst) erhebliche Bedenken[240], zum Teil sogar schroffe Ablehnung[241] zum Ausdruck gebracht haben. Darüber hinaus war die Übernahme der Regelbeispiele aus der Aggressionsdefinition in den Draft Code of Crimes innerhalb der ILC nicht unbestritten gewesen. Nach der Gegenmeinung hätte eine Resolution, die dazu bestimmt gewesen wäre, einem politischen Organ wie dem Sicherheitsrat als Richtschnur zu dienen, nicht als Grundlage einer strafrechtlichen Verfolgung dienen können. Jene Definition hätte daher nicht *in toto* übernommen werden dürfen; zumindest dürften die dort genannten Tatbestände nicht abschließend sein[242]. Zur Abmilderung dieser Bedenken wurde schließlich auf die Nennung der Resolution über die Definition der Aggression im Draft Code of Crimes verzichtet[243].

Bei der Erörterung dieser Problematik im Sechsten Ausschuß nahmen zahlreiche Staaten direkt oder indirekt zu der Frage Stellung, welche Autorität sie der Resolution über die Definition der Aggression heute beimessen. Unabhängig von Spekula-

---

239 Report of the International Law Commission on the Work of its Fortieth Session, 9 May - 29 July 1988, GAOR, Forty-Third Session, Supplement no. 10, UN Doc. A/43/10.

240 Vgl. etwa die Bundesrepublik, UN Doc. A/C.6/43/SR.34, 6.

241 So insbesondere die USA, UN Doc. A/C.6/43/SR.34, 3f.

242 Vgl. Diaz-Gonzales, Chairman der International Law Commission bei der Vorstellung des ILC-Berichts vor dem Sechsten Ausschuß, UN Doc. A/C.6/43/SR.25, 14.

243 A.a.O., 13.

tionen über die Wahrscheinlichkeit der späteren Verabschiedung des Draft Code of Crimes läßt sich hieraus ersehen, in welchem Maße der normative Gehalt der Aggressionsdefinition bisher Eingang in die allgemeine Rechtsüberzeugung gefunden hat.

Algerien[244], Brasilien[245], Jordanien[246], Kanada[247], Kenia[248], Neuseeland[249], die Gruppe der nordischen Staaten[250], Senegal[251] die UdSSR[252] und Weißrußland[253] setzten sich für die identische und tatbestandsmäßig abschließende Übernahme der Aggressionsdefinition in den Draft Code of Crimes ein. Sie begründeten ihre Haltung zum Teil mit der Hoffnung, daß die Aggressionsdefinition für die Mitgliedstaaten der Vereinten Nationen nach wie vor annehmbar sei[254]. Zum Teil plädierten sie für den abschließenden Charakter der von der Aggressionsdefinition übernommenen Tatbestände mit dem Argument, daß nicht der Eindruck erweckt werden dürfe, es gäbe im Hinblick auf die Definition der Aggression Unsicherheiten[255]. Von anderer Seite wurde die Frage aufgeworfen, weshalb die Generalversammlung so viel Zeit damit verbracht hätte, Aggression zu definieren, wenn ihre Definition in dem vorliegenden Entwurf nicht verwendet werden sollte[256]. Schließlich wurde die in Resolution 3314 (XXIX) enthaltene Aggressionsdefinition als eine "solide rechtliche Grundlage" bezeichnet[257].

Demgegenüber lehnten China[258], Marokko[259], die Niederlande[260], Österreich[261], die USA[262] und Venezuela[263] die (exakte) Kopierung

244 UN Doc. A/C.6/43/SR.37, 2.
245 UN Doc. A/C.6/43/SR.36, 7.
246 UN Doc. A/C.6/43/SR.39, 14.
247 UN Doc. A/C.6/43/SR.33, 5.
248 UN Doc. A/C.6/43/SR.33, 9.
249 UN Doc. A/C.6/43/SR.35, 7.
250 UN Doc. A/C.6/43/SR.32, 8.
251 UN Doc. A/C.6/43/SR.37, 8.
252 UN Doc. A/C.6/43/SR.35, 21.
253 UN Doc. A/C.6/43/SR.36, 15.
254 So der dänische Vertreter als Repräsentant der nordischen Delegationen, a.a.O.
255 Vgl. die Stellungnahme Kanadas, a.a.O.
256 Siehe die Äußerung der neuseeländischen Delegierten, a.a.O.
257 So insbesondere von Kenia, a.a.O.
258 UN Doc. A/C.6/43/SR.34, 10.
259 UN Doc. A/C.6/43/SR.34, 18.
260 UN Doc. A/C.6/43/SR.34, 13 f.
261 UN Doc. A/C.6/43/SR.37, 13.

der Aggressionsdefinition mit der Begründung ab, diese diene lediglich einem politischen Organ wie dem Sicherheitsrat als Richtschnur. Eine darüber hinausgehende Bedeutung billigten ihr die genannten Staaten erkennbar nicht zu.

Eine vermittelnde Position nahmen Bulgarien[264], die Bundesrepublik Deutschland[265], der Iran[266] und Ungarn[267] ein. Es sei richtig gewesen, von der Aggressionsdefinition in Resolution 3314 (XXIX) grundsätzlich auszugehen. Sie könne im vorliegenden Zusammenhang jedoch nicht vollständig inkorporiert werden[268].

Angesichts der Uneinigkeit der Staatengemeinschaft sollte der Wert der Aggressionsdefinition bei der Auslegung der VN-Charta mit Vorsicht taxiert werden. Immerhin muß aber der Tatsache Rechnung getragen werden, daß ihr Gewicht, das sich infolge der geringen Resonanz in den Jahren nach Verabschiedung der Resolution bereits deutlich verringert hatte, durch die neuen Diskussionen um eine normative Aufwertung im Rahmen des draft code of crimes wieder erhöht hat. Daher wird man (jetzt erneut) von einem Staat, der den Bestimmungen der Aggressionsdefinition zuwiderhandelt, gemäß dem oben genannten Grundsatz eine Erklärung über sein Verhalten verlangen können. Dabei trifft, zumindest im Prinzip, jenen Staat die Darlegungs- bzw. Begründungslast für die Rechtmäßigkeit seines Vorgehens. Der Aggressionsdefinition kommt so doch eine nicht unerhebliche Vermutungswirkung zu.

262 UN Doc. A/C.6/43/SR.34, 5.
263 UN Doc. A/C.6/43/SR.34, 12.
264 UN Doc. A/C.6/43/SR.35, 9.
265 UN Doc. A/C.6/43/SR.34, 7.
266 UN Doc. A/C.6/43/SR.36, 12.
267 UN Doc. A/C.6/43/SR.36, 5.
268 Ungarn, a.a.O., legte den Standpunkt dar, daß der Zusatz "in particular" in Abs. 4 beibehalten werden sollte, da die Bestimmungen der Aggressionsdefinition für nationale Gerichte nicht abschließend sein könnten. Bulgarien, a.a.O., erklärte, daß, obwohl der Wortlaut von Art.12 zu Recht auf der Aggressionsdefinition in Resolution 3314 (XXIX) basiere, die in Art. 12 Abs. 4 enthaltene Liste von Tatbeständen nicht umfassend genug sei.

D. Ergebnis

Die der Aggressionsdefinition zukommende Vermutungswirkung muß um so höher angesetzt werden, je mehr das Verhalten der Staaten auch ohne die ausdrückliche Berufung auf diese sachlich mit ihr im Einklang steht. Zwar ergibt, wie in der Schlußbetrachtung des ersten Kapitels ausgeführt wurde, die Staatenpraxis hinsichtlich der rechtlichen Beurteilung von Angriffen auf Handelsschiffe kein einheitliches Bild. Dennoch zeigt sich die generelle Tendenz im Verhalten der Staaten, bei isolierten Übergriffen auf Handelsschiffe verbal und tatsächlich zurückhaltend zu reagieren. Von einem "bewaffnetem Angriff" wurde in der Regel nur dann gesprochen, wenn die Begleitumstände außergewöhnlich gravierend waren.

Diese mehrheitlich geübte Praxis entspricht in der Sache der in der Aggressionsdefinition vorgenommenen Wertung. Es soll nicht verkannt werden, daß wichtige Staaten, insbesondere die USA, eine andere Sichtweise vertreten und gegenüber jeder Gewaltanwendung das Selbstverteidigungsrecht nach Art. 51 VN-Charta für sich beanspruchen. Wie jedoch im 2. Abschnitt dieses Kapitels festgestellt wurde, ist der Begriff des "bewaffneten Angriffs" i.S. von Art. 51 VN-Charta eingeschränkter zu sehen als derjenige der "Androhung oder Anwendung von Gewalt" gemäß Art. 2 Ziff. 4 VN-Charta. Weiter wurde festgestellt, daß die rechtliche Einstufung einer Gewaltmaßnahme als "bewaffneter Angriff" (sofern kein "klassischer" Angriffsfall vorliegt) nicht pauschal, sondern nur unter Berücksichtigung sämtlicher Einzelfallumstände zu erfolgen hat.

Die Aggressionsdefinition greift diese differenzierte Betrachtungsweise auf und führt sie in schlüssiger Weise fort. Unter Berücksichtigung der oben bezeichneten mehrheitlichen Staatenpraxis und den Ansätzen einer normativen Aufwertung der Aggressionsdefinition, die ihren Wert als Auslegungshilfe deutlich erhöhen, ist davon auszugehen, daß die Aggressionsdefinition den geltenden Rechtszustand jedenfalls in diesem Punkt korrekt widergibt.

Aus der inhaltlichen Entsprechung zwischen "Aggression" und "bewaffnetem Angriff", wie sie von der teleologischen Auslegung der VN-Charta geboten ist, folgt demnach, daß Angriffe auf Handelsschiffe auf Hoher See in der Regel keinen "bewaffneten Angriff" darstellen. Etwas anderes gilt nur, wenn besondere Umstände erschwerend hinzutreten und die Auswirkungen solcher Übergriffe denjenigen eines Angriffs auf die Handelsflotte wenigstens annähernd entsprechen. An dieses Kriterium werden - angesichts der ebenfalls aus teleologischen Gründen gebotenen eher weiten Auslegung des Art. 51 VN-Charta - keine zu hohen Anforderungen gestellt werden dürfen. Dennoch steht dem Flaggenstaat im Ergebnis das Selbstverteidigungsrecht nach Art. 51 VN-Charta grundsätzlich nicht zu.

3. Kapitel: Rechtsgrundlagen für militärische Abwehrmaßnahmen außerhalb von Art. 51 VN-Charta

Nachdem festgestellt wurde, daß Angriffe auf Handelsschiffe, sofern sie nicht aufgrund der Gesamtumstände als besonders schwerwiegend anzusehen sind, grundsätzlich keinen Fall des "bewaffneten Angriffs" i.S. von Art. 51 VN-Charta darstellen, ist weiter zu klären, ob gegen Übergriffe auf Handelsschiffe auf anderer Rechtsgrundlage ein militärisches Abwehrrecht besteht. Wie die Untersuchung über die Staatenpraxis gezeigt hat, führten manche Staaten in diesem Zusammenhang die Völkerrechtsnormen zur Bekämpfung der Piraterie als eine solche Rechtsgrundlage für gewaltsame Gegenmaßnahmen außerhalb von Art. 51 VN-Charta an. Einige Äußerungen von Staatenvertretern legen es darüber hinaus nahe, die Existenz eines - nur gewohnheitsrechtlich begründbaren - Selbstverteidigungsrechts unterhalb der Schwelle des Art. 51 VN-Charta zu prüfen.

A. Die völkerrechtlichen Regelungen zur Bekämpfung der Piraterie

1. Die Rechtslage nach dem Genfer Übereinkommen über die Hohe See

Seit jeher ist unbestritten, daß allen Staaten die Befugnis zusteht, Seeräuberschiffe aufzubringen und festgenommene Piraten abzuurteilen[1]. Selbst wenn ein Seeräuberschiff (atypisch) die Flagge eines bestimmten Staates geführt hatte, konnte es sich nicht auf dessen Schutz berufen, da Piraten als "hostes humani generis" betrachtet wurden[2]. Das allen Staaten zuste-

---

[1] Siehe statt vieler O'Connell, The International Law of the Sea (edited by Shearer), vol. II, 966 f., m.w.N. Vgl. allgemein zum Völkerrechtsbegriff der Seeräuberei auch Whiteman, Digest of International Law, Vol. IV, 1965, 648 ff.; Rubin, Piracy, in: Bernhardt (Hrsg.), EPIL, Instalment 11 (1989), 259 ff.; Goldie, Armed Conflicts at Sea and Low Intensity Operations, Syracuse Journal of International Law and Commerce, 14 (1988), 597 ff. (606 ff.).

[2] Vgl. beispielsweise die Ausführungen von Moore in seiner dissenting opinion im Lotus-Fall des Ständigen Internationalen

hende Recht, gegen Seeräuberschiffe vorzugehen (und damit implizit auch die Befugnis, militärische Abwehrmaßnahmen gegenüber Angriffen von Piraten zu ergeifen), ist nunmehr in Art. 19 des Genfer Übereinkommens über die Hohe See[3] aus dem Jahre 1958 ausdrücklich festgelegt[4]. Diese Regelung wurde unverändert in Art. 105 der (noch nicht in Kraft getretenen) VN-Seerechtskonvention von 1982[5] übernommen.

Allerdings definiert Art. 15 Abs. 1 des Genfer Übereinkommens über die Hohe See (sowie wortgleich Art. 101 der VN-Seerechtskonvention von 1982) als Seeräuberei nur solche rechtswidrige Gewalttaten, die die Besatzung eines privaten Schiffes oder Luftfahrzeuges zu privaten Zwecken auf Hoher See gegenüber einem anderen Schiff oder Luftfahrzeug bzw. Personen und Vermögenswerten begehen[6]. Entsprechende Handlungen, die von ei-

---

Gerichtshofs, PCIJ, Ser. A. No. 10 (1927), 70:Piracy by law of nations, in its jurisdictional aspects, is *sui generis*. Though statutes may provide for its punishment, it is an offence against the law of nations; and as the scene of the pirate's operations is the high seas, which it is not the right or duty of any nation to police, he is denied the protection of the flag which he may carry, and is treated as an outlaw, as the enemy of mankind - *hostis generis humanis* - whom any nation may in the interest of all capture and punish.

Siehe ferner zur Herausbildung des Rechtskonzepts des "hostis generis humanis" Rubin, The Law of Piracy, 1988, 82 ff.

3 UNTS Vol. 450, 82.

4 Art. 19 Satz 1 des Genfer Übereinkommens über die Hohe See besagt:

> Jeder Staat kann auf Hoher See oder an einem anderen keiner staatlichen Hoheitsgewalt unterstehenden Ort ein Seeräuberschiff oder -Luftfahrzeug oder ein durch seeräuberische Handlungen erbeutetes und unter der Kontrolle von Seeräubern stehende Schiff aufbringen, die Personen an Bord des Schiffes oder Luftfahrzeuges festnehmen und die dort befindlichen Vermögenswerte beschlagnahmen.

5 UN Doc. A/CONF.62/122 with Corr.; nachgedruckt in ILM vol. XXI, 1982, 1261.

6 Art. 15 des Genfer Übereinkommens über die Hohe See bestimmt:

> Als Seeräuberei gelten folgende Handlungen:
> 1. jede rechtswidrige Gewalttat, Freiheitsberaubung oder Plünderung, welche die Besatzung oder die Fahrgäste eines privaten Schiffes oder Luftfahrzeugs zu privaten Zwecken begehen und die gerichtet ist
> a) auf Hoher See gegen ein anderes Schiff oder Luftfahrzeug oder gegen Personen und Vermögenswerte an Bord dieses Schiffes oder Luftfahrzeuges;

nem Kriegsschiff ausgehen, werden nur unter der Voraussetzung der Seeräuberei gleichgestellt, daß die Besatzung an Bord des Schiffes gemeutert und die Herrschaft an sich gerissen hat (Art. 16 des Genfer Übereinkommens über die Hohe See bzw. Art. 102 der VN-Seerechtskonvention von 1982). In den hier interessierenden Fällen wurden dagegen die Übergriffe nicht von Privatpersonen zu privaten Zwecken, sondern von Seestreitkräften in hoheitlicher Funktion getätigt; deren Besatzung hatte nicht gemeutert. Auf derartige Angriffe sind die Art. 15 und 16 des Genfer Übereinkommens über die Hohe See - wie auch Art. 101 und 102 der VN-Seerechtskonvention von 1982 - selbst bei einer denkbar extensiven Vertragsauslegung nicht anwendbar.

2. Frage der Existenz eines völkergewohnheitsrechtlichen Tatbestandes der "staatlichen Piraterie"

Militärische Abwehrmaßnahmen gegen Angriffe auf Handelsschiffe durch fremde Seestreitkräfte auf Hoher See könnten folglich nur dann mit den Völkerrechtsnormen[7] zur Bekämpfung der Piraterie gerechtfertigt werden, wenn neben dem im Genfer Übereinkommen über die Hohe See kodifizierten Tatbestand der Piraterie eine weitere Form der Seeräuberei auf der Grundlage des Völkergewohnheitsrechts existierte, die hoheitliche Handlungen eines Staates einschließt. Diese Problematik wird insbesondere - jedoch nicht ausschließlich - in der sowjetischen Literatur unter dem Stichwort "staatliche Piraterie" diskutiert[8].

---

b) an einem keiner staatlichen Hoheitsgewalt unterstehenden Ort gegen ein Schiff oder Luftfahrzeug oder gegen Personen und Vermögenswerte; (...)

Der zweite und dritte Absatz erfassen die freiwillige Beteiligung und die Anstiftung zu den zuvor bezeichneten Handlungen.

[7] Zu untersuchen ist hier lediglich der völkerrechtliche Tatbestand der Seeräuberei. Innerstaatliche Strafrechtsvorschriften können von diesem abweichen. Der Berichterstatter bei der ILC für den Entwurf einer Konvention über das Recht der Hohen See (dem späteren Genfer Übereinkommen über die Hohe See), François, wies zu Recht darauf hin, daß etwa im britischen innerstaatlichen Recht auch bestimmte Akte innerhalb der Territorialgewässer als Seeräuberei angesehen würden. Der völkerrechtliche Begriff der Piraterie sei in dieser Hinsicht enger, vgl. YBILC 1955 I, 39.

[8] Siehe Rauch (Übersetzer), Modernes Seevölkerrecht: Die Rechtsordnung der Gewässer und des Bodens des Weltmeers, Aka-

a) Zur Problematik, ob die Bestimmungen des Genfer Übereinkommens über die Hohe See betreffend Piraterie abschließende Regelungen darstellen

Jedenfalls sofern als möglicher Entstehungszeitraum für einen völkergewohnheitsrechtlich herausgebildeten Tatbestand der "staatlichen Piraterie" die Zeit vor Inkrafttreten des Genfer Übereinkommens über die Hohe See untersucht werden soll, fragt sich als erstes, ob die Bestimmungen des genannten Übereinkommens betreffend die Seeräuberei als abschließende Regelungen anzusehen sind, die den Rückgriff auf parallel existierende, möglicherweise weiterreichende Normen des Völkergewohnheitsrechts ausschließen. Für eine derart abschließende Regelung könnte sprechen, daß der Berichterstatter der ILC bei der Ausarbeitung eines Konventionsentwurfs über das Recht der Hohen See - dem späteren Genfer Übereinkommen über die Hohe See -, François, während der Debatten in der ILC bei verschiedenen Gelegenheiten deutlich machte, daß er die vorgeschlagenen Artikel über Piraterie (die auf der United Nations Conference on the Law of the Sea weitestgehend übernommen wurden) als umfassende Regelungen dieser Materie ansah. Er verwies darauf, daß sich sein Entwurf eng an den von der Harvard Law School im Jahre 1932 veröffentlichten[9] anlehnte, da dieser eine "erschöpfende und vollkommen zufriedenstellende" Regelung beinhaltete[10]. Weiter zitierte der Berichterstatter zur Begründung seines Vorschlags, bei der Definition der Piraterie auf das in der Vergangenheit zumeist als wesentlich betrachtete Kriterium des *animus furandi* zu verzichten und stattdessen das umfassen-

---

demie der Wissenschaften der UdSSR, Institut für Staat und Recht, 1978, 195 ff., mit weiteren Nachweisen aus der sowjetischen Literatur. In der neueren westlichen Literatur setzten sich vor allem O'Connell, a.a.O., 973 ff., und Goldie, 1937 Nyon Arrangement, in: Ronzitti (ed.), The Law of Naval Warfare - A Collection of Agreements and Documents with Commentaries, 1988, 483, 492 ff., mit dieser Frage auseinander.

[9] Vgl. American Society of International Law, *Draft Convention and Comment on Piracy Prepared by the Research in International Law of Harvard Law School, with a Collection of Piracy Laws of Various Countries*, veröffentlicht in: AJIL 26 (1932), Spec. Supp. 5 ff.

[10] YBILC 1955, I, 39.

dere Merkmal "zu privaten Zwecken" zu verwenden, die Begründung des Harvard-Entwurfs, in der ausgeführt worden war, daß der Zweck des Konventionsentwurfs nur erreicht werden könne, wenn auch solche schwere Vergehen erfaßt würden, die nicht dem traditionellen Bild der Piraterie entsprächen[11]. Das zeigt, daß nach der Vorstellung des Berichterstatters (dem die Mehrheit der Kommissionsmitglieder gefolgt ist) der von ihm vorgelegte Entwurf bereits über den herkömmlichen Pirateriebegriff hinausging, um alle ernsthaft in Betracht kommenden Fälle in den Anwendungsbereich der neuen Konvention einzubeziehen. Für noch weitergehende Formen der Piraterie auf völkergewohnheitsrechtlicher Basis sollte mithin kein Raum mehr sein.

Demgegenüber wird in der Literatur, sofern die Frage überhaupt erörtert wird, zumeist geltend gemacht, das Genfer Übereinkommen sei gerade in diesem Bereich unvollkommen und lükkenhaft. Daher könnten die Vorschriften über die Seeräuberei im Genfer Übereinkommen das Völkergewohnheitsrecht nicht verdrängen. Das Gewohnheitsrecht wiche in einzelnen Punkten von den Bestimmungen dieser Konvention ab, indem es den Tatbestand der Piraterie weiter fasse. So wird in einer von der Akademie der Wissenschaften der UdSSR herausgegebenen Abhandlung die im Genfer Übereinkommen gegebene Definition der Piraterie als "offenkundig unzureichend" bezeichnet[12]. Nach Rubin sei es unschwer erkennbar, daß die Definition der Seeräuberei in Art. 15 des Genfer Übereinkommens das Produkt von Konfusion und nicht von Überlegung sei[13]. Im übrigen betont er, die ILC selbst habe ausdrücklich bestritten, daß ihre Formulierung der Konvention über die Hohe See klares allgemeines Völkerrecht kodifiziert hätte[14]. O'Connell führt aus, ohne Anwendbarkeit

---

[11] Vgl. die folgende Passage der Begründung:

> (...) (T)he function of this draft convention - the definition of the common jurisdiction of all States over certain types of major offences committed beyond the territorial jurisdiction of every State - will not be well accomplished unless the common jurisdiction (and therefore as a matter of convenient terminology, the definition of piracy) covers all serious offences otherwise like traditional piracy.

[12] Siehe Rauch (Übersetzer), a.a.O., 196.

[13] Rubin, Is Piracy Illegal?, AJIL 79 (1976), 92.

[14] Rubin, Piracy, a.a.O., 262.

des Völkergewohnheitsrechts im Falle der Plünderung fremder Schiffe auf Hoher See durch die Besatzung eines Kriegsschiffs würde eine Strafbarkeitslücke entstehen. Denn dieser Fall sei vom Genfer Übereinkommen nicht erfaßt und stelle auch nicht notwendigerweise ein Verbrechen nach dem internen Recht des Flaggenstaates des Kriegsschiffes dar[15].

Der schottische Court of Justiciary ging in der Entscheidung *Cameron v. H. M. Advocate* vom 22. Juli 1971[16] ebenfalls von der Fortgeltung des Völkergewohnheitsrechts aus. Obwohl nach Art. 15 des Genfer Übereinkommens nur Handlungen auf Hoher See (bzw. an einem keiner staatlichen Hoheitsgewalt unterstehenden Ort) als Piratenakte klassifiziert werden können und die ILC auf diesen Gesichtspunkt in ihrer Begründung zum Konventionsentwurf ausdrücklich hingewiesen hatte[17], kam das Gericht zu dem Ergebnis, nach dem hier anzuwendenden Völkergewohnheitsrecht könnten auch Handlungen innerhalb der Hoheitsgewässer eines Staates als Seeräuberei angesehen werden. Allerdings gab das Gericht keine Begründung für die weitere Anwendbarkeit des Völkergewohnheitsrechts an und vermengte im übrigen in unzulässiger Weise den völkerrechtlichen Begriff der Piraterie mit demjenigen nach innerstaatlichem Recht.

Der IGH setzte sich erst unlängst in der Nicaragua-Entscheidung mit der Frage der Weitergeltung von Völkergewohnheitsrecht neben vertraglichen Regelungen eingehend auseinander. Die USA hatten in dem Verfahren geltend gemacht, die Bestimmungen der VN-Charta betreffend das Gewaltverbot hätten die entsprechenden Prinzipien des Völkergewohnheitsrechts überlagert ("the provisions of the United Nations Charter relevant here subsume and supervene related principles of custo-

[15] O'Connell, a.a.O., 974. Er verweist im einzelnen auf den Merchant Shipping Act von 1894 und stellt fest, ein solche Handlungsweise stelle weder einen Admirality offence an Bord eines fremden Schiffes noch ein Vergehen im Ausland dar, da sich die Statuten auf Vergehen in einem fremden Territorium beschränkten.

[16] Session Cases, 1971, II.-Court of Justiciary, 50.

[17] Vgl. Report of the International Law Commission Covering the work of its eighth session, 23 April - 4 July 1956, GOAR 11th Sess., Supp. No. 9 (UN Doc. A/3159), 23, 27; YBILC 1956 II, 253, 282.

mary and general international law"[18]). Demgegenüber stellte der IGH fest, die Tatsache, daß Prinzipien des Völkergewohnheitsrechts in multilaterale Konventionen inkorporiert worden sind, berühre nicht deren Existenz an sich und deren Anwendbarkeit auch im Verhältnis von Staaten zueinander, die Mitglieder der besagten Konventionen sind[19]. Dies gelte sowohl für den Fall, daß das Völkergewohnheitsrecht und die vertraglichen Bestimmungen identisch sind, als auch, wenn sie sich in einzelnen Punkten unterscheiden[20].

Die Vereinigten Staaten hatten damals ferner eingewendet, der Gerichtshof könne nicht die Normen des Völkergewohnheitsrechts zur Entscheidungsgrundlage nehmen, da die fraglichen multilateralen Verträge rechtliche Standards beinhalteten, die von den Parteien speziell vereinbart worden seien. Die gegenseitigen Rechte und Pflichten der Mitgliedsstaaten würden demzufolge durch jene Verträge bestimmt. Sollten die Staaten darüber hinaus auch an parallel fortbestehende Prinzipien des Gewohnheitsrechts gebunden sein, kämen sie in Konflikt mit dem Grundsatz *pacta sunt servanda*[21].

Der IGH führte dagegen aus, in dem fraglichen Gebiet (d.h. bei den Normen über die Anwendung von Gewalt bzw. dem völker-

---

[18] Zitiert nach: Military and Paramilitary Activities in and against Nicaragua (Nicaragua v. United States of America), Merits, Judgment, I.C.J. Reports 1986, 93.

[19] In der Entscheidung über die Zuständigkeit führte der Gerichtshof aus (Military and Paramilitary Activities in and against Nicaragua [Nicaragua v. United States of America], Jurisdiction and Admissibility, Judgement, I.C.J. Reports 1984, 424):

> The fact that the above-mentioned principles, recognized as such, have been codified or embodied in multilateral conventions does not mean that they cease to exist and to apply as principles of customary law, even as regards countries that are parties to such conventions. Principles such as those of the nonuse of force, non-intervention, respect for the independence and territorial integrity of States, and the freedom of navigation, continue to be binding as part of customary international law, despite the operation of provisions of conventional law in which they have been incorporated.

[20] Vgl. Military and Paramilitary Activities in and against Nicaragua (Nicaragua v. United States of America), Merits, a.a.O., 93 ff.

[21] A.a.O., 96.

rechtlichen Selbstverteidigungsrecht) seien das Völkergewohnheitsrecht und die vertraglichen Bestimmungen der VN-Charta zwar nicht identisch, doch seien die Unterschiede nicht derart gravierend, daß ein Urteil des IGH, das die Rechte und Pflichten der Parteien auf der Grundlage des Gewohnheitsrechts ohne Berücksichtigung der die Parteien bindenden vertraglichen Regelungen festlegt, keiner Befolgung oder Durchsetzung fähig wäre. Das folge daraus, daß die VN-Charta und das Völkergewohnheitsrecht bei allen bestehenden Divergenzen einem gemeinsamen Grundprinzip entsprängen, das die Anwendung von Gewalt in den internationalen Beziehungen verböte[22].

Diese Ausführungen zeigen zugleich die Grenzen der parallelen Anwendbarkeit von Völkergewohnheitsrecht und Vertragsrecht auf. Spätestens dann, wenn die Unterschiede zwischen beiden Rechtsquellen ein Ausmaß erreicht haben, daß sich das Gewohnheitsrecht in direktem Gegensatz zum Vertragsrecht befinden würde (und kein Fall des ius cogens gemäß Art. 53 des WÜRV vorliegt), muß jenes zurücktreten. Ein direkter Gegensatz zwischen dem Gewohnheitsrecht - sofern man unterstellt, das dieses den Tatbestand der "staatlichen Piraterie" enthält - und dem Genfer Übereinkommen über die Hohe See läge aber dann vor, wenn die Nichteinbeziehung der "staatlichen Piraterie" in das Genfer Übereinkommen keine Lücke, sondern eine bewußte Regelung im Sinne eines gewollten Ausschlusses darstellt.

Sowohl in den Beratungen innerhalb der ILC als auch in den Debatten im Sechsten Ausschuß der VN-Generalversammlung über den Konventionsentwurf ist die Frage der "staatlichen Piraterie" eingehend erörtert worden. Die ILC-Mitglieder aus der UdSSR und Polen, Krylov und Zourek[23], hatten die Streichung der Definitionsmerkmale "private Schiffe" und "zu privaten Zwekken" im Entwurf des Berichterstatters gefordert, um auch die Fälle der "staatlichen Piraterie" mit einzubeziehen. Diese Notwendigkeit hätte nach ihrer Auffassung bestanden, da sich das Konzept der Seeräuberei im modernen Völkerrecht in jene Richtung ausgeweitet hätte[24]. Der Brasilianer Amado wies eben-

---

22 A.a.O., 96 f.
23 Diese handelten dort natürlich nicht als Staatenvertreter sondern als unabhängige Kommissionsmitglieder.
24 YBILC 1955 I, 43 und 55 f.

falls in der ILC auf eine entsprechende Erweiterung des klassischen Pirateriebegriffs durch neuere völkerrechtliche Verträge hin[25]. Die Mehrheit der ILC-Mitgleider lehnte jedoch in einer Kampfabstimmung die genannten Änderungsvorschläge ab[26]. Der Mehrheitsmeinung folgend führte die ILC in der Begründung zum Entwurf des Art. 39, dem späteren Art. 15 des Genfer Übereinkommens über die Hohe See, aus, daß auch bestimmte neuere Verträge, insbesondere das Übereinkommen von Nyon, nicht zu einer Änderung des Konzepts der Seeräuberei in der Art geführt hätten, daß auch rechtswidrige Handlungen von Kriegsschiffen in offizieller Funktion Akte der Piraterie darstellen könnten. Darüber hinaus machte die Kommission rechtspolitische bzw. Zweckmäßigkeitserwägungen für ihren Standpunkt geltend: Bei einer entsprechenden Erweiterung des Piraterietatbestandes genössen Kriegsschiffe nicht mehr vollständige Immunität, da sodann jeder Staat fremde Kriegsschiffe unter Erhebung des Vorwurfs der Seeräuberei aufbringen könnte. Dies hätte überaus ernste, den Interessen der Staatengemeinschaft abträgliche Konsequenzen[27].

---

[25] YBILC 1955 I, 42.
[26] YBILC 1955 I, 57.
[27] Siehe aus der Begründung zum Entwurf des Art. 39, Report of the International Law Commission Covering the work of its eighth session, 23 April - 4 July 1956, ebenda:

> (1) The Commission had to consider certain controversial points as to the essential features of piracy. It reached the conclusion that: (...)
>
> > (iii) Save in the case provided for in article 40, piracy can be committed only by private ships and not by warships or other governmental ships; (...)
>
> (2) With regard to point (iii), the Commission is aware that there are treaties, such as the Nyon Arrangement of 14 September 1937, which brand the sinking of merchant ships by submarines, against the dictates of humanity, as piratical acts. But it is of the opinion that such treaties do not invalidate the principle that piracy can only be committed by private ships. In view of the immunity from interference by other ships which warships are entitled to claim, the seizure of such ships on suspicion of piracy might involve the gravest consequences. Hence the Commission feels that to assimilate unlawful acts committed by warships to acts of piracy would be prejudicial to the interests of the international community. The Commission was unable to share the view held by some members that the principle laid down in the Nyon Arrangement confirmed a new law in process of development. In par-

Im Sechsten Ausschuß der VN-Generalversammlung wurde bei der Diskussion über den Abschlußbericht der ILC zum Konventionsentwurf über das Recht der Hohen See die Frage der Einbeziehung der "staatlichen Piraterie" erneut aufgeworfen[28]. Die sowjetische Seite konnte sich jedoch mit ihren Vorstellungen, die Begriffe "private Schiffe" und "zu privaten Zwecken" nicht in den Konventionstext zu übernehmen, um auch rechtswidrige Übergriffe von Kriegsschiffen in hoheitlichem Auftrag zu erfassen, abermals nicht durchsetzen.

Daraus folgt, daß die Nichteinbeziehung des Tatbestandes der "staatlichen Piraterie" in das Genfer Übereinkommen über die Hohe See keine Regelungslücke darstellt sondern einen bewußten Ausschluß. Art. 15 des Genfer Übereinkommens kann daher, jedenfalls was die Frage der "staatlichen Piraterie" anbetrifft, nicht als ein offener Tatbestand angesehen werden. Darin liegt ein wesentlicher Unterschied zu dem vom IGH - wie oben dargelegt - betrachteten Verhältnis zwischen dem Selbstverteidigungsrecht gemäß der VN-Charta - die ausdrücklich auf das naturgegebene, d.h. gewohnheitsrechtlich entwickelte Recht auf Selbstverteidigung verweist - und dem parallel existierenden Selbstverteidigungsrecht nach dem Völkergewohnheitsrecht. Es mag zutreffen, daß gleichwohl der Rückgriff auf das Völkergewohnheitsrecht neben den Bestimmungen über die Seeräuberei im Genfer Übereinkommen in manchen Fällen zulässig bleibt. Dies kann aber allenfalls dort möglich sein, wo nicht eine spezielle Frage (wie gerade hinsichtlich des Problems der "staatlichen Piraterie") bei der Ausarbeitung dieser Konvention explizit diskutiert und schließlich in einer bestimmten Weise entschieden wurde. Zumindest wäre ein Staat, der das Genfer Übereinkommen (ohne entsprechenden Vorbehalt) ratifiziert hat, aus Gründen von Treu und Glauben bzw. estoppel

ticular, the questions arising in connexion with acts committed by warships in the service of rival Governments engaged in civil war are too complex to make it seem necessary for the safeguarding of order and security on the high seas that all States should have a general right, let alone an obligation, to repress as piracy acts perpetrated by warships of the parties in question.

28 Vgl. UN Doc. A/C.6/SR.488, 37; UN Doc. A/C.6/SR.492, 60.

daran gehindert, eine etwa anderslautende Norm des Völkergewohnheitsrechts geltend zu machen. Unabhängig davon, ob die ILC das Gewohnheitsrecht richtig interpretierte, als sie feststellte, daß der Tatbestand der "staatlichen Piraterie" darin nicht enthalten sei, ist somit die Berufung auf eine angeblich anderslautende Norm des Völkergewohnheitsrechts von vorneherein ausgeschlossen; die Bestimmungen über die Seeräuberei im Genfer Übereinkommen über die Hohe See stellen zumindest insoweit eine abschließende Regelung dar. Zwingendes Recht i.S. von Art. 53 WÜRV steht dem erkennbar nicht entgegen.

Ein heute relevanter völkergewohnheitsrechtlich begründeter Tatbestand der "staatlichen Piraterie" könnte sich daher allenfalls durch die spätere Praxis nach Inkrafttreten des Genfer Übereinkommens herausgebildet haben. Nur hilfsweise soll trotzdem zunächst untersucht werden, ob eventuell schon vor dem Inkrafttreten dieser Konvention eine entsprechende Norm des Völkergewohnheitsrechts existiert hat.

b) Herausbildung eines gewohnheitsrechtlichen Tatbestandes der "staatlichen Piraterie" vor Inkrafttreten des Genfer Übereinkommens über die Hohe See?

Wie soeben ausgeführt, soll an dieser Stelle nur hilfsweise erörtert werden, ob sich im Völkergewohnheitsrecht vor dem Inkrafttreten des Genfer Übereinkommens über die Hohe See ein Tatbestand der "staatlichen Piraterie" herausgebildet hatte. Zu Ende des letzten Jahrhunderts herrschte - trotz aller damals bestehenden Zweifelsfragen über den Begriff der Seeräuberei[29] - noch weitgehende Einigkeit darüber, daß Handlungen von regulären Streitkräften anerkannter Staaten (zumindest sofern jene nicht befehlswidrig agierten) nicht als Akte der Pirate-

[29] Eine ausführliche Darstellung der früheren Begriffsbestimmungen und Definitionsversuche der Seereäuberei findet sich in Rubin, The Law of Piracy, a.a.O. Siehe darüber hinaus Stiel, Der Tatbestand der Piraterie nach geltendem Völkerrecht unter vergleichender Berücksichtigung der Landesgesetzgebungen, 1905; Report of the subcommittee of the League of Nations Committee of Experts for the Progressive Codification of International Law, 116 f. (C.196.M.70.1927.V); O'Connell, a.a.O., 968 ff.

rie angesehen werden konnten[30]. Die gegenwärtige Diskussion konzentriert sich auf Entwicklungen in der Staatenpraxis während der ersten Hälfte dieses Jahrhunderts. Als mögliche Entstehungsgrundlagen für einen völkergewohnheitsrechtlichen Tatbestand der "staatlichen Piraterie" werden die Reaktionen auf den unbeschränkten U-Boot-Krieg von seiten Deutschlands im Ersten Weltkrieg, das Washingtoner Abkommen von 1922 und das Übereinkommen von Nyon aus dem Jahre 1937 genannt.

Während des Ersten Weltkriegs tauchten erstmals in der Literatur Stimmen auf, welche die ohne Vorwarnung erfolgte Torpedierung von Handelsschiffen durch deutsche U-Boote[31] als "seeräuberische Akte" bezeichneten[32]. In diesem Sinne setzte sich auch die britische Regierung für den Abschluß eines Übereinkommens ein, wonach Offiziere, die in derartige Aktionen verwickelt waren, als Piraten betrachtet werden sollten. Dies

---

[30] Diese Auffassung lag nicht zuletzt der damals sehr intensiv diskutierten und in der Staatenpraxis unterschiedlich gehandhabten Streitfrage zugrunde, ob politisch motivierte Angriffe von Aufständischen, die nicht als Kriegsführende anerkannt waren, auf Schiffe unter der Flagge desselben Staates bzw. auf Schiffe dritter Staaten als Akte der Seeräuberei anzusehen seien. Vgl. hierzu die Nachweise in O'Connell, a.a.O., 975 f., sowie Padelford, Foreign Shipping During the Spanish Civil War, AJIL 32 (1938), 264 ff. (272 f.).

Eine andere Ansicht vertrat allerdings Lushington Mitte des vorigen Jahrhunderts in einem berühmten *obiter dictum* zum Fall der Magellan Piraten. Unter Berufung auf die Berber-Korsaren äußerte er die Auffassung, auch ein unabhängiger Staat könne der Seeräuberei schuldig sein. Siehe *The Magellan Pirates* (1853), Spinks Ecclesiastical and Admiralty Reports, Vol. 1, 81 at 83.

[31] Eine ausführliche Darstellung der Praxis in den ersten zwei Jahren des Ersten Weltkriegs findet sich in Garner, Some Questions of International Law in the European War - IX - Destruction of Neutral Merchant Vessels, AJIL 10 (1916), 12 ff. Siehe darüber hinaus zum U-Boot-Krieg während des Ersten Weltkriegs Beckert/Breuer, Öffentliches Seerecht, 1991, Rdnr. 1004 ff.

[32] Siehe Proceedings of the American Society of International Law, 1916, 66; Higgins, Defensively Armed Merchant Ships and Submarine Warfare, 1917, 25 f.; vgl. auch in noch engem zeitlichen Zusammenhang de Montmorency, Piracy and the Barbary Corsairs, Law Quarterly Review 35 (1919), 133. Auf der anderen Seite wies Garner ausdrücklich darauf hin, daß diese Akte keine Piratenhandlungen im technischen Sinne darstellten, vgl. Garner, International Law and the World War, Vol. I, 1920, 382 f.

sollte gerade auch dann gelten, wenn die Offiziere auf Befehl ihrer Regierung gehandelt hätten[33].

Am 6. Februar 1922 unterzeichneten Frankreich, Großbritannien, Italien, Japan und die USA das Washingtoner Abkommen über den Einsatz von U-Booten und Giftgasen bei der Kriegsführung[34]. Die Vertragsstaaten verpflichteten sich darin, alle Offiziere, die Handelsschiffe ohne Beachtung der von den Mitgliedsstaaten anerkannten kriegsvölkerrechtlichen Regeln durch U-Boote versenkten, ungeachtet ihrer Nationalität sowie eines etwaigen Befehls ihrer Vorgesetzen als Kriegsverbrecher zu betrachten und so zu bestrafen, als wären sie Piraten[35]. In diesem Vertrag wurden somit die Regeln der Piraterie analog für bestimmte Kriegsverbrechen angewandt. Privates oder zumindest befehlswidriges Handeln wurde nicht vorausgesetzt. Infolge der fehlenden Ratifikation durch Frankreich trat das Abkommen jedoch nicht in Kraft[36].

Während des Bürgerkriegs in Spanien versenkten U-Boote, deren Nationalität nicht offengelegt wurde, in zahlreichen Fällen neutrale Handelsschiffe im Mittelmeer. Beide Bürgerkriegsparteien lehnten die Verantwortung für die Angriffe ab, obwohl deutlich erkennbar war, daß die Übergriffe den Interessen der Aufständischen dienten. Als die Bedrohung für die neutrale Schiffahrt endgültig untragbare Ausmaße angenommen hatte, schlossen am 14. September 1937 Ägypten, Bulgarien,

---

[33] Siehe Goldie, 1937 Nyon Arrangement, a.a.O., 492.

[34] 1922 Washington Treaty Relating to the Use of Submarines and Noxious Gases in Warfare. Der Text ist veröffentlicht in: Conference on the Limitation of Armaments, U.S. Government Printing Office (1922).

[35] Artikel 3 des Abkommens sah vor:

> The Signatory Powers, desiring to ensure the enforcement of the humane rules of existing law declared by them with respect to attacks upon and the seizure and destruction of merchant ships, further declare that any person in the service of any Power who shall violate any of those rules, whether or not such person is under orders of a governmental superior, shall be deemed to have violated the laws of war and shall be liable to trial and punishment as if for an act of piracy and may be brought to trial before the civil or military authorities of any Power within the jurisdiction of which he may be found.

[36] Nähere Angaben über Ratifikationen und Beitritte finden sich in: Ronzitti (ed.), a.a.O., 343.

Frankreich, Griechenland, Großbritannien, Jugoslawien, Rumänien, die Türkei und die UdSSR das Übereinkommen von Nyon[37]. Es sah eine Reihe spezifischer Kollektivmaßnahmen zum Schutz der neutralen Schiffahrt wie die Einrichtung eines nach Zuständigkeitsbereichen aufgeteilten Überwachungssystems vor. In der Präambel wurden die genannten U-Boot-Angriffe Akten der Seeräuberei gleichgestellt. Im operativen Teil verpflichteten sich die Vertragsstaaten u.a., U-Boote, die unter Verletzung der Bestimmungen des Londoner Vertrages über die Begrenzung und Reduzierung der Marinebewaffnung[38] neutrale Handelsschiffe angriffen oder auch nur in verdächtiger Weise in der Nähe eines stattgefundenen Angriffs angetroffen worden waren, ihrerseits anzugreifen und nach Möglichkeit zu versenken[39].

[37] 1922 Nyon Arrangement, LNTS, Vol. 181, 137 ff. Siehe hierzu auch Finch, Piracy in the Mediterranean, AJIL 31 (1937), 659 ff.; Schmitt, Der Begriff der Piraterie, Völkerbund und Völkerrecht 4 (1937/38) 351 ff.; Schmitz, Die Abmachungen von Nyon und Genf (14. und 17. September 1937), ZaöRV 8 (1938), 1 ff.; Genet, The Charge of Piracy in the Spanish Civil War, AJIL 32 (1938), 253 ff.; Padelford, a.a.O., 264 ff.; Abendroth, Nyon-Abkommen von 1937, in: Strupp/Schlochauer, Wörterbuch des Völkerrechts, Bd. 2, 1961, 643 ff.; Kunig, Nyon Agreement (1937), in: Bernhardt (Hrsg.), EPIL, Instalment 4, 1982, 57 ff.; Goldie, 1937 Nyon Arrangement, a.a.O., 483 ff.; ders., Armed Conflicts at Sea and Low Intensity Operations, a.a.O., 612 ff.

[38] 1930 London Treaty for the Limitation and Reduction of Naval Armaments, LNTS, Vol. 112, 65.

[39] Die im vorliegenden Zusammenhang interessierenden Teile des Übereinkommens lauteten:

> Whereas arising out of the Spanish conflict attacks have been repeatedly committed in the Mediterranean by submarines against merchant ships not belonging to either of the conflicting Spanish parties;
>
> Whereas these attacks are violations of the rules of international law referred to in Part IV of the Treaty of London of April 22nd, 1930, with regard to the sinking of merchant ships and constitute acts contrary to the most elementary dictates of humanity, which should be justly treated as acts of piracy; and
>
> Whereas without in any way admitting the right of either party to the conflict in Spain to exercise belligerent rights or to interfere with merchant ships on the high seas even if the laws of warfare at sea are observed and without prejudice to the right of any Participating Power to take such action as may be proper to protect its merchant shipping from any kind of interference on the high seas or to the possibility of further collective measures being agreed upon subsequently, it is necessary in the first place to agree

Drei Tage später schlossen dieselben Staaten das Genfer Zusatzübereinkommen zum Abkommen von Nyon[40]. In dessen Präambel wurde zunächst u.a. auf die im Übereinkommen von Nyon beschlossenen Kollektivmaßnahmen gegenüber "seeräuberischen Akten" von U-Booten im Mittelmeer Bezug genommen. Anschließend wurde auf die Notwendigkeit hingewiesen, derartige Maßnahmen auch gegen vergleichbare Handlungen von seiten anderer Schiffe und Flugzeuge zu ergreifen[41]. Noch vor Abschluß des Übereinkom-

---

upon certain special collective measures against piratical acts by submarines:

In view thereof the undersigned (...) have agreed upon the following provisions which shall enter immediately into force:

I. The Participating Powers will instruct their naval forces to take the action indicated in paragraphs II and III below with a view to the protection of all merchant ships not belonging to either of the conflicting Spanish parties.

II. Any submarine which attacks a ship in a manner contrary to the rules of international law referred to in the International Treaty for the Limitation and Reduction of Naval Armaments signed in London on April 22nd, 1930, and confirmed in the Protocol signed in London on November 6th, 1936, shall be counter-attacked and, if possible, destroyed.

III. The instruction mentioned in the preceding paragraph shall extend to any submarine encountered in the vicinity of a position where a ship not belonging to either of the conflicting Spanish parties has recently been attacked in violation of the rules referred to in the preceding paragraph in circumstances which give valid grounds for the belief that the submarine was guilty of the attack.

[40] 1937 Geneva Agreement Supplementary to the Nyon Arrangement, LNTS, Vol. 181, 151 f. Siehe dazu Goldie, Armed Conflicts at Sea and Low Intensity Operations, a.a.O., 618 ff.

[41] Siehe die folgenden zentralen Bestimmungen:

Whereas under the Arrangement signed at Nyon on the 14th September, 1937, whereby certain collective measures were agreed upon relating to piratical acts by submarines in the Mediterranean, the Participating Powers reserved the possibility of taking further collective measures; and

Whereas it is now considered expedient that such measures should be taken against similar acts by surface vessels and aircraft;

In view thereof, the undersigned (...) have agreed uopn the following provisions which shall enter immediately into force: (...)

mens von Nyon, im März 1937, hatte im übrigen die niederländische Regierung erklärt, sie würde das Aufbringen von Schiffen unter ihrer Flagge durch Schiffe der Aufständischen im Spanischen Bürgerkrieg als einen Akt der Seeräuberei betrachten[42].

Gegen die Annahme, aufgrund dieser Begebenheiten habe sich vor Abschluß des Genfer Übereinkommens über die Hohe See ein völkergewohnheitsrechtlicher Tatbestand der "staatlichen Piraterie" herausgebildet, spricht jedoch zunächst, daß sich während des Ersten Weltkriegs die anderen Staaten der dargestellten britischen Rechtsauffassung, wonach alle für Maßnahmen der unbeschränkten U-Boot-Kriegsführung (einschließlich des Vorgehens gegen neutrale Handelsschiffe) verantwortliche Offiziere als Piraten anzusehen seien, zumindest nicht ausdrücklich anschlossen, teilweise sogar explizit ablehnten. So weigerte sich Frankreich, die unbeschränkte deutsche U-Boot-Kriegsführung zu ächten[43]. Die Regierung der Vereinigten Staaten achtete sehr genau darauf, die zwischen 1914 und 1917 erfolgten deutschen U-Boot-Aktivitäten, die zu einem Verlust an amerikanischen Menschenleben geführt hatten, nicht als "seeräuberische Akte" zu bezeichnen. Stattdessen sprach sie beispielsweise von der "Verletzung geheiligter Prinzipien der Gerechtigkeit und

---

II. The present Agreement applies to any attack by a surface vessel or an aircraft upon any merchant vessel in the Mediterranean not belonging to either of the conflicting Spanish parties, when such attack is accompagnied by a violation of the humanitarian principles embodied in the rules of international law with regard to warfare at sea, which are referred to in Part IV of the Treaty of London of April 22nd, 1930, and confirmed in the Protocol signed in London on November 6th, 1936.

III. Any surface war vessel, engaged in the protection of merchant shipping in conformity with the Nyon Agreement, which witnesses an attack of the kind referred to in the preceeding paragraph shall:

(a) If the attack is committed by an aircraft, open fire on the aircraft;

(b) If the attack is committed by a surface vessel, intervene to resist it within the limits of its powers, summoning assistance is such is available and necessary.

(...)

[42] Survey of International Affairs, 1937 (II), 309.

[43] Vgl. Goldie, Armed Conflicts at Sea and Low Intensity Operations, a.a.O., 615.

Menschlichkeit" oder der "Verletzung unumstößlicher Rechte der Neutralen" etc.[44]. Die Friedensverträge von 1919 enthielten keine den U-Boot-Krieg betreffende Bestimmung. Der *Report of the Commission on the Responsibility of the Authors of the War and the Enforcement of Penalties*[45] nannte die Zerstörung von Handelsschiffen ohne die Passagiere und Besatzung zuvor in Sicherheit gebracht zu haben eine Verletzung des Kriegsrechts, nicht aber einen Akt der Seeräuberei.

Weiterhin wurden zwar wesentliche Bestimmungen des Washingtoner Abkommens in Art. 22 des Londoner Abkommens über die Begrenzung und Reduzierung der Marinebewaffnung vom 22. April 1930[46] übernommen, doch fehlte dort gerade jeder Hinweis auf eine mögliche Anwendbarkeit der Völkerrechtsnormen über die Seeräuberei. Auch im Londoner Protokoll betreffend die Regeln der U-Boot-Kriegsführung vom 6. November 1936[47] fand sich die im Washingtoner Abkommen erfolgte Gleichstellung von völkerrechtswidrigen U-Boot-Angriffen und Akten der Piraterie nicht wieder.

Frühere Kodifikationsversuche der Seeräuberei griffen ebenfalls die im Washingtoner Abkommen vorgenommene Analogie zwischen bestimmten kriegsvölkerrechtswidrigen Handlungen, die einem Staat zuzurechnen sind, und Akten der Piraterie nicht wieder auf. So legte im Januar 1926 im Auftrag des Völkerbundrates ein Unterausschuß zum Committee of Experts for the Progressive Codification of International Law einen als "Matsuda-Report" bekannten Bericht vor, der als Grundlage eines Konventionsentwurfs über die Seeräuberei dienen sollte[48].

---

[44] Vgl. beispielsweise die *Lusitania* - Note von Secretary of State Bryan an Botschafter Gerard in Berlin vom 13. Mai 1915, U.S. For. Rel., 1915 Supp. 393 ff.; die *Sussex* - Note von Secretary of State Lansing an Botschafter Gerard vom 18. April 1916, a.a.O., 1916 Supp., 232 ff.; die Ansprache von Präsident Wilson an den Kongreß vom 3. Februar 1917, a.a.O., 1917 Supp., 109 ff.; sowie die Ansprache von Präsident Wilson an den Kongreß vom 2. April 1917, a.a.O., 195 ff. Siehe zum Ganzen auch Padelford, a.a.O., 273 f.

[45] Der Bericht ist abgedruckt in AJIL 14 (1920), 95 ff.

[46] Vgl. Anm. 38.

[47] 1936 London Procès-Verbal Relating to the Rules of Submarine Warfare Set Forth in Part IV of the Treaty of London of 22 April 1930, LNTS, Vol. 173, 353. Siehe dazu Beckert/Breuer, a.a.O., Rdnr. 1008 ff.

[48] League of Nations pub. C.196.M.70.1927.V, 119.

In dem Bericht wurden nur Handlungen zu privaten Zwecken der Piraterie zugeordnet. Kriegsschiffe könnten außer im Falle der Meuterei keine Akte der Seeräuberei begehen[49]. In der Folge wurde allerdings innerhalb des Völkerbundes von verschiedener Seite die Auffassung geäußert, daß die Kodifikation der Piraterie schwierige Fragen aufwerfe und gegenwärtig nicht von besonderem Interesse sei[50]. Das Projekt wurde daher nicht weiterverfolgt[51].

Angeregt durch die Kodifikationsbemühungen innerhalb des Völkerbundes erarbeitete die Harvard Law School einen eigenen umfassenden Konventionsentwurf über die Piraterie[52]. Dieser bestand aus 19 Artikeln mit beigefügten ausführlichen Kommentaren und beeinflußte die weitere akademische Diskussion in besonderem Maße[53]. So wurde nicht zuletzt in der ILC bei der Ausarbeitung der Bestimmungen über die Seeräuberei im späteren Genfer Übereinkommen über die Hohe See von Berichterstatter François wiederholt auf die Harvard Research Draft Convention Bezug genommen[54]. Die darin gegebene Definition der Piraterie benannte ausschließlich Handlungen zu privaten Zwecken[55].

---

[49] Siehe insbesondere die folgenden Bestimmungen:

> Article 1: Piracy occurs only on the high seas and consists of the commission for private ends of depredations upon property or acts of violence against persons. (...)
>
> Article 3: Only private ships can commit acts of piracy. Where a warship, after mutiny, cruises on its own account and commits acts of the kind mentioned in Article 1, it thereby loses its public character.

[50] Vgl. etwa League of Nations Doc. C.254.1927.V; League of Nations pub. V.Legal.1927.V.28. Siehe dazu auch Rubin, The Law of Piracy, a.a.O., 307 f.

[51] In der Resolution der Bundesversammlung vom 27. September 1927, in welcher der Völkerbundrat beauftragt wurde, mit den Niederlanden eine Kodifikations-Konferenz zu arrangieren, tauchte die Seeräuberei nicht mehr in der Liste der zu behandelnden Themen auf, siehe League of Nations Official Journal, Spec. Supp. No. 53, Oct. 1927, 9.

[52] Vgl. Anm. 9.

[53] Siehe dazu näher Rubin, The Law of Piracy, a.a.O., 308 ff.

[54] Vgl. eingangs zu Abschnitt 2. a).

[55] Art. 3 des Konventionsentwurfs enhält folgende Definition:

> Piracy is any of the following acts, committed in a place not within the territorial jurisdiction of any state:
>
> 1. Any act of violence or depredation committed with intent to rob, rape, wound, enslave, imprison or kill a person or with intent to steal or

Wie schon oben erwähnt[56], äußerten zu der Frage, ob aus dem Übereinkommen von Nyon eine neue Regel des Gewohnheitsrechts abgeleitet werden könne, die Mitglieder der ILC wie auch die Staatenvertreter im Sechsten Ausschuß der VN-Generalversammlung während der Vorarbeiten zum Genfer Übereinkommen über die Hohe See unterschiedliche Auffassungen. Eine Minderheit bejahte die Frage bzw. sah im Übereinkommen von Nyon zumindest den Samen eines neuen Rechtsprinzips[57]. Dagegen wies Berichterstatter François auf den beschränkten Kreis der Vertragsstaaten hin[58]. Die USA betonten im Sechsten Ausschuß die besonderen Umstände, die zum Übereinkommen von Nyon geführt hätten. Die Lage sei dadurch charakterisiert gewesen, daß kein Staat bzw. keine Bürgerkriegspartei die Verantwortung für die U-Boot-Angriffe auf sich genommen habe und somit kein Staat völkerrechtlich haftbar gemacht werden konnte. Nur aus diesem Grund sei die Gleichstellung mit Akten der Piraterie erfolgt; ein neues Rechtsprinzip der "staatlichen Seeräuberei" sei nicht anerkannt worden[59]. Sir Gerald Fitzmaurice folgerte in der ILC

> destroy property, for private ends, provided that the act is connected with an attack on or from the sea or in or from the air. (...)

[56] Unter Abschnitt 2. a).

[57] So in der ILC die Mitglieder Krylov und Zourek, in diesem Sinne wohl auch Amado, vgl. Anm. 24 und 25. Im Sechsten Ausschuß brachte der sowjetische Delegierte vor, UN Doc. A/C.6/SR.488, 37:

> The International Law Commission's decision to restrict the concept of piracy to acts of piracy committed by private ships or private aircraft for private ends (article 39) was also contrary to the practice and theory of international law. The so-called Nyon-Arrangement of 1937 recognized that the sinking of merchant ships by submarines, contrary to the dictates of humanity, could with full justification be regarded as a piratical act.

[58] YBILC 1955 I, 56.

[59] Siehe UN Doc. A/C.6/SR.492, 60:

> (...) (O)nly actions committed by a private ship could be regarded as acts of piracy. It is unnecessary to assimilate illegal acts committed by other ships to piracy, since they could be punished under other rules of international law governing offences such as aggression or breach of the peace. As the Soviet Union representative had rightly stressed (...), the crime of piracy was rare; that, however, was no reason for characterizing as piracy acts of a different nature that were illegal on other grounds recognized by in-

auf der Grundlage dieser Argumentation, durch das Abkommen von Nyon sei der Grundsatz, wonach Seeräuberei ein Verbrechen sei, das nur von Privatpersonen begangen werden könne, sogar noch bestärkt worden[60]. Hätte ein Staat die Verantwortung für die U-Boot-Angriffe übernommen, wären die üblichen Vorstellungen unternommen worden. Von Kriegsschiffen begangene Akte seeräuberischen Charakters seien mehr als Akte der Piraterie; sie könnten Angriffs- oder Kriegshandlungen mit entsprechender Verantwortung des Flaggenstaates darstellen[61].

Das Übereinkommen kann jedoch kaum als eine Bestärkung des klassischen Pirateriebegriffs im Hinblick auf die mögliche Begehung ausschließlich von Privatpersonen gewertet werden. Ansätze für eine Erweiterung des überkommenen Pirateriekonzepts finden sich insbesondere in dem wiederholten Hinweis auf die Verletzung des Londoner Abkommens über die Begrenzung und Reduzierung der Marinebewaffnung vom 22. April 1930 und dem Londoner Protokoll betreffend die Regeln der U-Boot-Kriegsführung vom 6. November 1936. Das zeigt, daß die Nichtbeachtung der kriegsvölkerrechtlichen Regeln jedenfalls eines der Motive für den Abschluß der Konvention darstellte. Die Bestimmungen des Kriegsvölkerrechts gelten aber gerade nicht für Seeräuber im herkömmlichen Sinn. Wären die U-Boot-Angriffe von normalen Zivilpersonen verübt worden, hätten das Londoner Abkommen von 1930 und das Londoner Protokoll von 1936 nicht erwähnt werden dürfen. Die Berufung auf diese Konventionen zeigt, daß die Vertragsstaaten dem Umstand Rechnung tragen wollten, daß die Übergriffe im Zusammenhang mit einer kriegerischen Auseinandersetzung erfolgten. Daher führte das Übereinkommen von Nyon durchaus zu einer Aufweichung des früheren Pirateriekonzeptes,

---

ternational law. The Nyon Agreement of 1937 should not be cited without some reference to the circumstances in which it had been concluded: as there had been no Government willing to assume responsibility for acts committed by submarines, it had been necessary to presume that the acts in question had been committed by private ships and so constituted acts of piracy. The Nyon Agreement had not, therefore, created a precedent, and acts which were manifestly different in character could not be assimilated to piracy.

[60] YBILC 1955 I, 43 f.

[61] A.a.O., 56.

wobei offenbar (zwischenzeitlich fallengelassene) Gedanken aus dem Washingtoner Abkommen von 1922 wieder aufgegriffen wurden.

Auf der anderen Seite ist zu bedenken, daß das Übereinkommen von Nyon nur von neun Staaten unterzeichnet wurde. Zwar läßt sich sowohl die Tatsache, daß die Signatarstaaten unterschiedlichen gesellschaftspolitischen Systemen folgten, als auch der Umstand, daß das Abkommen innerhalb von nur vier Tagen ausgehandelt wurde und somit ein außergewöhnlich schnelles, entschlossenes Handeln vorlag, als ein Indiz für einen eher breiten Konsens innerhalb der damaligen Staatengemeinschaft ansehen. Auch ist nicht bekannt, daß sich in der Folgezeit irgendein ein Staat, sei er Vertragspartei gewesen oder nicht, in einer rechtlichen oder politischen Stellungnahme von den Bestimmungen des Übereinkommens von Nyon distanziert hätte. Gleichwohl dürften auch diese Erwägungen in Anbetracht des zu sehr beschränkten Kreises der Vertragsstaaten nicht ausreichen, um bereits von einer hinreichend gefestigten Staatenpraxis zur Erzeugung von Völkergewohnheitsrecht sprechen zu können.

Von besonderer Bedeutung ist darüber hinaus, daß die Tatsache, daß kein Staat formell die Verantwortung für die Übergriffe übernommen hatte, der Situation ein besonderes Gepräge gab. Ob die Staatengemeinschaft tatsächlich keinerlei Möglichkeit hatte, die Aufständischen mit der Begründung haftbar zu machen, daß die Schiffsüberfälle eindeutig in ihrem Interesse erfolgten[62] und sie somit für die Vorkommnisse offensichtlich verantwortlich seien, kann dahingestellt bleiben. Jedenfalls stellte der Umstand, daß die angreifenden U-Boote keine Flagge zeigten, ein mindestens gleichwertiges, vielleicht sogar noch wichtigeres Motiv für den Abschluß der Konvention dar als die Nichtbeachtung der völkerrechtlichen Regeln der U-Boot-Kriegsführung. Aufgrund dieser Besonderheiten der dem Übereinkommen von Nyon zugrundeliegende Ausgangssituation bleibt der Umfang

---

[62] Finch, a.a.O., 659, schrieb dazu:

> Whatever the identity of the attackers, they were evidently acting in the interests of the Spanish insurgent forces. The attacks were obviously of great strategic importance in cutting the flow of supplies from the Soviet Russia to the Spanish Government.

der erfolgten Ausweitung des klassischen Pirateriebegriffs sehr diffus. Eine völkergewohnheitsrechtliche Regel der "staatlichen Piraterie" läßt sich auch deshalb aus dem Übereinkommen von Nyon nicht ableiten.

Gegen die Herausbildung eines völkerrechtlichen Tatbestandes der "staatlichen Seeräuberei" auf gewohnheitsrechtlicher Grundlage sprechen insbesondere auch die Nürnberger Kriegsverbrecherprozesse. Im Zweiten Weltkrieg stellte der U-Boot-Einsatz einen wesentlichen Teil der deutschen Seekriegsführung dar[63]. Vor dem Internationalen Militärtribunal in Nürnberg wurden die Admiräle Dönitz und Raeder u.a. wegen Verantwortlichkeit für den unbeschränkten U-Boot-Krieg gegen feindliche und neutrale Handelsschiffe unter Verstoß gegen die Bestimmungen des Londoner Protokolls betreffend die Regeln der U-Boot-Kriegsführung vom 6. November 1936 angeklagt. In den Verfahren wurde jenes Verhalten jedoch von keiner Seite als Piraterie gewertet, sondern ausschließlich unter dem Gesichtspunkt möglicher Kriegsverbrechen betrachtet[64].

Ein anderes Ergebnis folgt auch nicht aus der Staatenpraxis der ersten Jahre nach Inkrafttreten der VN-Charta. Wie oben dargelegt[65], qualifizierten die UdSSR, Polen und die CSSR im Zusammenhang mit dem chinesischen Bürgerkrieg die Angriffe auf neutrale Handelsschiffe in der Straße von Formosa als Akte der Seeräuberei. Unter anderem brachte die Sowjetunion im Ad Hoc Political Committee einen entsprechenden Resolutionsentwurf ein. Dieser wurde jedoch mit deutlicher Mehrheit abgelehnt[66]. Zwar ist nicht erkennbar, ob die Ablehnung des Resolutionsentwurfs gerade auf rechtliche Einwendungen der anderen

[63] Siehe zur Praxis der U-Boot-Kriegsführung während des Zweiten Weltkriegs etwa Beckert/Breuer, a.a.O., Rdnr. 1013 ff.

[64] Siehe Proceedings in the Trial of the Major War Criminals Before the International Military Tribunal, Opinion and Judgment, Vol. 22 (1947), 138 ff.; vgl. auch die Wiedergabe der Urteile in AJIL 41 (1947), 172 ff. (302 ff. und 306 ff.). Die Verurteilung der Angeklagten stützte sich allerdings nicht auf ihre Verantwortlichkeit für die unbeschränkte U-Boot-Kriegsführung, obwohl diese im Widerspruch zu dem auch für Deutschland verbindlichen Londoner Protokoll von 1936 stand, da sich herausgestellt hatte, daß britische und amerikanische U-Boote in der gleichen Weise vorgegangen waren.

[65] Im 1. Kapitel unter Abschnitt A.

[66] UN Doc. A/2871.

Staaten gegen die Bezeichnung jener Übergriffe als "Piratenakte" zurückzuführen ist. In dem ablehnenden Verhalten drückte sich aber jedenfalls keine Unterstützung der übrigen Staatengemeinschaft für das genannte Rechtskonzept aus. Somit exisiterte zum Zeitpunkt des Inkrafttretens des Genfer Übereinkommens über die Hohe See kein Tatbestand der "staatlichen Seeräuberei" auf der Grundlage des Völkergewohnheitsrechts.

c) Herausbildung eines Tatbestandes der "staatlichen Piraterie" durch die Staatenpraxis nach Inkrafttreten des Genfer Übereinkommens über die Hohe See?

Zu klären bleibt, ob aufgrund der Staatenpraxis nach Inkrafttreten des Genfer Übereinkommens über die Hohe See das Rechtsinstitut der "staatlichen Piraterie" nach Völkergewohnheitsrecht bzw. im Wege der "späteren Übung" bei der Anwendung des Genfer Übereinkommens im Sinne von Art. 31 Abs. 3 Ziff. b) WÜRV seine Anerkennung gefunden hat. Wie im Kapitel über die Staatenpraxis dargelegt, wiederholte die Sowjetunion während der Kuba-Krise ihren Rechtsstandpunkt, wonach von ihr als rechtswidrig beurteilte militärische Maßnahmen eines Staates gegen Handelsschiffe eines anderen Staates einen Fall der "staatlichen Piraterie" darstellten[67]. Die chinesische Regierung, die ebenfalls im Zusammenhang mit der Kuba-Krise den Begriff "seeräuberische U.S. Kriegsblockade" verwendete[68], schloß sich dieser Auffassung offenbar an. Kuba qualifizierte bei zwei Gelegenheiten Angriffe durch fremde Streitkräfte auf ein Handelsschiff auf Hoher See als Piraterie: in der Debatte im VN-Sicherheitsrat anläßlich der Beschießung des kubanischen Handelsschiffes "Playa Larga" durch die chilenische Luftwaffe und Marine im September 1973[69] (nachdem die kubanische Regierung zuvor den Angriff in einem Brief an den Präsidenten des VN-Sicherheitsrats noch als "Aggression" bezeichnet hatte) und in einem Schreiben an den Präsidenten des VN-Sicherheitsrats sowie in der anschließenden Sicherheitsratsdebatte in bezug

[67] Vgl. 1. Kapitel D.
[68] Ebenda.
[69] Vgl. 1. Kapitel I.

auf das Anfang 1990 erfolgte Vorgehen eines Küstenwachbootes der US-Marine gegen das unter panamesischer Flagge und mit kubanischer Besatzung fahrende Frachtschiff "Hermann"[70]. Die irakische Regierung nannte die gewaltsamen Maßnahmen der USA zur Durchsetzung des vom VN-Sicherheitsrat im August 1990 verhängten Handelsembargos (bevor der Sicherheitsrat die Anwendung von Waffengewalt ausdrücklich gebilligt hatte) sowohl "Aggressionsakte" bzw. "bewaffnete Aggressionen" als auch "Akte der Piraterie"[71].

Vereinzelt bezeichneten auch westliche Staaten derartige Übergriffe als Piraterie. Als im November 1974 während des sog. "Kabeljaukrieges" ein isländisches Patrouillenboot mehrere scharfe Schüsse auf ein deutsches Fischereischiff abgegeben hatte, sprach das Auswärtige Amt in Bonn von einem "Akt moderner Seeräuberei"[72]. Allerdings blieb diese Erklärung in ihrer Art isoliert. Die Gesamtumstände legen es nahe, in dieser Äußerung eher eine rein politische Stellungnahme als die Kundgabe eines Rechtsstandpunktes zu sehen. Das gleiche trifft für die erste offizielle Erklärung, eine Presseveröffentlichung, der Regierung der USA zur Aufbringung des amerikanischen Handelsschiffs "Mayaguez" durch ein kambodschanisches Patrouillenboot im Mai 1975 zu. Darin nannte die amerikanische Regierung das kambodschanische Vorgehen einen "Akt der Piraterie". In allen späteren amtlichen Verlautbarungen jedoch, so in Mitteilungen an den VN-Generalsekretär und den Präsidenten des VN-Sicherheitsrats, wurde dieser Vorwurf nicht wieder erhoben. Stattdesssen wurden die eingeleiteten Gegenmaßnahmen ausschließlich auf Art. 51 VN-Charta gestützt[73]. Es muß daher davon ausgegangen werden, daß jedenfalls die westlichen Staaten einen völkerrechtlichen Tatbestand der "staatlichen Piraterie" nicht anerkannten. Innerhalb der blockfreien Staaten ergeben die wenigen oben genannten Äußerungen ebenfalls keinen hinreichenden Anhaltspunkt für einen Konsens hinsichtlich der Einbeziehung hoheitlicher Maßnahmen in den Tatbestand der Piraterie.

---

70 Ebenda.
71 Siehe 1. Kapitel H.
72 Vgl. 1. Kapitel E. 2.
73 Siehe 1. Kapitel F.

Hinzuweisen ist in diesem Zusammenhang auch auf den Umstand, daß in der Situation, in der es zu den gravierensten Übergriffen auf die neutrale Schiffahrt kam, beim Tankerkrieg im Persischen Golf, von keiner Seite, auch nicht von der Sowjetunion, von Piraterie gesprochen wurde. Mögen auch die Angriffe während des Tankerkrieges aufgrund ihrer besonderen Häufigkeit und Schwere eine andere rechtliche Beurteilung erfordern als isolierte Zwischenfälle, überrascht es doch, daß selbst in der Anfangssphase, als das spätere Ausmaß der Eskalationen noch nicht absehbar war, die UdSSR ihren früher geäußerten Rechtsstandpunkt nicht wiederholte. Darüber hinaus soll abschließend auf die Vorarbeiten zur VN-Seerechtskonvention hingewiesen werden. Die wortgleiche Übernahme der Bestimmungen betreffend die Piraterie aus dem Genfer Übereinkommen über die Hohe See in die VN-Seerechtskonvention wurde in den Debatten offenbar nicht näher problematisiert. Das deutet auf ein hohes Maß an Konsens innerhalb der Staatengemeinschaft darüber hin, daß die existierenden völkerrechtlichen Normen über die Seereäuberei im Genfer Übereinkommen erschöpfend kodifiziert worden waren. Demzufolge hat sich auch in der Zeit nach dem Inkrafttreten des Genfer Übereinkommens über die Hohe See kein völkerrechtlicher Tatbestand der "staatlichen Piraterie" herausgebildet.

3. Ergebnis

Im Ergebnis ist deshalb festzuhalten, daß militärische Abwehrmaßnahmen gegenüber Angriffen auf Handelsschiffe durch Seestreitkräfte eines anderen Staates auf Hoher See nicht mit den völkerrechtlichen Regelungen zur Bekämpfung der Piraterie gerechtfertigt werden können.

B. Gewohnheitsrechtliche Abwehrbefugnisse gegen Gewaltanwendungen unterhalb der Schwelle des Art. 51 VN-Charta

1. Darstellung des Streitstandes

Im folgenden soll untersucht werden, ob militärische Gegenmaßnahmen gegen Übergriffe auf Handelsschiffe, die in ihrer Intensität nicht die Schwelle des Art. 51 VN-Charta erreichen, auf ein völkergewohnheitsrechtliches Abwehrrecht gestützt werden können. Nach dem vor Inkrafttreten der VN-Charta geltenden Völkergewohnheitsrecht - d.h. vor der Einführung des umfassenden Gewaltverbotsprinzips nach Art. 2 Ziff. 4 VN-Charta mit der Ausnahmevorschrift des Art. 51 VN-Charta - bestand gegenüber jeder Form einer rechtswidrigen Gewaltanwendung das Recht auf militärische Selbstverteidigung[74]. Dies schloß naturgemäß auch Verteidigungshandlungen gegen Angriffe auf Handelsschiffe auf Hoher See ein[75].

---

[74] Siehe erst kürzlich etwa Reisman, Diskussionsbeitrag, in: Round Table of Experts on International Humanitarian Law Applicable to Armed Conflicts at Sea, San Remo, 15. - 17. Juni 1987, veröffentlicht in: Syracuse Journal of International Law and Commerce 14 (1988), 644. Vgl. auch grundlegend Whiteman, Digest of International Law, Vol. 5, 1965, 966 ff., 971 ff., m.w.N. Der Streitfrage, ob das Völkergewohnheitsrecht, das zur Zeit der Abfassung der VN-Charta galt, noch den Inhalt hatte, wie er im berühmten *Caroline*-Fall Mitte des vorigen Jahrhunderts festgestellt wurde, oder ob das gewohnheitsrechtliche Selbstverteidigungsrecht im Jahre 1945 bereits weiter eingeschränkt war, braucht hier nicht nachgegangen zu werden. (Vgl. im ersteren Sinne Bowett, Self-Defence in International Law, 1958, 187 ff., im letzteren Sinne Brownlie, International Law and the Use of Force by States, 1963, 272 ff.; Lachs, The Development and General Trends of International Law in Our Time, RdC 169 [1980 IV], 163 f.;). Die Klärung dieser Frage ist im wesentlichen nur für die Problematik der Zulässigkeit der präventiven Verteidigung von Bedeutung. Nach allen Meinungen ist dagegen unbestritten, daß nach dem zur Zeit der Ausarbeitung der VN-Charta geltenden Gewohnheitsrecht den Staaten in jedem Fall die militärische Abwehr auch von minderschweren Gewaltanwendungen gestattet war.

[75] Vgl. nur Hailbronner, Die Grenzen des völkerrechtlichen Gewaltverbots, in: Berichte der Deutschen Gesellschaft für Völkerrecht, 26 (1984), 49 ff. (69), der zu Recht darauf hinweist, daß das Recht des Flaggenstaates, Angriffe auf seine Handelsschiffe mit Waffengewalt abzuwehren, von der Staatenpraxis niemals in Abrede gestellt worden ist.

Die Fortgeltung eines nicht an die Voraussetzungen des Art. 51 VN-Charta gebundenen gewohnheitsrechtlichen Abwehrrechts setzt allerdings voraus, daß Art. 51 VN-Charta keine insofern abschließende Regelung enthält, welche die militärische Selbstverteidigung auf den Fall des "bewaffneten Angriffs" beschränkt. Es fragt sich daher, ob Art. 51 VN-Charta den Rückgriff auf das völkergewohnheitsrechtlich anerkannte Selbstverteidigungsrecht in allen denjenigen Situationen ausschließt, die keinen "bewaffneten Angriff" darstellen. Diese Frage ist in der Literatur sehr umstritten. Sie wird zumeist im Zusammenhang mit der präventiven Verteidigung erörtert. Sie steht aber auch im Mittelpunkt der immer wieder geführten Diskussion, ob die gewohnheitsrechtlichen Institute der Selbsthilfe ("self-help")[76] bzw. der Selbsterhaltung ("self-preservation")[77] heute noch den früheren Inhalt haben, der den Staaten

[76] Siehe zum gewohnheitsrechtlichen Selbsthilferecht Ago, Addendum to the Eight Report on State Responsibility: The Internationally Wrongful Act of the State, Source of International Responsibility (Part 1) (concluded), UN Doc. A/CN.4/333, ILC Yearbook 1980 II, Part One, 13 ff. (insbes. 56 ff.). Er definiert Selbsthilfe als "the mode of action whereby the guaranteed exercise of a right is provided for in a strictly egalitarian, non-institutionalized and non-hierarchical society, like the international community", vgl. a.a.O., 56, mit Erwähnung verschiedener anderer Definitionsversuche. Nach seiner, mit der h.M. übereinstimmenden Auffassung stellt die Selbstverteidigung die nach gegenwärtigem Völkerrecht einzige noch zulässige Form bewaffneter Selbsthilfe dar. Eine andere Form der heute noch zulässigen Selbsthilfe seien gewaltlose Repressalien (ebenda). Vgl. dazu auch Verdross/Simma, Universelles Völkerrecht, 3. Aufl. 1984, 901 ff. Siehe aber auch Schachter, The Right of States to Use Armed Force, Michigan Law Review 82 (1984), 1620 ff.; ders., Self-help in International Law: U.S. Action in the Iranian Hostages Crisis, Journal of International Affaires, 37 (1983/84), 231 ff.

[77] Zum klassischen Selbsterhaltungsrecht, das den gewaltsamen Schutz sämtlicher vitaler Interessen des Staates ermöglichte, siehe etwa Whiteman, a.a.O., Vol. 5, 966 ff. m.w.N.; Cheng, General Principles of Law as Applied by International Courts and Tribunals, 1953, 69 ff. In den "Schlußfolgerungen" wird bei Cheng auf Seite 100 u.a. ausgeführt: "Under these conditions, traditional international law, adapting itself to the political necessities of international life, and basing itself on the principle of self-preservation, permits States a wide range of action to ensure the protection of their own rights, safety and existence".

Zu der heute noch gelegentlich aufflackernden Diskussion, ob es noch immer auf gewohnheitsrechtlicher Grundlage ein übergreifendes (und weiter als Art. 51 VN-Charta reichendes)

einen weiten Handlungsspielraum zum Einsatz militärischer Gewalt einräumte.

Die Befürworter wie die Gegner eines gewohnheitsrechtlichen Selbstverteidigungsrechts außerhalb von Art. 51 VN-Charta berufen sich auf den Wortlaut des Art. 51 Satz 1 VN-Charta. Nach der wohl herrschenden Meinung[78] schließt die ausdrückliche Erwähnung des "bewaffneten Angriffs" in dieser Bestimmung den Rückgriff auf früher nach Völkergewohnheitsrecht bestehende militärische Abwehrbefugnisse in allen Fällen aus, in denen ein "bewaffneter Angriff" nicht vorliegt. Das - einstmals weitergehende - gewohnheitsrechtliche Selbstverteidigungs- bzw. Selbsthilferecht habe heute nur noch den Inhalt, den ihm die VN-Charta zuweise. Nach der herrschenden Meinung ist Art. 51

Rechtsinstitut der Selbsterhaltung gebe, siehe aus neuester Zeit etwa die kontroversen Diskussionsbemerkungen von Shearer und Mallison anläßlich des Round Table of Experts on International Humanitarian Law Applicable to Armed Conflicts at Sea, San Remo, 15. - 17. Juni 1987, veröffentlicht in: Syracuse Journal of International Law and Commerce 14 [1988], 642 bzw. 646.

[78] Ago, a.a.O., insbes. 66 f.; Akehurst, A Modern Introduction to International Law, 3. Aufl. 1978, 222 f.; Berber, Lehrbuch des Völkerrechts, II. Band, 2. Aufl. 1969, 64 f.; Brownlie, ebenda; ders., The Use of Force in Self-Defence, BYIL 27 (1961), 232 ff.; Delivanis, La légitime défense en droit international public moderne, 1971, 59 ff.; Dinstein, War, Aggression and Self-Defence, 1988, 172 ff.; Goodrich/Hambro/Simons, Charter of the United Nations, 3. Aufl. 1969, 345 (unter Aufgabe der in den Vorauflagen vertretenen Ansicht); Henkin, Use of Force: Law and U.S. Policy, in: Henkin/Hoffman/ Kirkpatrick/Gerson/Rogers/Scheffer (ed.), Right v. Might - International Law and the Use of Force, 1989, 37 ff. (50); Jessup, A Modern Law of Nations, 1948, 165 ff.; Kelsen, The Law of the United Nations, 1950, 787 ff.; ders., Recent Trends in the Law of the United Nations, 1951, insbes. 914 ("the right has no other content than the one determined by Art. 51"); Krylov, in: Report of the 48th Conference of the International Law Association, 1958, 512 f.; Lachs, a.a.O., 162 ff.; Lamberti Zanardi, La legittima difesa nel diritto internazionale, 1972, 191 ff.; Mrazek, Prohibition of the Use and Threat of Force: Self-Defence and Self-Help in International Law, The Canadian Yearbook of International Law 27 (1989), 81 ff. (insbes. 94); Randelzhofer, zu Art. 51, in: Simma (Hrsg.), Charta der Vereinten Nationen. Kommentar, 1991, Rdnr. 9 ff. (insbes. 14); Singh/McWhinney, Nuclear Weapons and Contemporary International Law, 2. Aufl. 1989, 86 ff.; Thierry, in: Thierry/Combacau/Sur/Vallée, Droit international public, 1986, 527 f.; Wright, The Role of International Law in the Elimination of War, 1961, 529.

Satz 1 VN-Charta daher sinngemäß so zu lesen: "Wenn und nur wenn ein bewaffneter Angriff gegeben ist, besteht das naturgegebene Recht zur individuellen und kollektiven Selbstverteidigung fort".

Manche Autoren[79] innerhalb der h.M. führen weiter aus, der Terminus "inherent right" in Art. 51 Satz 1 VN-Charta werde in der Praxis niemals dazu verwendet, einen Bezug zum Völkergewohnheitsrecht herzustellen. Durch dessen Einfügung in Art. 51 VN-Charta sollte vielmehr deutlich gemacht werden, daß die Befugnis, sich gegen einen bewaffneten Angriff mit Waffengewalt zu wehren, zu den unveräußerlichen Rechten eines Staates gehöre. Kelsen billigt diesem Terminus sogar nur einen "rein dekorativen Charakter" zu[80].

Die insbesondere im amerikanischen Schrifttum verbreitete Gegenmeinung[81] verweist auf die soeben genannte Formulierung in Art. 51 Satz 1 VN-Charta, die das Selbstverteidigungsrecht als

---

79 Vgl. etwa Ago, a.a.O., 67; Lamberti Zanardi, a.a.O., 204 ff.

80 Kelsen, The Law of the United Nations, a.a.O., 791 f.

81 Bowett, ebenda; ders., The Use of Force for the Protection of Nationals Abroad, in: Cassese (Hrsg.), The Current Legal Regulation of the Use of Force, 1986, 39 ff. (40 f.); Dedijer, in: Report of the 48th Conference of the International Law Association, 1958, 609 f.; McDougal, The Soviet-Cuban Quarantine and Self-Defense, AJIL 57 (1963), 597 ff. (599 f.); McDougal/F.P. Feliciano, Law and Minimum World Public Order, 1961, 231 ff.; Green, in: Report of the 48th Conference of the International Law Association, 1958, 517; Harlow, The Legal Use of Force ... Short of War, U.S. Naval Institut Proceedings, Vol. 92 (1966 II), 88 f. (93 f.); Schachter, The Right of States to Use Armed Force, a.a.O., 1634; ders., Self-help in International Law: U.S. Action in the Iranian Hostages Crisis, a.a.O., 231 ff.; Schwebel, Aggression, Intervention and Self-Defence in Modern International Law, RdC 136 (1972-II), 411 ff. (479 ff.); Shearer, ebenda; Skubiszewski, in: Soerensen, Manual of Public International Law, New York 1968, 739 ff.; Stone, Legal Controls of International Conflicts, 1959, 353; Waldock, The Regulation of the Use of Force by Individual States in International Law, RdC 81 (1952-II), 451 ff. (496 ff.).

Unklar bleibt die Haltung von Verdross/Simma, a.a.O., 287 ff.: Einerseits wird auf Seite 288 oben ausgeführt, Art. 51 VN-Charta schränke das frühere Recht der Selbstverteidigung ausdrücklich auf den Fall eines "bewaffneten Angriffs" ein. Andererseits heißt es auf Seite 290, militärische Abwehrmaßnahmen gegen die sog. "kleine Gewalt" unterhalb der Schwelle eines bewaffneten Angriffs i.S. des Art. 51 VN-Charta seien zulässig, sofern keine andere Möglichkeit der Zurückweisung bestehe und die Maßnahmen verhältnismäßig blieben.

ein "naturgegebenes Recht" (englisch: "inherent right", französisch: "droit naturel", spanisch: "derecho inmanente") bezeichnet. Die VN-Charta habe damit klargestellt, daß das bei Inkrafttreten der VN-Charta als Völkergewohnheitsrecht geltende Recht der Selbstverteidigung, das den Staaten kraft Naturrechts zustehe, nicht geändert, sondern vollständig rezipiert werden sollte. Der Fall des "bewaffneten Angriffs" sei in dieser Bestimmung nur beispielhaft angeführt. Dafür spreche auch die Formulierung "Nothing in the present Charta shall impair the (...) right of (...) self-defense". Sie drücke aus, daß es nicht beabsichtigt gewesen sei, das bestehende Selbstverteidigungsrecht in irgendeiner Weise zu beschränken. Schließlich sei der Umstand, daß ausschließlich der Fall des "bewaffneten Angriffs" erwähnt wird, auf die Stellung des Art. 51 VN-Charta im VII. Kapitel der VN-Charta zurückzuführen. Denn das VII. Kapitel betreffe primär schwere Verstöße gegen das Gewaltverbotsprinzip wie insbesondere Aggressionsakte. So sei es nur natürlich gewesen, in diesem Zusammenhang speziell den Fall des "bewaffneten Angriffs" anzusprechen, ohne damit eine Einschränkung des bisherigen Selbstverteidigungs- bzw. Selbsthilferechts vorzunehmen.

Vor dem Hintergrund dieser Auslegung befürworten mehrere Autoren ausdrücklich ein (nur gewohnheitsrechtlich begründbares) Recht des Flaggenstaates außerhalb von Art. 51 VN-Charta zur Ergreifung militärischer Gegenmaßnahmen bei Angriffen auf seine Handelsschiffe. So schreibt etwa Skubiszewski[82]:

> Under contemporary law, besides action in self-defence, states have the right to use force, to a limited degree, in certain specific circumstances. (...)
>
> Any attack on a ship or vessel on the high seas may be repelled by force of arms by that ship or by other craft of the same nationality. But the state affected is not authorized to use force against the territory from which the offensive action originated, unless the armed incident at sea served the purpose or was part of a wider military operation which in turn

[82] Skubiszewski, a.a.O., 772 f.

> gives rise to the exercise of the right of self-defence.

In diesem Sinne erklärt auch Waldock[83], da Art. 51 VN-Charta das gewohnheitsrechtliche Selbstverteidigungsrecht gegenüber Gewaltanwendungen, die keinen "bewaffneten Angriff" darstellen, nicht ausschließe, habe der Flaggenstaat das Recht, mit Waffengewalt das rechtswidrige Aufbringen seiner Fischereischiffe auf der Hohen See zu verhindern. Dahm[84] spricht sich ebenfalls in diesem Zusammenhang für die Zulässigkeit (beschränkter) militärischer Gegenmaßnahmen aus, obwohl er Angriffe auf Handelsschiffe nicht als einen Fall des "bewaffneten Angriffs" ansieht und im übrigen der h.M. dahingehend folgt, daß Art. 51 VN-Charta eine insoweit abschließende Regelung enthalte, die den Rückgriff auf ein weitergehendes Selbstverteidigungsrecht auf gewohnheitsrechtlicher Grundlage verwehre. Dahm gelangt zu diesem Ergebnis aufgrund seines (schon oben erörterten[85]) Ansatzes, wonach der Inhalt des Gewaltverbotsprinzips nach Art. 2 Ziff. 4 VN-Charta im Hinblick auf Art. 51 VN-Charta bestimmt werde und daher die sog. "kleine Gewalt", die zum Zurückschlagen des rechtswidrigen gewaltsamen Übergriffs der anderen Seite eingesetzt werde, aus dem Anwendungsbereich des Art. 2 Ziff. 4 VN-Charta herausfalle.

Demgegenüber lehnen Mrazek[86], Singh/McWhinney[87] und - in einer früheren Veröffentlichung - Lagoni[88] ein militärisches Abwehrrecht des Flaggenstaates mit der Begründung ab, aufgrund der ausdrücklichen Beschränkung des Art. 51 Satz 1 VN-Charta auf Fälle des "bewaffneten Angriffs" (wozu ein isolierter

---

[83] Waldock, a.a.O., 497.
[84] Dahm, Das Verbot der Gewaltanwendung nach Art. 2 (4) UNO-Charta und die Selbsthilfe gegenüber Völkerrechtsverletzungen, die keinen bewaffneten Angriff darstellen, JIR 11 (1962), 48 ff. (insbes. 57).
[85] Vgl. 2. Kapitel, Abschnitt A.
[86] Mrazek, a.a.O., 109.
[87] Singh/McWhinney, a.a.O., 98.
[88] Lagoni, Gewaltverbot, Seekriegsrecht und Schiffahrtsfreiheit im Golfkrieg, in: Fürst/Herzog/Umbach (Hrsg.), Festschrift für Wolfgang Zeidler, 1987, Band 2, 1833 ff. (insbes. 1840 und 1863). Siehe dagegen aus neuester Zeit seine Stellungnahme in American Society of International Law, Proceedings of the 82nd Annual Meeting, Washington, D.C., April 20 - 23, 1988, 163 f.

Übergriff auf ein Handelsschiff auf Hoher See nicht zähle) existiere heute außerhalb dieser Vorschrift keine andere Rechtsgrundlage für den Einsatz von Waffengewalt durch den in seinen Rechten verletzten Flaggenstaat. Auch die Ausführungen von Beyerlin[89] zum Mayaguez-Zwischenfall, in denen er den Rechtsstandpunkt der amerikanischen Regierung zurückwies, legen eine solche Schlußfolgerung zumindest sehr nahe.

Brownlie[90] leitet ein Selbstverteidigungsrecht sowohl des angegriffenen Schiffes selbst wie des Flaggenstaates aus "allgemeinen Prinzipien" ab. Diese Formulierung ist insofern etwas überraschend, als Brownlie neben Art. 51 VN-Charta ein fortbestehendes gewohnheitsrechtliches Selbstverteidigungsrecht an sich gerade ausschließt. Im übrigen ist darauf hinzuweisen, daß, wie schon die Beispiele von Dahm und Brownlie zeigen, keineswegs alle der hier genannten Vertreter der herrschenden Meinung ein militärisches Abwehrrecht des Flaggenstaates ablehnen. Insbesondere sind hier die Vertreter der Ansicht auszunehmen, die besagt, daß gegenüber <u>jeglicher</u> (auch minderschwerer) gewaltsamen Rechtsverletzung das Selbstverteidigungsrecht nach Art. 51 VN-Charta gegeben sei[91]. Für diese Autoren stellt sich das Problem der Fortgeltung eines umfassenderen gewohnheitsrechtlichen Selbstverteidigungs- bzw. Selbsthilfe- oder Selbsterhaltungsrechts nur im Zusammenhang mit der präventiven Verteidigung, dem Schutz eigener Staatsangehöriger im Ausland oder ggf. mit dem Schutz sonstiger essentieller Interessen des Staates.

---

[89] Beyerlin, Mayaguez Incident, in: Bernhardt (Hrsg.), EPIL, Instalment 3, 1982, 253 ff. (254 f.).

[90] Vgl. Brownlie, a.a.O., 305:

> 7. The Particular Problems of Self-Defence on the High Seas
>
> (a) It seems clear that vessels on the open sea may use force proportionate to the threat offered to repel attack by other vessels, or by aircraft. This right must rest on general principles whether the analogy of vessel and state territory is accepted or not.
>
> (b) Nor can there be any doubt that the armed forces of the flag state may use reasonable force to defend vessels from attack whether by pirates or forces acting with or without the authority of any state.

[91] Siehe dazu im 2. Kapitel unter Abschnitt B.

2. Die Rechtsprechung des IGH

Abweichend von der oben angeführten Auffassung eines Teiles der Autoren innerhalb der h.M. legte der IGH erst unlängst in der Nicaragua-Entscheidung dar, daß sich die Wendung "inherent right" in der Tat auf das Völkergewohnheitsrecht beziehe[92]. Dieses bestehe neben der VN-Charta fort. Sein Inhalt werde durch die VN-Charta "bestätigt und beeinflußt", es sei jedoch mit dem Chartarecht nicht identisch. Infolge dieser Verweisung brauchte die VN-Charta nicht alle Aspekte des Selbstverteidigungsrechts eigenständig zu regeln, beispielsweise die Einschränkung durch den im Gewohnheitsrecht anerkannten Verhältnismäßigkeitsgrundsatz[93].

Verschiedene Passagen des Urteils scheinen zunächst darauf hinzudeuten, die Ausübung des staatlichen Selbstverteidigungsrechts sei stets an die Voraussetzung des "bewaffneten Angriffs" gemäß Art. 51 VN-Charta gebunden. Das zeigt sich besonders bei der folgenden Äußerung[94]:

> In the case of individual self-defence, the exercise of this right is subject to the State concerned having been the victim of an armed attack. Reliance on collective self-defence of course does not remove the need for this.

Diese Feststellung wird für das Recht der kollektiven Selbstverteidigung an anderer Stelle bekräftigt[95]:

> The Court has recalled above (...) that for one State to use force against another, on the ground that that State has committed a wrongful act of force against a third State, is regarded as lawful by way of exception, only when the wrongful act provoking the response was an armed attack. Thus the lawfulness of the use of force by a State in response to a wrongful act of which it has not itself been the victim is not

---

92 Military and Paramilitary Activities in and against Nicaragua, Merits, ICJ Reports 1986, 94, para. 176.

93 A.a.O., 94 ff., para. 176 ff.

94 A.a.O., 103, para. 195.

95 A.a.O., 110, para. 211. Vgl. daneben auch a.a.O., 120, para. 232 ("The exercise of the right of collective self-defence presupposes that an armed attack had occurred").

> admitted when this wrongful act is not an armed attack. In the view of the Court, under international law in force today - whether customary international law or that of the United Nations system - States do not have a right of "collective" armed response to acts which do not constitute an "armed attack". [Hervorhebung hinzugefügt]

Schon die hier verwendeten Formulierungen lassen allerdings erkennen, daß die Beschränkung der Ausübung des Selbstverteidigungsrechts auf den Fall eines "bewaffneten Angriffs" möglicherweise nur für die <u>kollektive</u> Selbstverteidigung gelten soll. Noch deutlicher zeigen die folgenden Sätze, daß der IGH die Ergreifung gewaltsamer Gegenmaßnahmen durch den <u>direkt betroffenen</u> Staat auch bei minderschweren Gewaltanwendungen, die keinen "bewaffneten Angriff" darstellen, nicht grundsätzlich ausschließen will[96]:

> Since the Court is here dealing with a dispute in which a wrongful use of force is alleged, it has primarily to consider whether a State has a right to respond to intervention going so far as to justify a use of force in reaction to measures which do not constitute an armed attack but may nevertheless involve a use of force. (...) However (...) it is not for the Court here to determine what direct reactions are lawfully open to a State which considers itself the victim of another State's acts of intervention, possibly involving the use of force. Hence it has not to determine whether, in the event of Nicaragua's having committed any such acts against El Salvador, the latter was lawfully entitled to take any particular countermeasure.

Die hier zuletzt angesprochenen Gegenmaßnahmen sind offenbar solche, welche ihrerseits die Anwendung von Gewalt einschließen. Der IGH läßt somit die Frage der Zulässigkeit militärischer Gegenmaßnahmen durch den direkt betroffenen Staat bei Gewaltanwendungen unterhalb der Schwelle des Art. 51 VN-Charta ausdrücklich offen. Im Hinblick auf die zuvor (wenn

---

[96] A.a.O., 110, para. 210.

auch in etwas anderem Zusammenhang) getroffene, eingangs zitierte Erkenntnis des Gerichtshofs, im Falle individueller Selbstverteidigung stehe die Ausübung dieses Rechts dem Staat zu, der von einem bewaffneten Angriff betroffen sei, wirkt dieser Passus ein wenig überraschend. Gerade aus diesem Grund erscheint er aber auch besonders auffällig und bedeutsam. Das gilt um so mehr, als diese Andeutungen *obiter dicta* erfolgt sind; es hatte keinerlei Notwendigkeit für den Gerichtshof bestanden, zu dieser Problematik Stellung zu nehmen. Auch der Umstand, daß der IGH in den anderen hier wiedergegebenen Passagen die Einschränkung des Selbstverteidigungsrechts auf den Fall des "bewaffneten Angriffs" stets nur im Zusammenhang mit der kollektiven Selbstverteidigung vornimmt, deutet eher auf ein in dieser Hinsicht unterschiedliches Rechtsregime der individuellen und kollektiven Selbstverteidigung hin. Der Gesamtzusammenhang legt daher die Vermutung nahe, der IGH tendiere zu der Annahme, dem unmittelbar in seinen Rechten verletzten Staat stehe auch gegenüber minderschweren Gewaltanwendungen das Recht zur Ergreifung militärischer Abwehrmaßnahmen zu[97]. Diese Interpretation wird schließlich auch durch die nachfolgende Passage der Urteilsbegründung gestützt[98]:

> While an armed attack would give rise to an entitlement to collective self-defence, a use of force of a lesser degree of gravity cannot, as the Court has already observed (...), produce any entitlement to take collective counter-measures involving the use of force. The acts of which Nicaragua is accused (...) could only have justified proportionate counter-measures on the part of the State which had been the victim of these acts (...).

Der Gerichtshof gibt weder eine dogmatische Begründung für ein solches militärisches Abwehrrecht außerhalb von Art. 51 VN-Charta noch - mit Ausnahme des Erfordernisses der Verhältnis-

---

[97] A.A. offenbar Randelzhofer, a.a.O., Rdnr. 13. Nach seiner Auffassung enthielten die Ausführungen des IGH trotz der mit dem Offenhalten dieser Frage verbundenen Unsicherheiten insgesamt eine deutliche Zurückhaltung eines weiten, in den Bereich der Selbsthilfe hineinreichenden Selbstverteidigungsrechts.
[98] A.a.O., 127, para. 249.

mäßigkeit - einen Hinweis auf dessen Grenzen. Immerhin wird klargestellt, daß dieses Recht nur gegenüber rechtswidrigen Gewaltakten in Betracht kommt. Es umfaßt daher jedenfalls nicht, sofern es überhaupt existiert, alle Gebiete des klassischen Selbsthilfe- und Selbsterhaltungsrechts[99]. Ferner läßt sich den Ausführungen des IGH nicht mit Sicherheit entnehmen, ob es in allen Fällen von Gewaltanwendungen unterhalb der Schwelle des Art. 51 VN-Charta eingreifen soll. Die insgesamt sehr vorsichtigen Formulierungen legen aber eher den Schluß nahe, daß ein solches Selbsthilferecht wohl nur in engen Grenzen über den Anwendungsbereich des Art. 51 VN-Charta hinaus fortbestehen könnte. Dieses Ergebnis würde auch am ehesten der vom IGH mit den Worten, der Inhalt des Völkergewohnheitsrecht sei durch die VN-Charta "bestätigt und beeinflußt" worden[100], angedeuteten Wechselbeziehung zwischen dem Völkergewohnheitsrecht und dem Selbstverteidigungsrecht nach der VN-Charta Rechnung tragen.

Die dissentierenden Richter Schwebel und Sir Robert Jennings beschritten bei der Frage, welche Reaktionsmöglichkeiten dem verletzten Staat bei Gewaltanwendungen unterhalb der Schwelle des Art. 51 VN-Charta offenstehen, unterschiedliche Wege. Sir Robert Jennings ging offenbar davon aus, gegenüber minderschweren rechtswidrigen Gewaltakten stehe auch dem direkt betroffenen Staat kein Recht auf militärische Abwehrmaßnahmen zu. Es müsse allerdings durch eine geeignete Auslegung des Art. 51 VN-Charta dafür Sorge getragen werden, daß zwischen den Vorschriften der Art. 2 Ziff. 4 und 51 VN-Charta keine zu große Lücke entstehe[101]:

> In this situation it seems dangerous to define unnecessarily strictly the conditions for lawful self-defence, so as to leave a large area where both a forcible response to force is forbidden, and yet the United Nations employment of force, which was intended to fill the gap, is absent.

---

[99] Siehe zum gewohnheitsrechtlichen Selbsthilfe- und Selbsterhaltungsrecht Anm. 76 und 77.
[100] A.a.O., 94, para. 176.
[101] A.a.O., 544.

Schwebel berief sich dagegen auf die Ausführungen von Waldock[102] und pflichtete ihm bei, daß gegenüber Gewaltanwendungen, die nicht die Schwere eines "bewaffneten Angriffs" erreichten, auf gewohnheitsrechtlicher Grundlage ein gewaltsames Selbstverteidigungsrecht bestehe; dieses sei durch Art. 51 VN-Charta nicht abgeschnitten worden[103].

Zuzustimmen ist dem IGH jedenfalls in seiner Ansicht, daß sich die Wendung "inherent right" auf das Völkergewohnheitsrecht beziehe. Nicht zuletzt der Blick auf den französischen Text ("droit naturel") zeigt, daß jener Zusatz ein bereits vorher existierendes Selbstverteidigungsrecht bezeichnet, und es ist, wie der IGH zutreffend formulierte[104], schwer vorstellbar, daß dieses von anderer als gewohnheitsrechtlicher Natur sein sollte.

Aus der Anerkennung der Existenz eines gewohnheitsrechtlichen Selbstverteidigungsrechts durch Art. 51 VN-Charta folgt jedoch nicht zwingend, daß dieses *in toto* übernommen werden und somit keiner Einschränkung durch die VN-Charta unterliegen sollte. Auch läßt sich daraus nicht entnehmen, daß das staatliche Selbstverteidigungsrecht etwa als Naturrechtsprinzip in einem näher zu bestimmenden, aber jedenfalls die Abwehr jeder rechtswidrigen Gewaltanwendung umfassenden Wesenskern gänzlich unveränderlich sei[105]. Dadurch würde der Grundgedanke des Systems kollektiver Sicherheit in Frage gestellt werden. Der Wortlaut des Art. 51 Satz 1 VN-Charta läßt vielmehr Raum für beide eingangs dargelegten Interpretationen. Die Frage der Fortgeltung des gewohnheitsrechtlichen Selbstverteidigungsrechts in Situationen, die keinen "bewaffneten Angriff" darstellen, ist daher weiter an Hand der Entstehungsgeschichte zu Art. 51 VN-Charta und der nachfolgenden Staatenpraxis unter Berücksichigung des Ziels und Zwecks der VN-Charta zu klären.

---

102 Waldock, a.a.O., 496 f.
103 A.a.O., 347 f., para. 172 f.
104 Ebenda.
105 Vgl. zutreffend Dinstein, a.a.O., 169 ff.

3. Die Entstehungsgeschichte zu Art. 51 VN-Charta

Als ein weiteres zentrales Argument führen die Verfechter einer uneingeschränkten Übernahme des gewohnheitsrechtlichen Selbstverteidigungs- und Selbsthilferechts durch Art. 51 VN-Charta regelmäßig die Entstehungsgeschichte[106] dieser Vorschrift an. Sie machen geltend, bei der Ausarbeitung der VN-Charta sei an eine Regelung des Selbstverteidigungsrechts zunächst nicht gedacht gewesen. Unter den Delegationen auf der Gründungskonferenz in San Francisco habe vielmehr Einigkeit darüber bestanden, daß das gewohnheitsrechtliche Selbstverteidigungsrecht auch ohne dessen ausdrückliche Erwähnung den Staaten aus der Natur der Sache heraus zustehe und durch die VN-Charta nicht modifiziert werde. Es habe in San Francisco das gleiche Verständis vorgeherrscht wie bei der Abfassung des Kellogg-Briand-Paktes[107] im Jahre 1928. Auch in diesem Vertragswerk fehlte ein ausdrücklicher Hinweis auf das Selbstverteidigungsrecht. Gleichwohl seien schon damals alle Beteiligten davon ausgegangen, daß dieses Recht den Staaten nicht genommen werden sollte.

Dementsprechend habe im Entwurf von Dumbarton-Oaks[108] eine dem Art. 51 VN-Charta vergleichbare Bestimmung noch gefehlt. Erst gegen Ende der Beratungen auf der Konferenz von San Francisco sei diese Bestimmung auf Drängen südamerikanischer Staaten in die VN-Charta aufgenommen worden. Dies geschah aber nur deshalb, um mögliche Zweifel hinsichtlich der Zulässigkeit der <u>kollektiven</u> Selbstverteidigung mittels regionaler Verteidigungsorganisationen auszuräumen. Anlaß dieser als zweckmäßig empfundenen Klarstellung sei die Regelung der kollektiven Selbstverteidigung in der am 8. März 1945 verabschiedeten

---

[106] Die ausführlichsten Darstellungen zur Entstehungsgeschichte des Art. 51 VN-Charta finden sich bei Lamberti Zanardi, a.a.O., 192 ff.; Cassese, in: Cot/Pellet, La Charte des Nations Unies, 1985, 771 ff.

[107] General Treaty for Renunciation of War as an Instrument of National Policy. Signed at Paris, August 27, 1928, LNTS 94, 57.

[108] UNCIO III, 3.

Akte von Chapultepec[109] gewesen. In bezug auf die individuelle Selbstverteidigung zeige aber schon die folgende Passage im Bericht des Ausschusses 1/I (im Zusammenhang mit den Beratungen über Art. 2 Ziff. 4 VN-Charta) unmißverständlich, daß auf der Konferenz von San Francisco die allgemeine Auffassung bestanden habe, daß dieses gewohnheitsrechtlich überlieferte Recht unangetastet bleiben und keinerlei Einschränkung unterliegen sollte[110]:

> (...) The use of arms in legitimate self-defense remains admitted and unimpaired (...).

Demgegenüber führen die Vertreter der h.M. zumeist an, auf der Konferenz von San Francisco habe man den Umfang des übernommenen Selbstverteidigungsrechts nicht näher bestimmt. Die Entstehungsgeschichte gebe daher für die vorliegende Fragestellung keine Hinweise.

Bei Abschluß des Kellog-Briand-Paktes gingen die Beteiligten in der Tat von der Fortgeltung des gewohnheitsrechtlich herausgebildeten Selbstverteidigungsrechts aus, obwohl dieses im Vertragstext nicht ausdrücklich erwähnt wurde. Der französische Vertragsentwurf hatte noch explizit das Selbstverteidigungsrecht (légitime défense) als eine Ausnahme vom Kriegsverbot vorgesehen[111]. Die Nichterwähnung dieses Rechts im amerikanischen Vertragsentwurf, der mit nur geringfügigen Änderungen schließlich angenommen wurde, läßt nicht auf einen anderen Rechtsstandpunkt schließen. Hingewiesen sei hier nur auf die Ansprache von Secretary of State Kellog vor der American Society of International Law vom 28. April 1928, in der er aus-

---

[109] Final Act of the Inter-American Conference on problems of war and peace, USA 60 Statutes (1946), 1831 - 40, Treaties and Other International Acts Series.

[110] Report of Rapporteur of Committee 1 to Commision I, Doc. 944 I/1/34 (1), UNCIO VI, 400, 446, 459.

[111] Vgl. Lamberti Zanardi, a.a.O., 83. Die Klausel bezog sich auf Regelungen des Selbstverteidigungsrechts in anderen völkerrechtlichen Verträgen. Damit war insbesondere Art. 2 Ziff. 1 des Locarner Vertrags von 1925 angesprochen (Traité de Garantie Mutuelle Entre l'Allemagne, la Belgique, la France, la Grande-Bretagne et l'Italie, fait á Locarno le 16 Octobre 1925, LNTS 54, 289).

führte, den Staaten stünde das Selbstverteidigungsrecht unabhängig von vertraglichen Bestimmungen zu[112]:

> There is nothing in the American draft of an anti-war treaty which restricts or impairs in any way the right of self-defense. That right is inherent in every sovereign state and is implicit in every treaty. Every nation is free at all times and regardless of treaty provisions to defend its territory from attack or invasion (...).

Im gleichen Sinn äußerten sich damals auch die Regierungen Frankreichs, Großbritanniens, Irlands, Japans, Südafrikas und der Tschechoslowakei in offiziellen Noten[113].

Obwohl im Entwurf von Dumbarton-Oaks kein Hinweis auf das Selbstverteidigungsrecht enthalten ist, bedeutet das nicht, daß das Problem nicht schon vor und während der Konferenz von Dumbarton Oaks erörtert wurde. Bereits im Vorfeld dieser Konfernez bemühte sich die amerikanische Delegation, eine Formulierung zu finden, die sicherstellen würde, daß dieses Recht "inherent in a state's sovereignty under international law" sei[114]. In den bilateralen amerikanisch-chinesischen Verhandlungen in Dumbarton-Oaks wurde bei zwei Gelegenheiten Einigkeit darüber erzielt, daß die künftige Charta das "inhärente Recht der Selbstverteidigung gegen Aggression" nicht negieren könne[115].

Mehrere Staaten, die auf die Gründungskonferenz von San Francisco eingeladen worden waren, rügten sogleich das Fehlen einer speziellen Bestimmung zum Selbstverteidigungsrecht im Entwurf von Dumbarton Oaks[116]. Gleichwohl wurde diese Thematik

---

[112] Wiedergegeben in: Proceedings of the American Society of International Law (1928), 141 ff. (143); Whiteman, a.a.O., Vol. 5, 1965, 971 f. Vgl. dazu auch Jessup, a.a.O., 163 f.

[113] Die entsprechenden Noten sind wiedergegeben in: Lysen, Le Pacte Kellog, Documents concernant le traité multilateral contre la guerre, Leyden 1928, 35 ff.

[114] Vgl. Lamberti Zanardi, a.a.O., 193; Russel/Muther, A History of the United Nations, 1958, 296, Anm. 23.

[115] Siehe Russel/Muther, a.a.O., 465 f.

[116] Vgl. nur die Stellungnahme der Türkei, UNCIO IV, 675, die das Selbstverteidigungsrecht gegenüber einem Überraschungsangriff ausdrücklich geregelt sehen wollte:

> Le projet ne contient aucune disposition au sujet de la légitime défense. Bien que ce droit ait un carac-

erst später auf der Konferenz erörtert, als die lateinamerikanischen Staaten mit Nachdruck darauf bestanden, Maßnahmen des regionalen amerikanischen Sicherheitssystems, wie es in der Akte von Chapultepec vorgesehen war, vom Erfordernis der vorherigen Zustimmung durch den Sicherheitsrat auszunehmen[117]. Bei den anschließenden Beratungen stand zwar die Frage der kollektiven Selbstverteidigung im Vordergrund, doch wurde bei dieser Gelegenheit auch der Problemkomplex des Selbstverteidigungsrechts in seiner Gesamtheit beleuchtet[118] und das Verhältnis zwischen dem (individuellen) gewohnheitsrechtlichen Selbstverteidigungsrecht und dem Recht der VN-Charta einer grundsätzlichen Betrachtung unterzogen[119].

So wurde in den zunächst folgenden internen Beratungen der Großmächte neben der Frage der Stellung regionaler Verteidigungsorganisationen besonders das Problem einer möglichen Blockade des Sicherheitsrats durch das Veto eines ständigen Mitglieds analysiert. Im Zusammenhang damit wurde auf die Frage eingegangen, wie in einer solchen Situation die Sicherheit der einzelnen Staaten gewährleistet werden könne. Die USA präsentierten den anderen Großmächten einen Entwurf für die Formulierung des späteren Art. 51 VN-Charta, in dem die Befugnis des betroffenen Staates zur Durchführung notwendiger Selbstverteidigungsmaßnahmen als "inhärentes Recht" bezeichnet wurde. Dieses Recht bestehe dann, wenn der Sicherheitsrat versagt habe und ein bewaffneter Angriff vorliege. Dies gelte auch für Sicherheitsabkommen in der Art, es wie in der Akte von Chapultepec vorgesehen sei. Der Begriff des "bewaffneten

tère évident, il sérait utile d'insérer dans la Charta une disposition justifiant la légitime défense pour répondre à une attaque par surprise par un autre Etat. Toutefois, même dans ce cas, le Conseil doit avoir toute latitude et liberté pour juger des circonstances dans lesquelles cette légitime défense a eu lieu, ainsi que de la justification des mesures prises par la partie qui s'est trouvée contrainte de se défendre.

117 Siehe dazu Lamberti Zanardi, a.a.O., 196, m.w.N.

118 Vgl. etwa U.S. For. Rel., 1945 I, 636 f., 657, 659 f, 665 ff.

119 Siehe zum folgenden auch Lamberti Zanardi, a.a.O., 199 ff.

Angriffs" wurde in diesem Entwurf als Synonym für "Aggression" verwendet[120].

Ein entsprechender britischer Vorschlag[121] knüpfte an den Begriff des "Friedensbruchs" an. Er gestand dem betroffenen Staat deutlich größere Freiräume in der Ausgestaltung der Gegenmaßnahmen zu. Die kollektive Selbstverteidigung wurde nicht erwähnt. Offenbar stellte der britische Entwurf den Versuch einer Synthese zwischen dem amerikanischen Vorschlag und einem französischen Amendment[122] dar, das sich an die Formulierung von Art. 15 Abs. 7 der Völkerbundsatzung angelehnt und dem verletzten Staat einen extrem weitreichenden Handlungsspielraum gestattet hatte.

Die amerikanische und britische Delegation einigten sich daraufhin auf einen gemeinsamen Entwurf[123], der das inhärente

---

120 U.S. For. Rel., 1945, I, 685 f. (vgl. dazu auch oben im 2. Kapitel unter Abschnitt C. 2.):

> Should the Security Council not succeed in preventing aggression, and should aggression occur by any state against a member state, such member state possesses the inherent right to take necessary measures for self-defense. The right to take such measures for self-defense against armed attack shall also apply to understandings or arrangements like those embodied in the Act of Chapultepec (...). The taking of such measures shall be immediately reported to the Security Council and shall not in any way affect the authority and responsibility of the Security Council under this Charter (...).

121 U.S. For. Rel., 1945, I, 699:

> Should a breach of the peace arise out of a dispute or situation still under consideration by the Security Council or shall a sudden and unforeseen breach of the peace occur, any member state has the right to take measures of self-defense. If the Security Council should be unable to take a decision on the measures to be undertaken to restore the situation, the members of the organisation reserve to themselves the right to take such action as they shall consider necessary for the maintenance of right and justice.

122 UNCIO IV, 385:

> Dans le cas où le Conseil ne réussit pas à prendre une résolution, les membres de la Société se réservent le droit d'agir comme ils le jugeront nécessaires dans l'interêt de la paix, du droit et de la justice.

123 U.S. For., Rel., 1945, I, 705:

> Nothing in this Charter impairs the inherent right of self-defense, either individual or collective, in the event that the Security Council has failed to maintain international peace and security and an armed attack

Recht auf individuelle und kollektive Selbstverteidigung im Falle des Scheiterns des Sicherheitsrates und des Stattfindens eines bewaffneten Angriffs festschrieb. Dieser neue Text wurde von den Delegationen Chinas und Frankreichs sofort gebilligt[124]. Die Sowjetunion regte dagegen einen Änderung an, die den provisorischen Charakter der einzelstaatlichen Maßnahmen unterstreichen sollte[125]. Schließlich verabschiedeten die fünf Großmächte gemeinsam einen Entwurf, der dem späteren Art. 51 der VN-Charta fast völlig entsprach. Die amerikanische Delegation brachte diesen am 20. Mai 1945 in der dritten Kommission der Konferenz von San Francisco ein[126].

In den internen Debatten der fünf Großmächte wurde an zahlreichen Stellen deutlich zum Ausdruck gebracht, daß durch diese Entwürfe das gewohnheitsrechtliche Selbstverteidigungsrecht eingeschränkt werden und nur noch im Fall eines bewaffneten Angriffs zur Anwendung kommen sollte[127]. In einem Bericht über eine Sitzung der amerikanischen Delegation ist etwa zu lesen[128]:

> Mr. HACKWORTH expressed the view that the present draft greatly qualified the right of self-defense by limiting it to the occasion of an armed attack. Mr. STASSEN stated that this was intentional and sound. We did not want exercised the right of self-defense before an armed attack had occurred.

Der amerikanische Delegierte Stassen führte in einer gemeinsamen Sitzung der fünf Großmächte am 12. Mai 1945 aus[129]:

---

against a member state has occurred. Measures taken in the exercise of this right shall be immediately reported to the Security Council (...).

124 U.S. For. Rel., 1945, I, 706 f.

125 U.S. For. Rel., 1945, I, 812:
Nothing in this Charter impairs the inherent right of self-defense, either individual or collective, if prior to taking the necessary measures for the maintenance of international peace and security by the Security Council an armed attack against a member state occurs.

126 UNCIO III, 635; vgl. auch U.S. For. Rel., 1945, I, 813 ff.

127 Siehe auch Lamberti Zanardi, a.a.O., 209 ff.

128 U.S. For. Rel., 1945, I, 818; vgl. auch a.a.O., 668, 709 f., 776.

129 U.S. For. Rel., 1945, I, 694 f.

> (...) the right of collective or group action only comes into operation in the event of an armed attack (...). Under the United States draft (...) there is only the right of action in self-defense against armed attack.

In einem Protokoll über ein Treffen der amerikanischen und der britischen Delegation vom selben Tag wird der amerikanische Delegierte Pasvolsky folgendermaßen zitiert[130]:

> Mr. PASVOLSKY then called attention to the fact that the text originally proposed by the United States (...) arose out of the inherent right of self-defense which was protected under the wording of the original United States amendment. (...) the original United States amendment would be limited to armed attack and would thus limit the right of self-defense along the lines of the United States proposal.

Gegenüber diesen Vorbringen wurden von seiten der anderen Delegationen keine Einwände vorgebracht. Nicht zuletzt die Äußerungen des französischen Delegierten Boncour und des chinesischen Delegierten Koo auf einer gemeinsamen Sitzung der fünf Großmächte vom 29. Mai 1945 lassen zumindest auf eine implizite Zustimmung schließen[131]. Der Delegierte Kolumbiens gab auf der 1. Sondervollversammlung der VN-Generalversammlung am 1. November 1956 in der Debatte über die britisch-französische Intervention am Suez-Kanal die folgende Darstellung zur Entstehungsgeschichte des Art. 51 VN-Charta. Aus dieser läßt sich entnehmen, daß die lateinamerikanischen Staaten den soeben beschriebenen Rechtsstandpunkt auf der Konferenz in San Francisco geteilt hatten[132]:

---

130 U.S. For. Rel., 1945, I, 702 f.

131 Boncour stellte im Zusammenhang mit der Unterscheidung zwischen der Verhütung und der Zurückschlagung von Aggression fest, die amerikanische Formel betreffend die kollektive Selbstverteidigung schließe nur die Zurückschlagung von Aggression ein. Koo brachte seine Zustimmung zu der Haltung des französischen Delegierten in dem Punkt zum Ausdruck, daß sich das Konzept der kollektiven Selbstverteidigung nur auf den bewaffneten Angriff beziehe. Vgl. U.S. For. Rel., 1945, I, 973.

132 GAOR, 1st Emergency Special Session, Plenary Meetings, 562nd meeting, para. 29. Vgl. dazu auch im folgenden Abschnitt.

> When we Latin American countries were invited to San Francisco, we had before us the agreements concluded by the great Powers at Dumbarton Oaks and Yalta, which in reality constituted a tripartite alliance aimed essentially at the absolute prohibition of the use of force by any country in the world, even in defence of its lawful rights, except with the express authorization of the Security Council. We opposed that principle, because we considered that the exercise of certain rights, such as that of self-defence, was so sacred that it should not be made subject to a veto in the Security Council. The great Powers accepted our point of view, but with the express limitation that <u>the right to use force without the authorization of the Security Council should apply only to cases of self-defence, and not to self-defence simply but to self-defence in the case of an armed attack</u>. It was in the light of that principle that Article 51 of the Charter was drafted by Mr. Dulles, Senator Vandenberg and Mr. Rockefeller, together with the representatives of the Latin American countries. [Hervorhebung hinzugefügt]

Nach alledem ist die verbreitete Auffassung, bei der Abfassung des Art. 51 VN-Charta habe man nur die Stellung regionaler Sicherheitsorganisationen im Auge gehabt und im übrigen das gewohnheitsrechtliche Selbstverteidigungsrecht unangetastet lassen wollen, nicht haltbar. Jedenfalls die Staaten, die an der Ausarbeitung dieser Norm maßgeblichen Anteil hatten, hatten eine Beschränkung des individuellen Selbstverteidigungsrechts auf den Fall des bewaffneten Angriffs eindeutig beabsichtigt.

Relativierend ist allerdings anzumerken, daß - wie die obigen Ausführungen zeigen - die Eingrenzung des Selbstverteidigungsrechts auf den Fall des bewaffneten Angriffs jedenfalls primär dazu diente, die <u>präventive</u> Verteidigung auszuschließen. Mit der Frage minderschwerer Gewaltanwendungen unterhalb der Schwelle des bewaffneten Angriffs setzten sich die Delegierten, soweit erkennbar, nicht auseinander. Auch wurden die Begriffe "bewaffneter Angriff" und "Aggression" in undifferenzierter Weise und oftmals in identischem Sinn verwendet. Es kann wohl davon ausgegangen werden, daß die Delegierten in San Francisco beabsichtigt hatten, das (individuelle) Selbstverteidigungsrecht in allen, oder doch zumindest nahezu allen Situationen zu gewährleisten, in denen (bei gleichzeitiger Untätigkeit des Sicherheitsrats) Aggressionsakte verübt worden sind.

Wie bereits im 2. Kapitel gezeigt wurde[133], umfaßte der klassische Aggressionsbegriff, der bei der Ausarbeitung der VN-Charta noch Gültigkeit hatte, auch isolierte Angriffe auf einzelne Handelsschiffe. Insoweit trat endgültig wohl erst durch die Verabschiedung der Aggressionsdefinition durch die VN-Generalversammlung im Jahre 1974 eine Verengung des Aggressionsbegriffs ein. Die Verfasser der VN-Charta hätten daher mit hoher Wahrscheinlichkeit jeden Übergriff auf ein Handelsschiff auf Hoher See als "bewaffneten Angriff" qualifiziert und somit dem Flaggenstaat das Recht auf militärische Selbstverteidigung zugebilligt.

Damit stellt sich das Problem, ob die Bezugnahme in Art. 51 VN-Charta auf das inhärente Recht der Selbstverteidigung im Falle eines bewaffneten Angriffs eine Art "dynamische Verweisung" bildet, die auf das jeweils herrschende Verständnis des Begriffs "bewaffneter Angriff" abstellt, oder ob das staatliche Selbstverteidigungsrecht in den - und genau den - Fällen garantiert bleiben sollte, in denen nach der Rechtsvorstellung im Jahre 1945 ein "bewaffneter Angriff" vorlag. Nach der letzteren Alternative würde die Entstehungsgeschichte die Geltendmachung eines (in seinem Anwendungsbereich eng begrenzten) gewohnheitsrechtlichen Selbstverteidigungsrechts außerhalb von Art. 51 VN-Charta nicht unter allen Umständen ausschließen. Die Materialien lassen beide Auslegungen als vertretbar erscheinen.

[133] 2. Kapitel C. 1. a).

4. Die Staatenpraxis

Nur in sehr wenigen Fällen wurde bisher in offiziellen Äußerungen von Regierungen die Problematik eines gewohnheitsrechtlichen Selbstverteidigungsrechts außerhalb von Art. 51 VN-Charta angesprochen. In aller Regel versuchten die Staaten, die grenzüberschreitende militärische Aktionen unternahmen, ihr Vorgehen mit Art. 51 VN-Charta zu rechtfertigen. Trotz des oftmals heftigen Widerspruchs der Staatengemeinschaft gegen diese Argumentation brachten sie vor, selbst das Opfer eines bewaffneten Angriffs zu sein oder zugunsten eines angegriffenen Staates kollektive Selbstverteidigung zu üben. Auch militärische Maßnahmen gegen andere Staaten mit präventivem Charakter wurden fast immer auf Art. 51 VN-Charta gestützt[134].

Irrelevant sind im vorliegenden Zusammenhang auch die Fälle, in denen - ob zu recht oder zu unrecht - eine Einwilligung des Territorialstaates angeführt oder - wie bei der Verhängung einer "Quarantäne" über Kuba durch die USA im Jahre 1962[135] und der 1983 erfolgten Invasion von Truppen der USA und anderer karibischer Staaten in Grenada[136] - ein entsprechender Beschluß einer Regionalorganisation vorgeschützt wurde[137]. Das gleiche gilt für die gerade in jüngster Zeit mehrfach anzutreffenden humanitären Interventionen[138] bzw. die Aktionen zum

---

134 Siehe dazu statt vieler Combacao, The Exception of Self-Defence in U.N. Practice, in: Cassese (Hrsg.), The Current Legal Regulation of the Use of Force, 1986, 9 ff.; Higgins, The Development of International Law through the Political Organs of the United Nations, 1963, 197 ff.

135 Vgl. dazu im 1. Kapitel unter Abschnitt D. Siehe ferner McDougal, a.a.O., 597 ff.

136 Siehe AdG vom 10. November 1963, 27152 ff.

137 Vgl. im ersten Fall den Beschluß des Rats der OAS vom 23. Oktober 1962, wiedergegeben in: Dept. State Bull. 46 (1962), 267 ff., AJIL 56 (1962), 606 ff. Zum zweiten Fall siehe nur die Stellungnahme der Vertreterin der Vereinigten Staaten im VN-Sicherheitsrat, UN Doc. S/PV.2491, 28 ff.

138 Vgl. die im Jahre 1990 erfolgte Intervention einer aus Soldaten verschiedener westafrikanischer Staaten zusammengestzten Friedenstruppe (ECOWACS) im vom Bürgerkrieg zerrütteten Liberia und das Vorgehen der USA im Frühjahr 1991 im Nordirak zum Schutz der dort lebenden Kurden noch bevor es zum Abschluß einer Vereinbarung zwischen dem Irak und der UNO über die Stationierung von Soldaten und die Schaffung einer Schutzzone für die kurdische Bevölkerung kam.

Schutz der Demokratie in einem anderen Staat[139], da sich auch hierbei nicht die Problematik eines weiterreichenden gewohnheitsrechtlichen Selbstverteidigungsrechts stellt[140].

Von Interesse könnte dagegen die Argumentation Frankreichs und Großbritanniens im VN-Sicherheitsrat und der Generalversammlung zur Verteidigung ihrer Intervention am Suez-Kanal im Jahre 1956 sein. Wie oben beschrieben[141], beriefen sie sich zu keiner Zeit auf das Selbstverteidigungsrecht nach Art. 51 VN-Charta. Sie begründeten ihr Vorgehen zum einen mit der Behauptung, durch ihre Aktion werde die territoriale Integrität und politische Unabhängigkeit Ägyptens nicht verletzt. Zum anderen wiesen sie auf die Gefährdung der Schiffahrtsfreiheit im Suez-Kanal und auf dessen vitale Bedeutung für die Staatengemeinschaft hin. Darüber hinaus sei das Leben mehrerer Tausend britischer und französischer Staatsbürger gefährdet gewesen[142].

In diesen Äußerungen der Vertreter Frankreichs und Großbritanniens finden sich wiederholt deutliche Anklänge an das gewohnheitsrechtliche Selbsthilfe- bzw. das klassische Selbsterhaltungsrecht. So zitierte der französische Delegierte in der Ersten Sondersitzung der VN-Generalversammlung folgende Stellungnahme des französischen Premierministers vom Vortag[143]:

Siehe allgemein zur humanitären Intervention statt vieler Pauer, Die humanitäre Intervention - Militärische und wirtschaftliche Zwangsmassnahmen zur Gewährleistung der Menschenrechte, 1985.

[139] Die Wiederherstellung der Demokratie wurde von der Regierung der USA als einer der zusätzlichen Gründe für die Interventionen in Grenada und Panama genannt, vgl. zum einen die in Anm. 137 angeführte Äußerung der Ständigen Vertreterin der USA bei den Vereinten Nationen und zum anderen Nanda, The Validity of United States Intervention in Panama under International Law, AJIL 84 (1990), 494 ff. (498).

[140] Diese Sachverhalte werfen vordringlich die hier nicht interessierende Frage auf, ob sich nach dem gegenwärtigem Stand der Völkerrechtsentwicklung, insbesondere im Hinblick auf die erheblich gestiegene Bedeutung und zunehmende Internationalisierung der Menschenrechte, eine Ausnahme zum Gewaltverbotsprinzip neu herausgebildet hat, die bei extremen Fällen schwerster Menschenrechtsverletzungen eine humanitäre Intervention in begrenztem Rahmen gestattet.

[141] Im 1. Kapitel unter Abschnitt B. 2.

[142] Vgl. ebenda.

[143] GOAR, 1st Emergency Special Session, Plenary Meetings, 562nd meeting, para. 232.

> (T)he spirit of the Charter is not a spirit of capitulation; the quest for peaceful solutions cannot mean the acceptance, out of inertia, of faits accomplis.

Der britische Delegierte zitierte im VN-Sicherheitsrat folgende Passage einer Rede des amerikanischen Politikers John F. Dulles, die dieser auf der 2. Londoner Suez-Konferenz gehalten hatte[144]:

> (...) The very first Article of the United Nations Charter says that the purpose of the United Nations is to bring about settlements by peaceful means, and in conformity with the principles of justice and international law, and if that part is forgotten, the first part of it will inevitably be ignored. (...)
>
> Now we are faced here with a problem in which great nations are faced with a great peril. (...) It is a peril that they could readily remedy if they resorted to the methods which were lawful before this Charter was adopted. (...) There has been exercised, and is being exercised, a very great restraint in the face of a very great peril, but you cannot expect that to go on indefinitely unless those of us who appreciate the problem (...) rally our forces to try to bring about a settlement which is not only a peaceful settlement but a settlement in conformity with the principles of justice and international law.

Auf einer anderen Sitzung des VN-Sicherheitsrates brachte der Vertreter Großbritanniens vor[145]:

> As is well known, Great Britain and France are the main users of this Canal, and our vital interests would be endangered if free passage were interrupted. (...) I should like to recall that the circumstances in which the Canal was seized were circumstances in which violence and resort to illegal methods were employed.
>
> We have a right to defend these vital interests (...).

---

[144] SCOR, 11th Year, 735th meeting, para. 89 ff.
[145] SCOR, 11th Year, 751st meeting, para. 46 f.

Frankreich und Großbritannien blieben jedoch in allen Debatten vollkommen isoliert. Während die meisten Staaten sich darauf beschränkten, die Argumentation zurückzuweisen, es liege schon tatbestandsmäßig kein Verstoß gegen das Gewaltverbotsprinzip vor, betonten einige Staaten ausdrücklich, das Recht auf Selbstverteidigung könne seit Inkrafttreten der VN-Charta nur noch im Rahmen des Art. 51 VN-Charta, d.h. bei Vorliegen eines bewaffneten Angriffs ausgeübt werden[146].

Die Frage, wann eine - tatbestandsmäßig vorliegende[147] - Verletzung des Gewaltverbotsprinzips ausnahmsweise gerechtfertigt sein könne, wurde besonders eingehend bei den Vorarbeiten innerhalb der Vereinten Nationen zur sog. "Friendly Relations - Declaration"[148] erörtert. Die in diesem Zusammenhang abgegebenen Stellungnahmen lassen daher in besonderem Maße Rück-

---

[146] Vgl. etwa die Stellungnahme Griechenlands (GAOR, 1st Emergency Special Session, Plenary Meetings, 562nd meeting, para. 319):

> Under the Charter, there is no valid justification for the unilateral use of force. We know of only one case where the Charter authorizes the use of force: that provided for in Article 51, which sanctions the exercise of the right of self-defence. (...) In any other case, according to the Charter, the use of force is admissible only as a collective measure.

Der Vertreter Kolumbiens sagte in diesem Zusammenhang, ein bewaffneter Angriff im Sinne des Art. 51 VN-Charta liege nicht schon bei jeder Form der Aggression vor (GAOR, 1st Emergency Special Session, Plenary Meetings, 562nd meeting, para. 31):

> Nor can France and the United Kingdom allege that they are acting under Article 51 of the Charter, because, even if they themselves had been victims of some kind of aggression, the power to take action under Article 51 was expressly limited at San Francisco to cases of armed attack, and we have no information that there had been any armed attack on France and the United Kingdom.

Vgl. zur Haltung Kolumbiens auch im vorigen Abschnitt sowie im 2. Kapitel unter Abschnitt A.

[147] Vgl. dazu oben, 2. Kapitel A. Dort wurden nicht die denkbaren Rechtfertigungen für einen Verstoß gegen das Gewaltverbotsprinzip untersucht, sondern die Frage beleuchtet, ob der Einsatz von Waffengewalt in jedem Fall tatbestandsmäßig eine Verletzung des Gewaltverbotsprinzips darstellt.

[148] Declaration on Principles of International Law concerning Friendly Relations and Co-operation among States in accordance with the Charter of the United Nations, UN Doc. A/RES/2625 (XXV).

schlüsse über die grundsätzliche Haltung der Staaten zu dieser Problematik zu.

In den verschiedenen Sitzungen des Sechsten Ausschusses brachten zahlreiche Staaten zum Ausdruck, es gebe nur diejenigen Ausnahmen vom Gewaltverbotsprinzip, die explizit in der VN-Charta aufgeführt seien[149]. Diese Rechtssicht wurde von einer ebenfalls sehr großen Zahl von Staaten im Special Committee on Principles of International Law concerning Friendly Relations and Co-operation among States bestätigt[150]. Nur beispielhaft sei hier die Haltung Frankreichs wiedergegeben, die im übrigen die Abkehr von der oben dargestellten französischen

---

[149] In diesem Sinne äußerten sich die Delegierten von **Argentinien** (GAOR, 20th Session, 6th Commission, 888th meeting, para. 37), **Chile** (GAOR, 21st Session, 6th Commission, 937th meeting, para. 8; 23rd Session, 6th Commission, 1092nd meeting, para. 31), **China** (GAOR, 18th Session, 6th Commission, 818th meeting, para. 6), **Cuba** (GAOR, 18th Session, 6th Commission, 820th meeting, para. 22; 20th Session, 6th Commission, 893rd meeting, para. 36; 21st Session, 6th Commission, 995th meeting, para. 10; 23rd Session, 6th Commission, 1091 meeting, para. 41), **Ecuador** (GAOR, 22nd Session, 6th Commission, 1003rd meeting, para. 53), **Indonesien** (GAOR, 18th Session, 6th Commission, 809th meeting, para. 6), **Iran** (GAOR, 20th Session, 6th Commission, 882th meeting, para. 18), **Jugoslawien** (GAOR, 18th Session, 6th Commission, 804th meeting, para. 7; 22nd Session, 6th Commission, 996th meeting, para. 5; 23rd Session, 6th Commission, 1096th meeting, para. 33), **Kenia** (GAOR, 23rd Session, 6th Commission, 1094th meeting, para. 33), **Mali** (GAOR, 20th Session, 6th Commission, 882nd meeting, para. 28), **Mexiko** (GAOR, 18th Session, 6th Commission, 806th meeting, para. 12; 20th Session, 6th Commission, 886th meeting, para. 36 s.), **Obervolta** (GAOR, 20th Session, 6th Commission, 888th meeting, para. 16), den **Philippinen** (GAOR, 18th Session, 6th Commission, 823rd meeting, para. 4), **Rumänien** (GAOR, 24th Session, 6th Commission, 1161st meeting, para. 7), **Somalia** (GAOR, 22nd Session, 6th Commission, 1003rd meeting, para. 47), **Sudan** (GAOR, 24th Session, 6th Commission, 1162nd meeting, para. 65), der **Tschechoslowakei** (GAOR, 20th Session, 6th Commission, 871st meeting, para. 35), der **Ukraine** (GAOR, 20th Session, 6th Commission, 875th meeting, para. 19), den **Vereinigten Arabischen Emiraten** (GAOR, 20th Session, 6th Commission, 875th meeting, para. 38), den **Vereinigten Staaten** (GAOR, 20th Session, 6th Commission, 877th meeting, para. 21) und **Zypern** (GAOR, 20th Session, 6th Commission, 892nd meeting, para. 18 und 55).

[150] Siehe unter den oben noch nicht aufgeführten Staaten etwa **Australien** (UN Doc. A/AC.125/SR.114), **Indien** (UN Doc. A/AC. 125/SR.88), **Kanada** (UN Doc. A/AC.125/SR.89) und **Nigeria** (UN Doc. A/AC.125/SR.64 und 86).

Position während der Suez-Krise belegt (Zitat in indirekter Rede)[151]:

> The legal use of force should be defined very clearly. The only exceptions at present authorized by international law were those expressly provided for in the United Nations Charter, and no effort should be made to extend them. The conditions stipulated in the Charter for the use of force, in cases where it was permitted, were themselves both imperative and limitative.

Diese hier nur exemplarisch angeführten Formulierungen sprechen gegen eine "offene" Interpretation des Art. 51 VN-Charta, die den Rückgriff auf ein weites, nicht näher definiertes Feld gewohnheitsrechtlicher Selbstverteidigungs- und Selbsthilferechte ermöglicht. Die hier betrachteten rechtlichen Äußerungen der Staatenvertreter legen damit die Schlußfolgerung nahe, nach Auffassung der ganz überwiegenden Staatenmehrheit könne gegen Gewaltanwendungen unterhalb der Schwelle des "bewaffneten Angriffs" ein gewohnheitsrechtliches Selbstverteidigungs- oder Selbsthilferecht nicht mehr geltend gemacht werden.

In einem gewissen Widerspruch zu diesen ziemlich klaren Rechtsaussagen stehen allerdings manche offizielle Erklärungen und Verhaltensweisen im Zusammenhang mit der Abwehr von Angriffen auf Handelsschiffe. Wie oben[152] dargelegt, nahm etwa Großbritannien während des sog. "Kabeljaukrieges" mit Island offenbar (auch wenn dieser Punkt nicht mit letzter Sicherheit zu klären ist) die Befugnis für sich in Anspruch, militärische Angriffe auf seine Fischereiboote durch unmittelbares Zurückschießen durch eigene Marinestreitkräfte abzuwehren, ohne daß zuvor ein britisches Kriegsschiff erst durch Dazwischenfahren eine eigene Verteidigungslage hätte herstellen müssen. Gleichwohl vermied es die britische Regierung stets, das isländische Vorgehen als "bewaffneten Angriff" zu bezeichnen. In ihrer Antragsschrift vor dem IGH sprach sie vielmehr von einer "unlaw-

[151] UN Doc. A/AC.125/SR.87 (Sitzung vom 16. September 1968). Siehe auch die Äußerung des französischen Delegierten vom 1. September 1970, a.a.O., 114.
[152] Vgl. 1. Kapitel E. 1.

ful interference by force with British fishing vessels"[153]. Diese Formulierung deutet - bei aller gebotenen Zurückhaltung in der Bewertung infolge der besonderen politischen Hintergründe - darauf hin, daß nach Einschätzung der Regierung Großbritanniens die Vorfälle noch nicht den Charakter eines "bewaffneten Angriffs" hatten.

Ebenfalls wurde schon auf die Ambivalenz in der Haltung der Bundesrepublik Deutschland in bezug auf die Abwehrrechte gegen die Angriffe auf die Handelsschiffahrt im Persischen Golf hingewiesen[154]. Einerseits läßt eine Äußerung des Bundesverteidigungsministers jedenfalls vermuten, nach Auffassung der Bundesregierung stelle ein isolierter Angriff auf ein Handelsschiff noch keinen "bewaffneten Angriff" im Sinne von Art. 51 VN-Charta dar. Andererseits begrüßte die Bundesregierung die militärische Präsenz anderer westlicher Staaten im Golf und trug eine Resolution der WEU mit, die zum Ausdruck brachte, daß gegenüber derartigen Übergriffen "Selbstverteidigungsmaßnahmen" zulässig seien.

Erinnert sei weiter an die Begründung des britischen Foreign and Commonwealth Office für die Beschränkung des Schutzauftrages der britischen Marine im Persischen Golf auf Handelsschiffe unter britischer Flagge[155]. Neben politischen Erwägungen wurden explizit auch "rechtliche Gründe" geltend gemacht. Hätte gegenüber den Angriffen auf die Schiffahrt im Golf das kollektive Selbstverteidigungsrecht nach Art. 51 VN-Charta bestanden, wäre diese Einschränkung nicht aus "Rechtsgründen" geboten gewesen[156]. Die Erklärung der britischen Regierung läßt daher nur die Schlußfolgerung zu, das in dieser Situation existierende Abwehrrecht sei gewissermaßen von minderer Natur. Es erlaube zwar die militärische Verteidigung eigener, nicht aber auch fremder Handelsschiffe (außer natürlich, wenn das britische Kriegsschiff durch Dazwischenfahren bei weiter fortdauerndem Angriff eine eigene Verteidigungslage schafft). In dieser Argumentation klingen Ansätze der Rechtsausführungen des IGH in der Nicaragua-Entscheidung an. Wie zu-

153 Siehe Anm. 57 im 1. Kapitel.
154 1. Kapitel G. 4.
155 1. Kapitel G. 3. b) (2).
156 Vgl. 2. Kapitel C. 1. c).

vor festgestellt[157], lehnte der IGH die kollektive Selbstverteidigung bei weniger schweren Gewaltanwendungen kategorisch ab, ließ aber die Frage der individuellen militärischen Abwehrbefugnisse gegen Gewaltanwendungen unterhalb der Schwelle des "bewaffneten Angriffs" offen.

Auch den wiederholten Hinweisen auf die Rechtsregeln zur Bekämpfung der Piraterie durch die Staaten des ehemaligen sozialistischen Lagers[158] wird man entnehmen müssen, daß nach Auffassung jener Staaten ein Recht zur militärischen Abwehr gegen (staatliche) Übergriffe auf Handelsschiffe besteht, obwohl diese keinen Fall des "bewaffneten Angriffs" darstellen. Die intensiven, wenn auch vergeblichen Bemühungen insbesondere der UdSSR und Polens, in das Genfer Übereinkommen über die Hohe See den Tatbestand der "staatlichen Piraterie" aufzunehmen und die Bezugnahme auf entsprechende Beispiele aus der früheren Staatenpraxis zeigen, daß der Pirateriebegriff von seiten jener Staaten nicht nur aus Propagandagründen *ad hoc* in die Diskussion eingeführt wurde. Im Ergebnis sollte dadurch in einem weiten Feld die Befugnis zur Ergreifung gewaltsamer Gegenmaßnahmen außerhalb von Art. 51 VN-Charta geschaffen werden.

Beachtenswert ist ferner die Tatsache, daß während des Tankerkrieges im Persischen Golf Italien und die UdSSR Konvois im klassischen Sinne bildeten und sich ausdrücklich auf dieses Rechtsinstitut beriefen[159]. Nach traditionellem Völkerrecht steht im Falle des sog. "neutralen Konvois", bei dem Handelsschiffe eines neutralen Staates von eigenen Kriegsschiffen begleitet werden, dem neutralen Kriegsschiff das Recht zu, sich Durchsuchungen der Handelsschiffe zu widersetzen und etwaige Angriffe auf diese abzuwehren. Die Abwehr darf jedoch nur gegen die unmittelbare Angriffshandlung gerichtet sein. Ein Gegenschlag etwa auf das Territorium des angreifenden Staates ist (ohne Verletzung der Neutralitätspflicht) ausgeschlossen[160].

---

157 Unter Abschnitt B. 2. in diesem Kapitel.
158 Siehe dazu Abschnitt A. dieses Kapitels.
159 Vgl. 1. Kapitel, Abschnitt G.
160 Siehe zum Konvoi statt vieler nur Akzin, Neutral Convoys in Law and Practice, Mich. L.R. 40 (1941), 1 ff.; Stödter, Con-

Die Einsatzrichtlinien der sowjetischen Flotte im Persischen Golf sind nicht bekannt geworden. Die italienischen Einsatzrichtlinien entsprachen vollständig dem bekannten Muster. So konnten Selbstverteidigungsmaßnahmen sowohl bei Angriffen auf italienische Kriegs- als auch bei Übergriffen auf italienische Handelsschiffe ergriffen werden. Diese durften jedoch nicht gegen Militärbasen gerichtet sein, auch wenn von ihnen, wie im Falle der iranischen Silkworm-Raketen zu befürchten war, feindliche Handlungen gegen italienische Schiffe ausgingen.

Zusammenfassend ist festzustellen, daß einerseits die ganz überwiegende Mehrheit der Staaten ihre ablehnenden Haltung gegenüber Ermächtigungsgrundlagen für die Anwendung von Gewalt außerhalb der VN-Charta wiederholt zu erkennen gegeben hat. Andererseits nahmen nicht wenige Staaten speziell bei Angriffen auf ihre Handelsschiffe doch die Befugnis zur Ergreifung militärischer Gegenmaßnahmen für sich in Anspruch. Das galt gerade auch dann, wenn sie die Übergriffe nicht als "bewaffnete Angriffe" qualifizierten. Allerdings wurde dieses geltend gemachte Abwehrrecht zumeist mit besonderer Zurückhaltung ausgeübt. Die Staatenpraxis deutet daher tendenziell eher in die Richtung, daß die Frage, ob neben den in der VN-Charta explizit genannten weitere Rechtsgrundlagen für die Anwendung von Gewalt existieren, sehr restriktiv zu beantworten ist, daß aber diese Möglichkeit in engen Grenzen dennoch besteht.

5. Abschließende Stellungnahme und Ergebnis

Wie oben[161] ausgeführt, muß der Begriff des "bewaffneten Angriffs" extensiver ausgelegt werden, als dies der IGH in der Nicaragua-Entscheidung getan hat. Dadurch wird sichergestellt, daß in allen denjenigen Fällen, in denen eine rechtswidrige Gewaltanwendung (ungeachtet des Umfangs der konkret eingesetzten Gewaltmittel) den verletzten Staat in existenzgefährdender

---

voy, in: Bernhardt (Hrsg.), EPIL, Instalment 3, 1982, 128 ff.; Whiteman, a.a.O., Vol. 11, 1968, 35 ff.; Leckow, The Iran-Iraq Conflict in the Gulf: The Law of War Zones, ICLQ 37 (1988), 629 ff. (641 f.), jeweils m.w.N.

[161] 2. Kapitel B.

oder besonders gravierender Weise trifft, das Selbstverteidigungsrecht nach Art. 51 VN-Charta gegeben ist.

Aufgrund dieser teleologisch gebotenen weiten Auslegung des Art. 51 VN-Charta reduziert sich die Dringlichkeit, ebenfalls aus teleologischen Gesichtspunkten gegenüber solchen Rechtsverletzungen, die keinen "bewaffneten Angriff" darstellen, ein militärisches Abwehrrecht außerhalb der VN-Charta abzuleiten. Gegenüber minderschweren rechtswidrigen Gewaltanwendungen bleibt daher eine "Rechtsschutzlücke" bestehen. Diese ist vom betroffenen Staat im Hinblick auf das Ziel der VN-Charta, die Eskalation von Konflikten zu vermeiden, grundsätzlich hinzunehmen.

Allerdings ergibt die Untersuchung der Staatenpraxis, daß in sehr engen Grenzen der Rückgriff auf ein gewohnheitsrechtliches Selbstverteidigungsrecht jenseits von Art. 51 VN-Charta immer noch möglich ist. Die Staatenpraxis hat sich diese Türe stets offengehalten. Auch die Andeutungen des IGH in der Nicaragua-Entscheidung weisen sehr deutlich in diese Richtung. Hierbei schlägt sich nicht zuletzt die - von den Gründern der VN so nicht vorhergesehene - Ineffektivität des kollektiven Sicherheitssystems nieder, die ein allzu starres Festhalten an der Ausschließlichkeitsfunktion des Art. 51 VN-Charta als fragwürdig erscheinen läßt.

Gleichwohl kann sich ein gewohnheitsrechtliches Abwehrrecht nur unter ganz besonderen Voraussetzungen neben Art. 51 VN-Charta erhalten haben. So ist zum einen zu fordern, daß die Abwehrmaßnahme nicht in einem Zusammenhang erfolgt, in dem typischerweise mit der Eskalation einer Konfliktsituation zu rechnen ist. Schon aus diesem Grund scheidet beispielsweise das gewohnheitsrechtliche Selbstverteidigungsrecht im Fall der langdauernden "low intensity conflicts" aus, da gerade dort durch die Ergreifung gewaltsamer Gegenmaßnahmen ein schwelender Konflikt sehr leicht offen ausbrechen könnte.

Zum anderen muß die rechtswidrige Gewaltanwendung - wiewohl unterhalb der Schwelle des Art. 51 VN-Charta - jedenfalls doch von einiger Erheblichkeit sein. Eine militärische Reaktion auf Bagatellfälle sollte durch das Gewaltverbotsprinzip des Art. 2 Ziff. 4 VN-Charta gerade ausgeschlossen werden. Angesichts des Umstandes, daß die Schwelle des Art. 51 VN-Charta (wie dargelegt) nicht allzu hoch anzusetzen ist, verbleibt hier nur ein relativ schmaler Bereich zwischen Bagatellfällen und "bewaffneten Angriffen", für den das gewohnheitsrechtliche Selbstverteidigungsrecht in Frage kommt.

Schließlich muß die Versagung gewaltsamer Verteidigungsmaßnahmen für den betroffenen Staat besonders schwer zumutbar sein. Die VN-Charta mutet den Mitgliedstaaten grundsätzlich die Unannehmlichkeit zu, sich bei rechtswidrigen Gewaltanwendungen, die keinen "bewaffneten Angriff" darstellen, einer militärischen Abwehr zu enthalten. Nur wo die Konsequenzen dieser "Pflicht zur Untätigkeit" für den betroffenen Staat das typische, von jedem VN-Mitgliedstaat zu ertragende Maß deutlich übersteigen (ohne sogleich existenzgefährdende Ausmaße anzunehmen; dann läge ein Fall des Art. 51 VN-Charta vor), ist noch Raum für ein gewohnheitsrechtliches Selbstverteidigungsrecht neben Art. 51 VN-Charta.

Allein unter diesen Voraussetzungen könnte eine am Ziel und Zweck und damit auch an der Praktikabilität der VN-Charta ausgerichtete Interpretation unter Berücksichtigung der Staatenpraxis den Rückgriff auf das weiterreichende gewohnheitsrechtliche Selbstverteidigungsrecht vernünftigerweise nicht versagen.

Speziell bei Angriffen auf Handelsschiffe (die noch keinen "bewaffneten Angriff" nach Art. 51 VN-Charta darstellen) sind diese Voraussetzungen in aller Regel erfüllt. So stellt ein singulärer Übergriff auf ein Handelsschiff auf Hoher See eine zeitlich und örtlich exakt begrenzte Aktion dar, die mit einer ebenso zeitlich und räumlich fixierten Gegenmaßnahme außerhalb des Territoriums einer der Staaten abzuwenden ist. Die Gefahr einer Ausweitung des Konflikts bleibt demnach verhältnismäßig gering.

Ferner können Übergriffe auf Handelsschiffe, auch wenn sie vielfach noch nicht die Schwelle des Art. 51 VN-Charta erreichen, aufgrund der damit typischerweise verbundenen besonders großen Gefahr für das Leben von Staatsangehörigen des Flaggenstaates nicht als eher belanglos, d.h. als Bagatellfälle eingestuft werden. Dafür spricht auch, daß bei Abfassung der VN-

Charta, wie oben ausgeführt, ein jeder Angriff auf ein Handelsschiff noch als "bewaffneter Angriff" im Sinne von Art. 51 VN-Charta angesehen wurde.

Schließlich würde ein Verbot, militärische Abwehrmaßnmahmen zu ergreifen, den Flaggenstaat in erheblicher und unzumutbarer Weise beeinträchtigen. Das folgt insbesondere aus den in der Praxis auftretenden Abgrenzungsfragen, ob ein Angriff auf ein Handelsschiff aufgrund etwa vorliegender erschwerender Sachverhaltsumstände, z.B. wiederholte Begehung, außenpolitische Krisensituationen etc., den Charakter eines "bewaffneten Angriffs" angenommen hat. Bei einem drohenden oder bereits stattfindenden Angriff haben die zuständigen Stellen des Flaggenstaates, falls die Möglichkeit des militärischen Eingreifens besteht, in kürzester Zeit eine weitreichende Entscheidung zu treffen. Im Normalfall der "low intensity conflicts" ziehen sich solche Auseinandersetzungen über lange Zeiträume, mitunter über Jahre hin. In aller Regel besteht dort nicht die Notwendigkeit, innerhalb von Minutenschnelle sehr gravierende Entscheidungen zu fällen. Hargrove[162] weist zu recht auf die oftmals kaum überwindlichen praktischen Schwierigkeiten hin, mit denen ein zuständiger Befehlshaber konfrontiert wäre, müßte er in der konkreten Situation in höchster Eile entscheiden, ob ein "bewaffneter Angriff" vorliegt.

Würde man bei Angriffen auf Handelsschiffe, die noch nicht die Schwelle des Art. 51 VN-Charta erreichen, ein militärisches Abwehrrecht versagen, wären den Entscheidungsträgern des Flaggenstaates des angegriffenen Handelsschiffes infolge der praktischen Unmöglichkeit, binnen kürzester Frist zu beurteilen, ob ein "bewaffneter Angriff" vorliegt, praktisch immer die Hände gebunden. Das gälte (jedenfalls zumeist) auch für den Fall, in dem objektiv die Voraussetzungen des Art. 51 VN-Charta erfüllt sind. Eine solch' unpraktikable Forderung zu erheben, kann nicht dem Ziel und Zweck der VN-Charta entsprechen. Für den Flaggenstaat muß insoweit Rechtsklarheit herrschen. Gegenüber gewaltsamen Übergriffen auf seine Handels-

---

[162] Hargrove, The Nicaragua Judgment and the Future of the Law of Self-Defense, AJIL 81 (1987), 135 ff. (139).

schiffe muß er sich daher in jedem Fall militärisch zur Wehr setzen dürfen.

Für dieses Ergebnis, prinzipielle Zulässigkeit des Rückgriffs auf ein gewohnheitsrechtliches Selbstverteidigungsrecht außerhalb von Art. 51 VN-Charta bei Angriffen auf Handelsschiffe, spricht nicht zuletzt auch die Praxis der Konvoibildung während des Tankerkrieges im Persischen Golf. Auch hier liegt ein - von der Staatengemeinschaft anerkannter[163] - Fall einer militärischen Abwehrbefugnis bei Angriffen auf Handelsschiffe außerhalb von Art. 51 VN-Charta vor. Zugleich zeigen sich dort die Grenzen des gewohnheitsrechtlichen Abwehrrechts: Nach den Rechtsregeln des neutralen Konvois muß die Verteidigung auf die Abwehr der unmittelbaren Angriffshandlung beschränkt bleiben. Im Hinblick auf den eng begrenzten Ausnahmecharakter des gewohnheitsrechtlichen Selbstverteidigungsrechts dürfte dieser Grundsatz zu verallgemeinern sein. Eine weiter ausholende, etwa gegen das Territorium des Angreiferstaates gerichtete militärische Operation - auch wenn sie mit dem Verhältnismäßigkeitsgrundsatz im Einklang stünde - ist daher bei der Abwehr von Angriffen auf Handelsschiffe, die noch nicht

[163] Zur grundsätzlichen Frage der Fortgeltung des früheren Neutralitätsrechts im allgemeinen nach dem Inkrafttreten der VN-Charta braucht hier nicht abschließend Stellung genommen zu werden, wenngleich Schindler zutreffend darauf hinweist, daß die Neutralitätsregeln in den Kriegsmanuals mehrerer Staaten detailliert wiedergegeben sind (vgl. Schindler, Transformations in the Law of Neutrality Since 1945, in: Delissen/Tanja [Hrsg.], Humanitarian Law of Armed Conflict - Challenges Ahead, 1991, 367 ff. [370]). Für den Spezialfall des neutralen Konvois jedenfalls ist angesichts der vorstehenden Erwägungen und der Tatsache, daß während des irakisch-iranischen Krieges die Konvoibildung über einen längeren Zeitraum von Staaten unterschiedlicher Blockzugehörigkeit praktiziert und von der großen Staatenmehrheit widerspruchslos hingenommen wurde, von der Fortgeltung dieses Rechtsinstitutes und damit von der Anerkenung eines entsprechenden gewohnheitsrechtlichen Selbstverteidigungsrechts außerhalb von Art. 51 VN-Charta auszugehen.

So auch Lagoni (vgl. seine Stellungnahme in: American Society of International Law, Proceedings of the 82nd Annual Meeting, Washington, D.C., April 20 - 23, 1988, 163) und Leckow (ebenda) aus, wobei Leckow besonders darauf hinweist, daß beim neutralen Konvoi ein militärisches Abwehrrecht auch außerhalb von Art. 51 VN-Charta besteht.

die Schwelle des "bewaffneten Angriffs" nach Art. 51 VN-Charta erreicht haben, nicht zulässig.

Im übrigen kann ein gewohnheitsrechtliches Abwehrrecht nur solange geltend gemacht werden, bis der VN-Sicherheitsrat die zur Wahrung des Weltfriedens und der internationalen Sicherheit erforderlichen Maßnahmen ergriffen hat. Die entsprechende Bestimmung in Art. 51 VN-Charta ist auf das gewohnheitsrechtliche Selbstverteidigungsrecht im erst-recht-Schluß analog anzuwenden.

Die vorstehenden Erwägungen über die Zulässigkeit eines gewohnheitsrechtlichen Selbstverteidigungsrechts gelten dagegen für den Schutz von Handelsschiffen durch Kriegsschiffe eines dritten Staates nicht im selben Maße. Zwar wendet Hargrove[164] ein, daß sich auch in dieser Situation die Abgrenzungsproblematik zwischen "bewaffneten Angriffen" und Gewaltanwendungen unterhalb dieser Schwelle mit unverminderter Schärfe stelle. Die dabei besonders auftretende Gefahr der Ausweitung des Konflikts, der die VN-Charta mit der Beschränkung der einzelstaatlichen gewaltsamen Rechtsdurchsetzungsmöglichkeiten gerade entgegenzuwirken sucht, zwingt jedoch hier zu einer anderen Gesamtbeurteilung.

Darüber hinaus besteht für ein generelles kollektives Abwehrrecht keine gesicherte Grundlage in der Staatenpraxis. Der Gedanke der kollektiven Selbstverteidigung war dem klassischen Völkergewohnheitsrecht noch fremd. Nur mit großer Mühe gelang es den daran interessierten Staaten auf der Gründungskonferenz von San Francisco, dieses neue Konzept durchzusetzen[165]. Auch genossen stets nur diejenigen Handelsschiffe den Schutz des

---

164 Hargrove, ebenda.

165 Vgl. die folgende Aussage von Dulles, einem der offiziellen Berater der amerikanischen Delegation in San Francisco, vor dem Committee on Foreign Relations of the United States Senate, wiedergegeben in Whiteman, a.a.O., Vol. 5, 977:

> At San Francisco, one of the things which we stood for most stoutly, and which we achieved with the greatest difficulty, was a recognition of the fact that that doctrine of self-defense, enlarged at Chapultepec to be a doctrine of collective self-defense, could stand unimpaired and could function without the approval of the Security Council.

neutralen Konvois, die unter derselben Flagge fuhren wie das sie begleitende Kriegsschiff[166].

Ein Kriegsschiff, das einem angegriffenen Handelsschiff eines anderen neutralen Staates Hilfestellung leisten möchte, muß sich daher, wie während des irakisch-iranischen Krieges von Frankreich und Großbritannien (mit geringfügigen Modifikationen) praktiziert, auf die Möglichkeit des Dazwischenfahrens und Abdrängens beschränken. Etwas anderes gälte nur, wenn es im Einzelfall für die zuständigen Stellen doch möglich wäre, sich zu vergewissern, daß der Übergriff auf das fremde Handelsschiff in der speziellen Situation einen "bewaffneten Angriff" darstellt.

Im Hinblick auf das Verbot kollektiver Selbstverteidigung bei Gewaltanwendungen unterhalb der Schwelle des "bewaffneten Angriffs" ist daher im Ergebnis der oben dargestellten Rechtsprechung des IGH zu folgen.

[166] Akzin, a.a.O., 2. Für die Schiffe anderer Nationalität konnte nach traditionellem Völkerrecht der Kapitän des begleitenden Kriegsschiffs keine wirksame Zusicherung darüber abgeben, daß sich an Bord jener Schiffe keine Kontrabande befinde.

Ausblick

Die jahrzehntelang zu beobachtende Lähmung des VN-Sicherheitsrates bei den meisten wichtigen Fragen hat bis in jüngste Zeit die Diskussion um mögliche, in der VN-Charta nicht ausdrücklich genannte Ausnahmen vom Gewaltverbotsprinzip bzw. die Fortgeltung eines umfassenderen gewohnheitsrechtlichen Selbstverteidigungsrechts wesentlich mitgeprägt. Nicht zuletzt vor diesem Hintergrund wurde in der vorliegenden Arbeit dafür plädiert, den Begriff des "bewaffneten Angriffs" gemäß Art. 51 VN-Charta extensiv auszulegen. Denn keinem Staat, dessen elementare Sicherheitsinteressen durch einen rechtswidrigen Gewaltakt bedroht sind, kann es zugemutet werden, sich einer eigenen militärischen Abwehr zu enthalten und stattdessen auf ein nicht funktionierendes kollektives Sicherheitssystem verweisen zu lassen. Das muß auch dann gelten, wenn die gegen ihn eingesetzten militärischen Mittel dem Umfang nach vielleicht nur geringfügig sind. Wenn gravierende Umständen vorliegen, können Angriffe auf Handelsschiffe daher durchaus die Schwelle des Art. 51 VN-Charta erreichen.

Die Inneffektivität des kollektiven Sicherheitssystems der Vereinten Nationen ist darüber hinaus ein wichtiger Grund für die - wenngleich nur in engen Grenzen - fortbestehende Rückgriffsmöglichkeit auf ein gewohnheitsrechtliches Selbstverteidigungsrecht außerhalb von Art. 51 VN-Charta. Es wurde gezeigt, daß die besonderen Voraussetzungen, die für dieses gewohnheitsrechtliche Selbstverteidigungsrecht zu fordern sind, in aller Regel bei Übergriffen auf Handelsschiffe, die noch keinen Fall des "bewaffneten Angriffs" nach Art. 51 darstellen, erfüllt sind.

Die sich neuerdings abzeichnende grundlegende Verbesserung der Handlungsfähigkeit des VN-Sicherheitsrates, wie sie insbesondere im Irak-Kuweit-Konflikt zum Ausdruck gekommen ist, könnte langfristig zu einer geänderten Bewertung führen. Das gilt sowohl in bezug auf die extensive Auslegung des Art. 51 VN-Charta als auch hinsichtlich der Fortgeltung eines gewohnheitsrechtlichen Selbstverteidigungsrechts außerhalb von Art.

51 VN-Charta. War etwa noch während des irakisch-iranischen Krieges der Vorschlag der UdSSR, die Schiffahrt im Persischen Golf durch Seestreitkräfte der Vereinten Nationen zu sichern, nicht konsensfähig, erscheint nunmehr eine solche Möglichkeit für einen künftigen Konfliktfall als durchaus realistisch.

Bei einer sogestaltet effektiven Wahrnehmung der Sicherungsfunktion durch eine VN-Flotille wäre für eine gewohnheitsrechtlich fortbestehende Abwehrbefugnis der einzelnen Staaten außerhalb von Art. 51 VN-Charta (jedenfalls in diesem Rahmen) kein Raum mehr. Es bleibt zu hoffen, daß sich die positiven Ansätze der letzten Zeit bei der wirksamen Implementierung des in der VN-Charta vorgesehenen Mechanismus zur Gewährleistung kollektiver Sicherheit weiter stabilisieren und damit den wirksamsten Schutz gegen das Auftreten von rechtswidrigen Gewaltakten innerhalb der Staatengemeinschaft bieten[1].

[1] Siehe dazu die differenzierte Stellungnahme von Greenwood, New World Order or Old? The Invasion of Kuwait and the Rule of Law, in: The Modern Law Review, 55 (1992), 153 ff. Die neuesten Vorkommnisse im ehemaligen Jugoslawien dämpfen allerdings wieder etwas die Hoffnungen auf eine dauerhafte Trendwende des VN-Sicherheitsrates.

Literaturverzeichnis

ABENDROTH, Wolfgang, Nyon-Abkommen von 1937, in: Strupp/ Schlochauer, Wörterbuch des Völkerrechts, Bd. 2, Berlin 1961, 643 - 645.

ADER, Werner, Gewaltsame Rettungsaktionen zum Schutz eigener Staatsbürger im Ausland, München 1988.

AGO, Roberto, Addendum to the Eight Report on State Responsibility: The Internationally Wrongful Act of the State, Source of International Responsibility (Part 1) (concluded), UN Doc. A/CN.4/ 333, ILC Yearbook 1980 II, Part One, 13 - 70.

AKEHURST, Michael, A Modern Introduction to International Law, 3. Aufl., London 1978.

AKZIN, Benjamin, Neutral Convoys in Law and Practice, Mich. L.R. 40 (1941), 1 - 23.

D'AMATO, Anthony, International Law: Process and Prospect, Dobbs Ferry, New York, 1987.

D'AMATO, Anthony, Trashing Customary International Law, AJIL 81 (1987), 101 - 105.

D'AMATO, Anthony, The Invasion of Panama was a Lawful Response to Tyranny, AJIL 84 (1990), 516 - 524.

ARRANGIO-RUIZ, Gaetano, Normative Role of the General Assembly of the United Nations and the Declaration of Principles of Friendly Relations with an Appendix on the Concept of International Law and the Theory of International Organization, in: RdC 137 (1972 III), 419 - 742.

JIMENEZ DE ARECHAGA, Eduardo, Derecho Constitucional de las Naciones Unidas (Comentario teórico-práctico de la Carta), Escuela de Funcionarios Internacionales, Madrid 1958, 397 - 425.

JIMENEZ DE ARECHAGA, Eduardo, International Law in the Past Third of a Century, RdC 159 (1978 I), 3 - 344.

ASAMOAH, Obed Y., The Legal Significance of the Declarations of the General Assembly of the UN, Den Haag 1966.

BALTA, Paul, (sous la dir.), Institut Français de Polémologie. Centre d'Etudes de l'Orient Contemporain, Le conflit Irak-Iran, 1979 - 1989, in: Notes et Etudes documentaires, n° 4889, La Documentation française, Paris 1989.

BECKERT, Erwin/BREUER, Gerhard, Öffentliches Seerecht, Berlin/ New York 1991.

BEKHECHI, Mohamed Abdelwahab, Les résolutions des organisations internationales dans le processus de formation des normes en droit international, in: Flory/Mahiou/Henry (eds.), La formation des normes en droit international du développement, Paris/Algier 1984, 181 - 196.

BENNETT, T.W., A Linguistic Perspective of the Definition of Aggression, GYIL 31 (1988), 48 - 69.

BERBER, Friedrich, Lehrbuch des Völkerrechts, I. Band: Allgemeines Friedensrecht, 2. Aufl., München 1975; II. Band: Kriegsrecht, 2. Aufl., München 1969.

BERNADEZ, Santiago Torres, Territorial Sovereignty, in: Bernhardt (ed.), EPIL, Instalment 10, Amsterdam/New York/Oxford 1987, 487 - 494.

BEYERLIN, Ulrich, Die humanitäre Aktion zur Gewährleistung eines Mindeststandards in nicht-internationalen Konflikten, Berlin 1975.

BEYERLIN, Ulrich, Mayaguez Incident, in: Bernhardt (ed.), EPIL, Instalment 3, Amsterdam/New York/Oxford 1982, 253 - 255.

BOTHE, Michael, Die Erklärung der Generalversammlung der Vereinten Nationen über die Definition der Aggression, Jahrbuch für Internationales Recht, 18, (1975), 127 - 145.

BOWETT, Derek W., Self-Defence in International Law, Manchester 1958.

BOWETT, Derek W., The Use of Force for the Protection of Nationals Abroad, in: Cassese (ed.), The Current Legal Regulation of the Use of Force, Dordrecht 1986, 39 - 55.

BRIERLY, James Leslie/WALDOCK, Sir Claud Humphrey Meredith, The Law of Nations, 6. Aufl., Oxford 1963.

BRIGGS, Herbert W., The Law of Nations, 2. Aufl., London 1953.

BROMS, Bengt, The Definition of Aggression in the United Nations, Turku 1968.

BROMS, Bengt, The Definition of Aggression, RdC 154 (1977 I), 299 - 399.

BROWNLIE, Ian, International Law and the Use of Force by States, Oxford 1963.

BROWNLIE, Ian, The Use of Force in Self-Defence, BYIL 27 (1961), 232 - 268.

BRUHA, Thomas, Die Definition der Aggression. Faktizität und Normativität des UN-Konsensbildungsprozesses der Jahre 1968 bis 1974, zugleich ein Beitrag zur Strukturanalyse des Völkerrechts, Berlin 1980.

BRUHA, Thomas, Gewaltverbot, in: Wolfrum (Hrsg.), Handbuch Vereinte Nationen, 2. Aufl., München 1991, 234 - 244.

BRYDE, Brun-Otto, Self-Defence, in: Bernhardt (ed.), EPIL, Instalment 4, Amsterdam/New York/Oxford 1982, 212 - 214.

BUERGENTHAL, Thomas/DOEHRING, Karl/KOKOTT, Juliane/MAIER, Harold G., Grundzüge des Völkerrechts, Heidelberg 1988.

CARON, David D., Ships, Nationality and Status, in: Bernhardt (ed.), EPIL, Instalment 11, Amsterdam/New York/Oxford 1989, 289 - 287.

CASTANEDA, Jorge, Valeur juridique des résolutions des Nations Unies, RdC 129 (1970 I), 205 - 331.

CHENG, Bin, General Principles of Law as Applied by International Courts and Tribunals, London 1953.

CHENG, Bin, United Nations Resolutions on Outer Space: "Instant" International Customary Law?, Indian Journal of International Law 5 (1965), 23 - 48.

COMBACAU, Jean, The Exception of Self-Defence in U.N. Practice, in: Cassese (ed.), The Current Legal Regulation of the Use of Force, Dordrecht 1986, 9 - 38.

COT, Jean-Pierre/PELLET, Alain (eds.), La Charte des Nations Unies, Paris/Brüssel 1985.

DAHM, Georg, Völkerrecht, Bd. I, Stuttgart 1958; Bd. II, Stuttgart 1961; Bd. III, Stuttgart 1963.

DAHM, Georg, Das Verbot der Gewaltanwendung nach Art. 2 (4) UNO-Charta und die Selbsthilfe gegenüber Völkerrechtsverletzungen, die keinen bewaffneten Angriff darstellen, JIR 11 (1962), 48 - 72.

DAHM, Georg/DELBRÜCK, Jost/WOLFRUM, Rüdiger, Völkerrecht, Band I/1, 2. Aufl., Berlin, New York 1989.

DAVIDSON, Scott, United States Protection of Reflagged Kuwaiti Vessels in the Gulf War: The Legal Implications, International Journal of Estuarine and Coastal Law, 4 (1989), 173 - 191.

DELIVANIS, Jean, La légitime défense en droit international public moderne, Paris 1971.

DINSTEIN, Yoram, War, Aggression and Self-Defence, Cambridge 1988.

zu DOHNA, Bernt, Die Grundprinzipien des Völkerrechts über die freundschaftlichen Beziehungen und die Zusammenarbeit zwischen den Staaten. Die Arbeit des UN-Sonderausschusses über die völkerrechtlichen Grundsätze betreffend die freundschaftlichen Beziehungen und die Zusammenarbeit zwischen den Staaten und das geltende Völkerrecht, in: Schriften zum Völkerrecht, Bd. 30, Berlin 1973.

McDOUGAL, Myres S./FELICIANO, Florentino P., Law and Minimum World Public Order, Yale 1961.

ELIAS, Taslim O., Modern Sources of International Law, in: Friedman/Henkin/Lissitzyn (eds.), Transnational Law in a Changing Society, New York/London 1972, 34 - 69.

ELIAS, Taslim O., Africa and the Development of International Law, Leyden/Dobbs Ferry, 1972.

FALK, Richard, The World Court's Achievement, AJIL 81 (1987), 106 - 112.

FARER, Tom J., Drawing the Right Line, AJIL 81 (1987), 112 - 116.

FERENCZ, Benjamin B., Defining International Aggression, 2 Bde., Dobbs Ferry 1975.

FERENCZ, Benjamin B., Aggression, in: Bernhardt (ed.), EPIL, Instalment 3, Amsterdam/New York/Oxford 1982, 1 - 6.

FINCH, George A., Piracy in the Mediterranean, AJIL 31 (1937), 659 - 665.

FLECK, Dieter, Rules of Engagement for Maritime Forces and the Limitation of the Use of Force under the UN Charter, GYIL 31 (1988), 165 - 186.

FLECK, Dieter, Topical Approaches Towards Developing the Laws of Armed Conflict at Sea, in: Delissen/Tanja (eds.), Humanitarian Law of Armed Conflict - Challenges Ahead, Dordrecht/ Boston/London 1991, 407 - 423.

FONTEYNE, Jean-Pierre L., Forcible Self-Help by States to Protect Human Rights: Recent Views from the United Nations, in: Lilich (Hrsg.), Humanitarian Intervention and the United Nations, 1973, 197 - 221.

FRANCK, Thomas M., Who Killed Art. 2(4)? or: Changing Norms Governing the Use of Force by States, AJIL 64 (1970), 809 - 837.

FRANCK, Thomas M., Some Observations on the ICJ's Procedural and Substantive Innovations, AJIL 81 (1987), 116 - 121.

FRANZKE, Hans-Georg, Die militärische Abwehr von Angriffen auf Staatsangehörige im Ausland - insbes. ihre Zulässigkeit nach der Satzung der Vereinten Nationen, ÖZöRVR 16 (1966), 128 - 175.

FROWEIN, Jochen Abr., Der Beitrag der internationalen Organisationen zur Entwicklung des Völkerrechts, ZaöRV, 36 (1976), 147 - 167.

FROWEIN, Jochen Abr., The Internal and External Effects of Resolutions by International Organizations, ZaöRV 49 (1989), 778 - 790.

GARNER, James W., Some Questions of International Law in the European War - IX - Destruction of Neutral Merchant Vessels, AJIL 10 (1916), 12 - 41.

GARNER, James W., International Law and the World War, Vol. I, London 1920.

GARVEY, Jack I., The UN Definition of "Aggression": Law and Illusion in the Context of Collective Security, VJIL 17 (1977), 177 - 199.

GENET, Raoul, The Charge of Piracy in the Spanish Civil War, AJIL 32 (1938), 253 - 263.

GIEGERICH, Thomas, The German Contribution to the Protection of Shipping in the Persian Gulf: Staying out for Political or Constitutional Reasons?, ZaöRV 49 (1989), 1 - 40.

von GLAHN, Gerhard, Law Among Nations, 5. Aufl., New York/London 1986.

GOLDIE, L. Frederick E., 1937 Nyon Arrangement, in: Ronzitti (ed.), The Law of Naval Warfare - A Collection of Agreements and Documents with Commentaries, Dordrecht/Boston/London, 1988, 483 - 502.

GOLDIE, L. Frederick E., Armed Conflicts at Sea and Low Intensity Operations, Syracuse Journal of International Law and Commerce, 14 (1988), 597 - 637.

GOLSONG, Herbert, Das Problem der Rechtsetzung durch internationale Organisationen, Berichte der Deutschen Gesellschaft für Völkerrecht 10 (1971), 1 ff.

GONZALEZ RAMIREZ, Jorge A., La Agresión - Su concepto en los tratados y organismos internacionales, Buenos Aires 1983.

GOODHARDT, Arthur Lehman, The North Atlantic Treaty, RdC 79 (1951 II), 187 - 235.

GOODRICH, Leland M./HAMBRO, Edvard/SIMONS, Anne Patricia, Charter of the United Nations, 3. Aufl., New York/London 1969.

GRAY, Christine, The British Position in the Gulf Conflict, ICLQ 37 (1988), 420 - 428.

GREEN, N. A. Maryan, International Law, 3. Aufl., London 1987.

GREENWOOD, Christopher J., Remarks, in: American Society of International Law, Proceedings of the 82nd Annual Meeting, Washington, D.C., April 20 - 23, 1988, Washington, D.C., 1990, 158 - 161.

GREENWOOD, Christopher J., New World Order or Old? The Invasion of Kuwait and the Rule of Law, The Modern Law Review, 55 (1992), 153 - 178.

GROSS, Leo, Passage through the Suez Canal of Israel-bound Cargo and Israel Ships, AJIL 51 (1957), 530 - 568.

HAHN, Michael J., Völkerrechtliche Praxis der Bundesrepublik Deutschland im Jahre 1987, ZaöRV 49 (1989), 520 - 630.

HAILBRONNER, Kay, Die Grenzen des völkerrechtlichen Gewaltverbots, Berichte der Deutschen Gesellschaft für Völkerrecht 26 (1986), 49 - 111.

HAMBRO, Edvard, Some Notes on the Development of the Sources of International Law, Scandinavian Studies in Law, 1973, 75 - 93.

HARTWIG, Bernd, Der israelisch-ägyptische Streit um den Golf von Akaba, AVR 9 (1961 - 62), 27 - 46.

HARGROVE, John Lawrence, The Nicaragua Judgment and the Future of the Law of Force and Self-Defense, AJIL 81 (1987), 135 - 143.

HARLOW, Bruce, The Legal Use of Force ... Short of War, U.S. Naval Institut Proceedings, Vol. 92 (1966 II), 88 - 98.

HEIDELMEYER, Die Definition der Aggression - ein Instrument für den Sicherheitsrat, VN 23 (1975), 108 - 112.

HENKIN, Louis, Use of Force: Law and U.S. Policy, in: Henkin/ Hoffman/Kirkpatrick/Gerson/Rogers/Scheffer (eds.), Right v. Might - International Law and the Use of Force, New York/London 1989, 37 - 69.

HIGGINS, Alexander Pearce,, Defensively Armed Merchant Ships and Submarine Warfare, London 1917.

HIGGINS, Rosalyn, The Development of International Law through the Political Organs of the United Nations, London/New York/ Toronto 1963.

HIGGINS, Rosalyn, Compliance with United Nations Decisions on Peace and Security and Human Rights Questions, in: Schwebel (ed.), The Effectiveness of International Decisions, Leyden/ Dobbs Ferry 1971, 32 - 50.

HOOG, Günter, Mines, in: Bernhardt (ed.), EPIL, Instalment 3, Amsterdam/New York/Oxford 1982, 283 - 285.

HUBEL, Helmut, The Soviet Union and the Iran-Iraq war, in: Maull/Pick (eds.), The Gulf War - Regional and International Dimensions, London 1989, 139 - 151.

IPSEN, Knut, Völkerrecht, 3. Aufl., München 1990.

IPSEN, Knut, Der Einsatz der Bundeswehr zur Verteidigung, im Spannungs- und Verteidigungsfall sowie im internen bewaffneten Konflikt, in: Schwarz (Hrg.), Sicherheitspolitik, 3. Aufl. 1978, 615 - 637.

JESSUP, Philip C., A Modern Law of Nations, New York 1956.

JIMENEZ de ARECHAGA, Eduardo, International Law in the Past Third of the Century, RdC 159, 1978-I, 1 - 343.

JOHNSON, D. H. N., The Effect of Resolutions of the General Assembly of the United Nations, BYIL 32 (1955/56), 97 - 122.

JONSSON, Hannes, Friends in Conflict - The Anglo-Icelandic Cod Wars and the Law of the Sea, London/Hamden 1982.

KECHICHIAN, Joseph A., The Gulf Cooperation Council: search for security, Third World Quarterly 7 (1985), 853 - 881.

KELSEN, Hans, The Law of the United Nations, London 1950.

KELSEN, Hans, Recent Trends in the Law of the United Nations, London 1951.

KERSTING, Klaus, Bündnisfall und Verteidigungsfall, 1979.

KERSTING, Klaus, "act of aggression" und "armed attack" - Anmerkung zur Aggressionsdefinition der UN, Neue Zeitschrift für Wehrrecht, 23 (1981), 130 - 143.

KEWENIG, Wilhelm A., Gewaltverbot und noch zulässige Machteinwirkung und Interventionsmittel, in: Schaumann (Hrsg.) Völkerrechtliches Gewaltverbot und Friedenssicherung, Baden-Baden 1971, 175 - 217.

KUNIG, Philip, Nyon Agreement (1937), in: Bernhardt (ed.), EPIL, Instalment 4, Amsterdam/New York/Oxford 1982, 57 - 60.

KUNZ, Josef. L., Individual and Collective Self-Defense in Article 51 of the Charter of the United Nations, AJIL 41 (1947), 872 - 879.

LACHS, Manfred, Some Reflections on Substance and Form in International Law, in: Friedman/Henkin/Lissitzyn (eds.), Transnational Law in a Changing Society, 1972, 99 - 112.

LACHS, Manfred, The Development and General Trends of International Law in Our Time, RdC 169 (1980 IV), 9 - 377.

LAGONI, Rainer, Gewaltverbot, Seekriegsrecht und Schiffahrtsfreiheit im Golfkrieg, in: Fürst/Herzog/Umbach (Hrsg.), Festschrift für Wolfgang Zeidler, Berlin, New York 1987, Band 2, 1833 - 1867.

LAGONI, Rainer, Remarks, in: American Society of International Law, Proceedings of the 82nd Annual Meeting, Washington, D.C., April 20 - 23, 1988, Washington, D.C., 1990, 161 - 164.

LAMBERTI ZANARDI, Pierluigi, La legittima difesa nel diritto internazionale, Milano 1972.

LECKOW, Ross, The Iran-Iraq Conflict in the Gulf: The Law of War Zones, ICLQ 37 (1988), 629 - 644.

LERCHE, Clemens, Völkerrechtliche Praxis der Bundesrepublik Deutschland im Jahre 1988, ZaöRV 50 (1990), 309 - 395.

LILLICH, Richard B. (ed.), Humanitarian Intervention and the United Nations, Charlottesville 1973.

LITWAK, Robert S., The Soviet Union and the Iran-Iraq War, in: Karsh (ed.), The Iran-Iraq War - Impact and Implications, Tel-Aviv 1989, 200 - 214.

LYSEN, Arnoldus, Le Pacte Kellog, Documents concernant le traité multilateral contre la guerre, Leyden 1928.

MALANCZUK, Peter, Countermeasures and Self-Defence as Circumstances Precluding Wrongfulness in the International Law Commission's Draft Articles on State Responsibility, in: Spinedi/Simma (eds.), United Nations Codification on State Responsibility, New York/London/Rom 1987, 197 - 286.

MANDELSTAM, André N., L'interprétation du Pacte Briand-Kellogg par les Gouvernements et les Parlements des Etats signataires, RGDIP 40 (1933), 537 - 605.

MEIER, Gert, Der Begriff des bewaffneten Angriffs, AVR 16 (1973-75), 375 - 386.

MERON, Theodor, Remarks, in: American Society of International Law, Proceedings of the 82nd Annual Meeting, Washington, D.C., April 20 - 23, 1988, Washington, D.C., 1990, 164 - 169.

MOWTSCHAN, Anatol Petrowitsch, Kodifizierung und Weiterentwicklung des Völkerrechts, Berlin (Ost) 1974.

MRAZEK, Josef, Prohibition of the Use and Threat of Force: Self-Defence and Self-Help in International Law, The Canadian Yearbook of International Law, 27 (1989), 81 - 111.

NANDA, Ved P., The Validity of United States Intervention in Panama under International Law, AJIL 84 (1990), 494 - 503.

NYIRI, Nicolas A., The United Nations' Search for a Definition of Aggression, New York/Bern/Frankfurt am Main/Paris 1989.

O'BALLANCE, Edgar, The Gulf War, London 1988.

O'BRIEN, William, Reprisals, Deterrence and Self-Defense in Counterterror Operations, VJIL 30 (1990), 421 - 478.

O'CONNELL, Daniel Patrick, The International Law of the Sea, edited by Ivan Anthony Shearer, Vol. II, Oxford 1984.

OPPENHEIM, Lassa/LAUTERPACHT, Hersch, International Law, Vol. II, Disputes, War and Neutrality, 7. Aufl., London 1952.

ORTEGA CARCELEN, Martín C., La legítima defensa del territorio del Estado, Madrid 1991.

OTTMÜLLER, Rolf, Die Anwendung von Seekriegsrecht in militärischen Konflikten seit 1945, Hamburg 1978.

OUDOT de DAINVILLE, Alain, Analyse de la guerre du Golfe, défense nationale 44 (1988), 53 - 66.

PAUER, Alexander, Die humanitäre Intervention - Militärische und wirtschaftliche Zwangsmassnahmen zur Gewährleistung der Menschenrechte, Basel 1985.

PADELFORD, Norman J., Foreign Shipping During the Spanish Civil War, AJIL 32 (1938), 264 - 279.

PAUST, Jordan J., The Seizure and Recovery of the Mayaguez, Yale Law Journal 85 (1975 - 1976), 774 - 806.

PEACE, David L., Major Maritime Events in the Persian Gulf War, in: American Society of International Law, Proceedings of the 82nd Annual Meeting, Washington, D.C., April 20 - 23, 1988, Washington, D.C., 1990, 146 - 154.

PETERSON, Erik R., The Gulf Cooperation Council - Search for Unity in a Dynamic Region, Boulder 1988.

POLAKIEWICZ, Jörg, Red Crusader Incident, in: Bernhardt (ed.), EPIL, Instalment 11, Amsterdam/New York/Oxford 1989, 271 - 272.

RAMAZANI, Rouhollah K., The Gulf Cooperation Council - Record and Analysis, Charlottesville 1988.

RAMBAUD, Patrick, La définition de l'aggression par l'Organisation des Nations Unies, RGDIP 80 (1976), 835 - 881.

RANDELZHOFER, Albrecht, Die Aggressionsdefinition der Vereinten Nationen, EA 30 (1975), 621 - 632.

RANDELZHOFER, Albrecht, Use of Force, in: Bernhardt (ed.), EPIL, Instalment 4, Amsterdam/New York/Oxford 1982, 265 - 275.

RAUCH, Elmar (Übersetzer), Modernes Seevölkerrecht: Die Rechtsordnung der Gewässer und des Bodens des Weltmeers, Akademie der Wissenschaften der UdSSR, Institut für Staat und Recht, Baden-Baden 1978.

RAUSCHNING, Dietrich, Suez-Kanal, in: Strupp/Schlochauer, Wörterbuch des Völkerrechts, III. Band, Berlin 1962, S. 417 - 422.

REIMANN, Heinrich, Das völkerrechtliche Gewaltverbot im Wandel, in: Festschrift für Rudolf Bindschedler, 1980, 549 ff.

RIFAAT, Ahmed M., Internationa4l Aggression, Stockholm 1979.

RÖLING, Bert V.A., Hat das Kriegsverbot noch einen Sinn?, JIR 14 (1969), 174 - 187.

RÖLING, Bert V.A., Die Definition der Aggression, in: Recht im Dienst des Friedens (Festschrift für Menzel), Berlin 1976, 387 - 403.

RÖLING, Bert V.A., The Ban on the Use of Force and the U.N. Charter, in: Cassese (ed.), The Current Legal Regulation of the Use of Force, Dordrecht 1986, 3 - 8.

RÖLING, Bert V.A., The 1974 U.N. Definition of Aggression, in: Cassese (ed.), The Current Legal Regulation of the Use of Force, Dordrecht 1986, 413 - 421.

RONZITTI, Natalino, L'Italia, il Golfo Persico e il diritto marittimo di guerra, Rivista di Diritto internazionale, 71 (1988), 123 - 127.

RUBIN, Alfred P., The Law of Piracy, Newport, Rhode Island, 1988.

RUBIN, Alfred P., Piracy, in: Bernhardt (ed.), EPIL, Instalment 11, Amsterdam/New York/Oxford 1989, 259 - 262.

RUBIN, Alfred P., Is Piracy Illegal?, AJIL 70 (1976), 92 - 95.

RUSSEL, Ruth B./MUTHER, Jeanette E., A History of the United Nations. The Role of the United States 1940 - 1945, Washington, D.C., 1958.

RUSSO, Francis V. Jr., Neutrality at Sea in Transition: State Practice in the Gulf War as Emerging International Customary Law, Ocean Development and International Law, Vol. 19 (1988), 381 - 399.

SALTER, Leonhard M., Commando Coup at Entebbe: Humanitarian Intervention or Barbaric Aggression?, International Lawyer 11 (1977), 331 - 338.

SCHACHTER, Oscar, The Relation of Law, Politics and Action in the United Nations, RdC 109 (1963 II), 165 - 256.

SCHACHTER, Oscar, The Right of States to Use Armed Force, Michigan Law Review 82 (1984), 1620 - 1646.

SCHACHTER, Oscar, Self-help in International Law: U.S. Action in the Iranian Hostages Crisis, Journal of International Affaires 37 (1983/84), 231 - 246.

SCHEUNER, Ulrich, Wandlungen in Aufgabenbereich und Struktur der Vereinten Nationen, in: Scheuner/Lindemann (Hrsg.), Die Vereinten Nationen und die Mitarbeit der Bundesrepublik Deutschland, München 1973, 15 - 44.

SCHEUNER, Ulrich, in: Ipsen/Necker (Hrsg.), Recht über See, Festschrift, Rolf Stödter zum 70. Geburtstag am 22. April 1979, 287 - 313.

SCHINDLER, Dietrich, Die Grenzen des völkerrechtlichen Gewaltverbots, Berichte der Deutschen Gesellschaft für Völkerrecht 26 (1986), 11 - 47.

SCHINDLER, Dietrich, Transformations in the Law of Neutrality Since 1945, in: Delissen/Tanja (eds.), Humanitarian Law of Armed Conflict - Challenges Ahead, Dordrecht/Boston/London 1991, 367 - 386.

SCHMITT, Carl, Der Begriff der Piraterie, Völkerbund und Völkerrecht 4 (1937/38) 351 - 354.

SCHMITZ, Ernst, Die Abmachungen von Nyon und Genf (14. und 17. September 1937), ZaöRV 8 (1938), 1 - 22.

SCHRÖDER, Meinhard, Die Geiselbefreiung von Entebbe - ein völkerrechtswidriger Akt Israels?, JZ 32 (1977), 420 - 426.

SCHWEBEL, Stephen M., Aggression, Intervention and Self-Defence in Modern International Law, RdC 136 (1972-II), 411 - 497.

SCHWEBEL, Stephen M., United Nations Resolutions, Recent Arbitral Awards and Customary International Law, in: Bos/Siblesz (eds.), Realism in Law-Making, Essays on International Law in Honour of Willem Riphagen, Dordrecht 1986, 203 - 210.

SCHWELB, Egon, Neue Etappen der Fortentwicklung des Völkerrechts durch die Vereinten Nationen, AVR 13 (1966/67), 1 - 52.

SEIDL-HOHENFELDERN, Ignaz, Hierarchy of the Norms Applicable to International Investments, in: Heere (ed.), International law and its sources: liber amicorum Maarten Bos, Den Haag 1989, 147 - 163.

SERRA, Enrico, L'aggressione internazionale, Mailand 1946.

SHEARER, Ivan, Rules of Engagement and the Implementation of the Law of Naval Warfare, Syracuse Journal of International Law and Commerce 14 (1988), 767 - 778.

SIBERT, Marcel, A propos des conventions signèes à Londres le 3 juillet 1933, RGDIP 40 (1933), 529 - 536.

SIMMA, Bruno (Hrsg.), Charta der Vereinten Nationen. Kommentar, München 1991.

SIMMA, Bruno, Methodik und Bedeutung der Arbeit der Vereinten Nationen für die Fortentwicklung des Völkerrechts, in: Kewenig (Hrsg.), Die Vereinten Nationen im Wandel. Referate und Diskussionen eines Symposiums "Entwicklungslinien der Praxis der Vereinten Nationen in völkerrechtlicher Sicht". Veranstaltung aus Anlaß des 60jährigen Bestehens des Instituts für Internationales Recht an der Universität Kiel. 20. - 23. 11. 1974, Berlin 1975, 79 - 102.

SINGH, Nagendra/McWHINNEY, Edward, Nuclear Weapons and Contemporary International Law, 2. Aufl., Dordrecht/Boston/London 1989.

SKUBISZEWSKI, Krzysztof, Rechtscharakter der Resolutionen der Generalversammlung der Vereinten Nationen. 5. Deutsch-polnisches Juristen-Kolloquium, Bd. 2. Baden-Baden 1981, 13 - 43.

SKUBISZEWSKI, Krzysztof, in: Soerensen, Manual of Public International Law, New York 1968, S.739 ff.

SKUBISZEWSKI, Krzysztof, Non-Binding Resolutions and the Law-Making Process, Polish Yearbook of International Law 15 (1986), 135 - 161.

SKUBISZEWSKI, Krzysztof, The Elaboration of General Multilateral Conventions and of Non-Contractual Instruments Having a Normative Function or Objective, Annuaire de l'Institut de Droit international, Vol. 61/I, Session d'Helsinki 1985, Paris 1986, 29 - 358.

SKUBISZEWSKI, Krzysztof, Resolutions of the U.N. General Assembly and Evidence of Custom, in: International Law At the Time of its Codification. Essays in Honour of Roberto Ago, Milano 1987, 503 - 519.

SOERENSEN, Max, Principes de droit international public. Cours général, RdC 101, 1960-III, 1 - 254.

SOHN, Louis, The Development of the Charter of the United Nations: The Present State, in: Bos (ed.), The Present State of International Law and other Essays, ILA Centenary (1973), 39 - 59.

STEINICKE, Dietrich, Quellenindex zur Cubakrise 1962, Hamburg 1969.

STEINLEIN, Wilhelm, Der Begriff des nicht herausgeforderten Angriffs in Bündnisverträgen seit 1870 und insbesondere im Locarnovertrag, Leipzig 1927.

STIEL, Paul, Der Tatbestand der Piraterie nach geltendem Völkerrecht unter vergleichender Berücksichtigung der Landesgesetzgebungen, Leipzig 1905.

STÖDTER, Rolf, Convoy, in: Bernhardt (ed.), EPIL, Instalment 3, Amsterdam/New York/Oxford 1982, 128 - 130.

STONE, Julius, Aggression and World Order, London 1958.

STONE, Julius, Legal Controls of International Conflicts, London 1959.

STONE, Julius, Force and the Charter in the Seventies, Syracuse Journal of International Law and Commerce 2 (1974), 1 - 17.

STONE, Julius, Conflict through Consensus, Baltimore/London 1977.

STONE, Julius, Hopes and Loopholes in the 1974 Definition of Aggression, AJIL 71 (1977), 224 - 246.

TESON, Fernando R., Humanitarian Intervention, New York 1988.

THIERRY, Hubert/COMBACAU, Jean/SUR, Serge/VALLEE, Charles, Droit international public, Paris 1986.

TOMUSCHAT, Christian, Die Charta der wirtschaftlichen Rechte und Pflichten der Staaten - Zur Gestaltungskraft von Deklarationen der UN-Generalversammlung, ZaöRV 36 (1976), 444 - 491.

TOMUSCHAT, Christian, Gewalt und Gewaltverbot als Bestimmungsfaktoren der Weltordnung, EA 36 (1981), 325 - 334.

TUCKER, Robert W., Reprisals and Self-Defense: The Customary Law, AJIL 66 (1972), 586 - 596.

TUNKIN, Grigorij Ivanovic, Völkerrechtstheorie, Berlin 1972.

VERDROSS, Alfred, Die Quellen des universellen Völkerrechts. Eine Einführung, Freiburg 1973.

VERDROSS, Alfred/SIMMA, Bruno, Universelles Völkerrecht, 3. Aufl., Berlin 1984.

WAGNER, Heinz, Der arabisch-israelische Konflikt im Völkerrecht, Berlin 1971.

WALDOCK, Sir Claud Humphrey Meredith, The Regulation of the Use of Force by Individual States in International Law, RdC 81 (1952 II), 455 - 517.

WEHBERG, Hans, L'interdiction du recours à la force, RdC 78 (1951 I): 7 - 121.

WEIL, Prosper, Towards Relative Normativity in International Law, AJIL 77, 1983, 413 - 442.

WENGLER, Wilhelm, Das völkerrechtliche Gewaltverbot, Probleme und Tendenzen, Berlin 1967.

WHEELER-BENNETT, Sir John, Information on the Renounciation of War 1927 - 1928, Port Washinton, N.Y./London, 1928.

WHITEMAN, Marjorie M., Digest of International Law, Vol. IV, V, Washington 1965.

WILDHABER, Luzius, Gewaltverbot und Selbstverteidigung, in: Schaumann (Hrsg.), Völkerrechtliches Gewaltverbot und Friedenssicherung, Baden-Baden 1971, 147 - 173.

WOLFRUM, Rüdiger, Reflagging and Escort Operation in the Persian Gulf: An International Law Perspective, VJIL 29 (1989), 387 - 399.

WRIGHT, Philip Quincy, The Role of International Law in the Elimination of War, Manchester/New York 1961.

de ZAYAS, Alfred-Maurice, Ships in Distress, in: Bernhardt (ed.), EPIL, Instalment 11, Amsterdam/New York/Oxford 1987, 287 - 289.

ZOUREK, Jaroslav, Enfin une définition de l'aggression, AFDI 20 (1974), 9 - 30.

ZOUREK, Jaroslav, L'interdiction de l'emploi de la force en droit international, Leyden - Genf 1974.

Van ZWANENBERG, Anna, Interference with Ships on the High Seas, ICLQ 10 (1961), 785 - 817.

Printed by
CPI books GmbH, Leck

FSC
www.fsc.org
MIX
Papier | Fördert
gute Waldnutzung
FSC® C083411

Kolibri 360 GmbH
Ferdinand-Jühlke-Straße 7
99095 Erfurt, Deutschland
produktsicherheit@kolibri360.de